I0769304

ERNEST HEMINGWAY

LOS ASESINOS Y OTROS CUENTOS

LOS ASESINOS Y OTROS CUENTOS
Ernest Hemingway

©Colección Erandique
Supervisión Editorial: Óscar Flores López
Diseño de portada: Andrea Rodríguez
Administración: Tesla Rodas—Jessica Cordero
Director Ejecutivo: José Azcona Bocock
Primera Edición
Tegucigalpa, Honduras—Octubre de 2025

UN CANARIO COMO REGALO

El tren pasó rápidamente junto a una larga casa de piedra roja con jardín, y en él, cuatro gruesas palmeras, a la sombra de cada una de las cuales había una mesa. Al otro lado estaba el mar. El tren penetró en una hendidura cavada en la roca rojiza y la arcilla, y el mar sólo podía verse entonces interrumpidamente y muy abajo, contra las rocas.

—Lo compré en Palermo —dijo la dama norteamericana—. Sólo estuvimos en tierra una hora. Era un domingo por la mañana. El hombre quería que le pagara en dólares, y le di un dólar y medio. En realidad, canta admirablemente.

Hacía mucho calor en el tren y en el coche-salón. No entraba ni un soplo de brisa por la ventanilla abierta. La dama norteamericana bajó la persiana de madera y ya no pudo verse más el mar, ni siquiera de vez en cuando. Al otro lado estaban los vidrios, luego el corredor, detrás una ventanilla abierta y, fuera de ella, árboles polvorientos, un camino asfaltado y extensos viñedos rodeados de grises colinas.

Al llegar a Marsella veíamos el humo de muchas chimeneas. El tren disminuyó la velocidad y entró en una vía, entre las muchas que llevaban a la estación. Se detuvo veinte minutos en Marsella y la dama norteamericana compró un ejemplar de The Daily Mail y media botella de agua mineral Evian. Paseó un poco a lo largo del andén de la estación, pero sin alejarse mucho de los escalones del vagón, debido a que en Cannes, donde el tren se detuvo doce minutos, partió de pronto sin advertencia alguna, y ella pudo subir justamente a tiempo. La dama norteamericana era un poco sorda y temió que se dieran las habituales señales de partida del convoy y ella no pudiera oírlas.

El tren partió, y no sólo podían verse las playas de maniobras y el humo de las grandes chimeneas, sino también, hacia atrás, la propia ciudad de Marsella y el puerto, con sus colinas grises en el fondo y los últimos destellos del sol en el mar. Mientras oscurecía, el tren pasó cerca de una granja incendiada. Había automóviles detenidos en el camino y, desde dentro del edificio de la granja, se sacaban al campo ropas de cama y otras cosas. Había mucha gente contemplando cómo ardía la casa. Era ya de noche cuando el tren llegó a Aviñón. La gente dejó el convoy. En los quioscos, los franceses que volvían a París compraban los periódicos del día. En el andén había soldados negros. Llevaban uniforme castaño, eran altos y sus rostros brillaban bajo la luz eléctrica. El tren dejó Aviñón y los negros quedaron allí, de pie. Un sargento blanco, de baja estatura, estaba con ellos.

Dentro del coche-cama, el camarero había bajado las tres literas de la pared y ya estaban preparadas para dormir. La dama norteamericana no durmió durante la noche porque el tren era un rapide que iba a gran velocidad y ella temía durante la noche. La cama de la dama norteamericana era la que estaba más cerca de la ventanilla. El canario de Palermo, con una manta extendida sobre la jaula, estaba fuera del camarote, en el corredor que llevaba al lavabo. Fuera del compartimiento había una luz azulada. Durante toda la noche el tren viajó muy velozmente y la dama norteamericana se despertaba esperando un accidente.

Por la mañana, el tren se hallaba cerca de París, y después de que la dama norteamericana salió del lavabo, muy norteamericana, muy saludable y muy de edad mediana, a pesar de no haber dormido, quitó la manta de la jaula y la colgó al sol, volviendo al vagón restaurante para desayunar. Cuando volvió al coche-cama, las literas habían sido levantadas de nuevo y transformadas en asientos; el canario estaba acicalándose las plumas al sol, que entraba por la ventanilla abierta, y el tren estaba mucho más cerca de París.

—Ama el sol —dijo la dama norteamericana—. Ahora, dentro de un momento, cantará.

El canario siguió arreglándose las plumas y espulgándose.

—Siempre me han gustado los pájaros —dijo la dama norteamericana—. Lo llevo a casa para mi niña. Ahí está… ahora canta.

El canario pió y las plumas de la garganta permanecieron inmóviles. Bajó el pico y comenzó a espulgarse de nuevo. El tren cruzó un río y pasó a través de un bosque muy cuidado. El tren pasó por muchos de los pueblos de las afueras de París. Había tranvías en los pueblos y grandes cartelones de propaganda de La Belle Jardinière, Dubonnet y Pernod, en los muros y paredes cerca de los cuales pasaba el tren. Todos los lugares por donde éste pasaba tenían el aspecto de no haberse despertado todavía. Durante unos minutos no escuché a la dama norteamericana, que estaba hablándole a mi esposa.

—¿Su esposo es también norteamericano? —preguntó la dama.

—Sí —dijo mi mujer—. Ambos somos norteamericanos.

—Creí que eran ingleses.

—¡Oh, no!

—Será tal vez porque llevo tirantes. —Había empezado a decir "tiradores", pero cambié la palabra al salir de mi boca, para mantener mi lenguaje de acuerdo con mi aspecto de inglés. La dama norteamericana no me oyó. Realmente era completamente sorda; leía en los labios y yo no la había mirado al hablar. Miraba afuera, por la ventanilla. Continuó hablando con mi esposa.

—Me alegro de que sean norteamericanos. Los hombres norteamericanos son los mejores maridos —estaba diciendo la dama norteamericana—. Por eso dejamos el continente, ¿sabe usted? Mi hija se enamoró de un hombre en Vevey —se detuvo—. Estaban locos, sencillamente —se detuvo de nuevo—. La saqué de allí, por supuesto.

—¿Logró soportarlo? —preguntó mi mujer.

—No lo creo —dijo la dama norteamericana—. No quería comer nada y no dormía. Me empeñé en consolarla, pero parece no tener interés por nada. No le importa nada, pero yo no podía dejarla casar con un extranjero. —Hizo una pausa—. Alguien, un buen amigo mío, me dijo una vez: "Ningún extranjero puede ser un buen marido para una norteamericana".

—No —dijo mi esposa—; supongo que no.

La dama norteamericana admiró el abrigo de viaje de mi esposa y luego supimos que había adquirido sus propias ropas durante veinte años en la misma maison de couture de la rue Saint-Honoré. Tenían sus medidas, y una vendeuse que la conocía y sabía sus gustos elegía sus vestidos y los enviaba a los Estados Unidos. Las ropas llegaban a una oficina de correos cercana al lugar donde ella vivía, en la ciudad de Nueva York, y los derechos de importación no eran nunca exorbitantes, porque abrían las cajas allí mismo, en la sucursal de correos, para revisarlas, y siempre eran sencillas, sin encajes dorados ni adornos que hicieran aparecer los vestidos como muy caros. Antes de la vendeuse actual, llamada Thérèse, había otra llamada Amélie. En total, sólo trabajaron esas dos en los últimos veinte años. La couturière era siempre la misma. Los precios, sin embargo, habían aumentado. Ahora tenían también las medidas de su hija. Ya era bastante crecida y no existía mucha probabilidad de que cambiaran con el tiempo.

El tren estaba ahora llegando a París. Las fortificaciones habían sido derribadas, pero la hierba no había crecido. Había muchos vagones en las vías: coches restaurante de madera oscura y coches-cama, que partirían para Italia a las cinco de esa misma tarde, si ese tren sale todavía a las cinco. Los coches tenían carteles que decían: París–Roma; otros, de dos pisos, iban y volvían de los suburbios, y en ellos, a ciertas horas, los asientos de ambos pisos estaban llenos de gente y pasaban cerca de las blancas paredes y de las ventanas de las casas. Nadie se había desayunado todavía.

—Los norteamericanos son los mejores maridos —decía la dama norteamericana a mi esposa. Yo estaba bajando las maletas—. Los hombres norteamericanos son los únicos con quienes una se puede casar en todo el mundo.

—¿Cuánto tiempo hace que dejó usted Vevey? —preguntó mi mujer.

—Hará dos años este otoño. A ella le llevo este canario.

—¿El hombre de quien estaba enamorada su hija era suizo?

—Sí —dijo la dama norteamericana—. Era de una familia muy buena de Vevey. Estudiaba ingeniería. Se conocieron en Vevey, solían dar largos paseos juntos.

—Conozco Vevey —dijo mi esposa—. Pasamos allí nuestra luna de miel.

—¿Sí? ¡Debe haber sido maravilloso! Yo no tenía, por supuesto, la menor idea de que se había enamorado de él.

—Es un lugar muy bonito —dijo mi esposa.

—Sí —dijo la dama norteamericana—. ¿Verdad que es magnífico? ¿Dónde se alojaron ustedes?

—En el Trois Couronnes.

—Es un gran hotel —dijo la dama norteamericana.

—Sí —replicó mi esposa—. Teníamos una habitación preciosa, y en otoño el lugar era adorable.

—¿Estaban ustedes allí en otoño?

—Sí —dijo mi esposa.

Pasábamos en ese momento al lado de tres vagones que habían sufrido algún accidente. Estaban hechos astillas y con los techos hundidos.

—Miren —dije—. Debe haber sido un accidente.

La dama norteamericana miró y vio el último vagón.

—Toda la noche tuve miedo de que ocurriera alguna cosa así —dijo—. A veces tengo horribles presentimientos. Nunca más viajaré en un rapide por la noche. Debe haber otros trenes cómodos que no viajen con tanta rapidez.

El tren entró en la oscuridad de la Gare de Lyon y se detuvo. Los mozos se acercaron a las ventanillas. Pronto nos encontramos en la turbia largura de los andenes y la dama norteamericana se puso en manos de uno de los tres hombres de la Cook, que dijo:

—Un momento, señora, buscaré su nombre.

El mozo trajo un baúl y lo colocó junto al equipaje. Ambos nos despedimos de la dama norteamericana, cuyo nombre había encontrado el empleado de la Agencia Cook en una de las hojas escritas a máquina, que sacó de entre un manojo de éstas y que volvió a poner en su bolsillo.

Seguimos al mozo con el baúl a lo largo del prolongado andén de cemento que corría al lado del tren. Al final había una puerta de hierro y un hombre nos tomó los billetes.

Volvíamos a París para establecernos en residencias separadas.

UNA SENCILLA INDIGNACIÒN

Afuera, la nieve estaba más alta que la ventana. La luz del sol se filtraba por el cristal y daba en un mapa clavado a la pared de pino de la cabaña. El sol estaba alto y la luz entraba por encima de la capa de nieve. A lo largo del lado abierto de la cabaña habían cavado una trinchera, y el sol, en días claros, daba en la pared y reflejaba el calor en la nieve, ensanchando la trinchera. Era finales de marzo. El comandante estaba sentado a una mesa apoyada contra la pared. Su asistente estaba sentado a otra mesa.

En torno a los ojos del comandante había dos círculos blancos, señal de las gafas de sol que le protegían la cara del reflejo de la luz en la nieve. El resto de la cara se le había quemado, luego bronceado, y de nuevo quemado a través del bronceado. Tenía la nariz hinchada y el pellejo suelto donde antes se le habían formado ampollas. Mientras trabajaba con sus documentos metió los dedos de la mano izquierda dentro de un platillo de aceite y se lo esparció por la cara, rozándose muy suavemente con la punta de los dedos. Iba con mucho cuidado al meter los dedos en el borde del platillo para que cada uno solo cogiera una capa fina de aceite, y después de haberse acariciado la frente y las mejillas, se acariciaba la nariz muy delicadamente entre los dedos. Cuando hubo acabado se puso en pie, cogió el platillo de aceite y se metió en la pequeña habitación de la cabaña en la que dormía.

—Voy a dormir un rato —le dijo al ayudante. En ese ejército un asistente no es un oficial—. Ya terminarás tú.

—Sí, signor maggiore —contestó el ayudante. Se reclinó en su silla y bostezó. Sacó del bolsillo un libro forrado con papel de periódico y lo abrió; luego lo colocó sobre la mesa y encendió la pipa. A continuación cerró el libro y volvió a metérselo en el bolsillo. Tenía demasiado papeleo que hacer. No podría disfrutar de leer hasta que acabara. Fuera, el sol se escondió detrás de una montaña y ya no hubo más luz en la pared de la cabaña. Entró un soldado y metió algunas ramas de pino, cortadas en longitudes irregulares, dentro de la estufa.

—No hagas ruido, Pinin —le dijo el ayudante—. El comandante está durmiendo.

Pinin era el ordenanza del comandante. Era un muchacho de tez oscura, y llenó la estufa, metiendo la leña con mucho cuidado, cerró la puerta y regresó a la parte de atrás de la cabaña. El ayudante siguió con su papeleo.

—Tonani —llamó el comandante.

—Signor maggiore?

—Haz venir a Pinin.

—¡Pinin! —gritó el ayudante. Pinin entró—. El comandante quiere verte —dijo el ayudante.

Pinin cruzó la habitación principal de la cabaña hacia la puerta del comandante. Llamó a la puerta entreabierta.

—Signor maggiore?

—Entra —oyó el ayudante que decía el comandante— y cierra la puerta.

Dentro de su habitación, el comandante estaba echado en una litera. Pinin se quedó de pie junto a la litera. El comandante apoyaba la cabeza en una mochila que había llenado con ropa para formar un almohadón. Su cara larga, quemada y untada con aceite miraba a Pinin. Tenía las manos sobre las mantas.

—¿Tienes diecinueve años?

—Sí, signor maggiore.

—¿Alguna vez has estado enamorado?

—¿A qué se refiere, signor maggiore?

—A si has estado enamorado… de una chica.

—He estado con chicas.

—No es eso lo que te he preguntado. Te he preguntado si has estado enamorado… de una chica.

—Sí, signor maggiore.

—¿Estás enamorado de ella ahora? No le escribes. He leído todas tus cartas.

—Estoy enamorado de ella —dijo Pinin—, pero no le escribo.

—¿Estás seguro?

—Estoy seguro.

—Tonani —dijo el comandante con el mismo tono de voz—, ¿oyes lo que estoy diciendo?

Nadie le respondió.

—No puede oírme —dijo el comandante—. ¿Estás seguro de que amas a una chica?

—Estoy seguro.

—¿Y —el mayor le lanzó una rápida mirada— de que no eres un depravado?

—No sé qué quiere decir con depravado.

—Muy bien —dijo el comandante—. No hace falta que te des esos aires de superioridad.

Pinin miró al suelo. El comandante miró su rostro atezado, cabizbajo y por encima de él, y sus manos. A continuación añadió, sin sonreír:

—Y desde luego no quieres... —el comandante hizo una pausa. Pinin seguía mirando al suelo—. Tu mayor deseo desde luego no es... —Pinin miraba al suelo. El comandante echó la cabeza hacia atrás y sonrió. Se sentía realmente aliviado; la vida en el ejército era demasiado complicada—. Eres un buen chico —dijo—. Eres un buen chico, Pinin. Pero no te des aires de superioridad, y ten cuidado de que no venga alguien y te lleve.

Pinin seguía de pie junto a la litera.

—No tengas miedo —dijo el comandante. Tenía las manos juntas sobre la manta—. No te haré nada. Puedes volver a tu pelotón, si quieres. Pero es mejor que sigas siendo mi ordenanza. Tienes menos posibilidades de que te maten.

—¿Desea algo de mí, signor maggiore?

—No —dijo el comandante—. Vete y sigue con lo que hacías. Deja la puerta abierta cuando salgas.

Pinin salió y dejó la puerta abierta. El ayudante lo miró cuando cruzó la habitación con aire avergonzado y salió por la puerta. Pinin se había sonrojado y se movía de una manera diferente a cuando había llevado la leña. El asistente lo vio alejarse y sonrió. Pinin llevó más leña para la estufa. El comandante, echado en su litera, mirando su casco forrado de tela y sus gafas de sol que colgaban de un clavo de la pared, lo oyó caminar por la habitación de al lado. El muy pillastre, se dijo, me pregunto si me habrá mentido.

LAS NIEVES DEL KILIMAJARO

Lo maravilloso es que no duele —dijo—. Así se sabe cuándo empieza.

—¿De veras?

—Absolutamente. Aunque siento mucho lo del olor. Supongo que debe molestarte.

—¡No! No digas eso, por favor.

—Míralos —dijo él—. ¿Qué será lo que los atrae? ¿Vendrán por la vista o por el olfato?

El catre donde yacía el hombre estaba situado a la sombra de una ancha mimosa. Ahora dirigía su mirada hacia el resplandor de la llanura, mientras tres de las grandes aves se agazapaban en posición obscena y otras doce atravesaban el cielo, provocando fugaces sombras al pasar.

—No se han movido de allí desde que nos quedamos sin camión —dijo—. Hoy por primera vez han bajado al suelo. He observado que al principio volaban con precaución, como temiendo que quisiera cogerlas para mi despensa. Esto es muy divertido, ya que ocurrirá todo lo contrario.

—Quisiera que no fuese así.

—Es un decir. Si hablo, me resulta más fácil soportarlo. Pero puedes creer que no quiero molestarte, por supuesto.

—Bien sabes que no me molesta —contestó ella—. ¡Me pone tan nerviosa no poder hacer nada! Creo que podríamos aliviar la situación hasta que llegue el aeroplano.

—O hasta que no venga…

—Dime qué puedo hacer. Te lo ruego. Ha de existir algo que yo sea capaz de hacer.

—Puedes irte; eso te calmaría. Aunque dudo que puedas hacerlo. Tal vez será mejor que me mates. Ahora tienes mejor puntería. Yo te enseñé a tirar, ¿no?

—No me hables así, por favor. ¿No podría leerte algo?

—¿Leerme qué?

—Cualquier libro de los que no hayamos leído. Han quedado algunos.

—No puedo prestar atención. Hablar es más fácil. Así nos peleamos, y no deja de ser un buen pasatiempo.

—Para mí, no. Nunca quiero pelearme. Y no lo hagamos más. No demos más importancia a mis nervios, tampoco. Quizá vuelvan hoy mismo con otro camión. Tal vez venga el avión...

—No quiero moverme —manifestó el hombre—. No vale la pena ahora; lo haría únicamente si supiera que con ello te encontrarías más cómoda.

—Eso es hablar con cobardía.

—¿No puedes dejar que un hombre muera lo más tranquilamente posible, sin dirigirle epítetos ofensivos? ¿Qué se gana con insultarme?

—Es que no vas a morir.

—No seas tonta. Ya me estoy muriendo. Mira esos bastardos —y levantó la vista hacia los enormes y repugnantes pájaros, con las cabezas peladas hundidas entre las abultadas plumas. En aquel instante bajó otro y, después de correr con rapidez, se acercó con lentitud hacia el grupo.

—Siempre están cerca de los campamentos. ¿No te habías fijado nunca? Además, no puedes morir si no te abandonas...

—¿Dónde has leído eso? ¡Maldición! ¡Qué estúpida eres!

—Podrías pensar en otra cosa.

—¡Por el amor de Dios! —exclamó—. Eso es lo que he estado haciendo.

Luego se quedó quieto y callado por un rato y miró a través de la cálida luz trémula de la llanura, la zona cubierta de arbustos. Por momentos, aparecían gatos salvajes, y, más lejos, divisó un hato de cebras, blanco contra el verdor de la maleza. Era un hermoso campamento, sin duda. Estaba situado debajo de grandes árboles y al pie de una colina. El agua era bastante buena allí y en las cercanías había un manantial casi seco por donde los guacos de las arenas volaban por la mañana.

—¿No quieres que lea, entonces? —preguntó la mujer, que estaba sentada en una silla de lona, junto al catre—. Se está levantando la brisa.

—No, gracias.

—Quizá venga el camión.

—Al diablo con él. No me importa un comino.

—A mí, sí.

—A ti también te importan un bledo muchas cosas que para mí tienen valor.

—No tantas, Harry.

—¿Qué te parece si bebemos algo?

—Creo que te hará daño. Dijeron que debías evitar todo contacto con el alcohol. En todo caso, no te conviene beber.

—¡Molo! —gritó él.

—Sí, bwana.

—Trae whisky con soda.

—Sí, bwana.

—¿Por qué bebes? No deberías hacerlo —le reprochó la mujer—. Eso es lo que entiendo por abandono. Sé que te hará daño.

—No. Me sienta bien.

«Al fin y al cabo, ya ha terminado todo —pensó—. Ahora no tendré oportunidad de acabar con eso. Y así concluirán para siempre las discusiones acerca de si la bebida es buena o mala.»

Desde que le empezó la gangrena en la pierna derecha no había sentido ningún dolor, y le desapareció también el miedo, de modo que lo único que sentía era un gran cansancio y la cólera que le provocaba el que esto fuera el fin. Tenía muy poca curiosidad por lo que le ocurriría luego. Durante años lo había obsesionado, sí, pero ahora no representaba esencialmente nada. Lo raro era la facilidad con que se soportaba la situación estando cansado.

Ya no escribiría nunca las cosas que había dejado para cuando tuviera la experiencia suficiente para escribirlas. Y tampoco vería su fracaso al tratar de hacerlo. Quizá fuesen cosas que uno nunca puede escribir, y por eso las va postergando una y otra vez. Pero ahora no podría saberlo, en realidad.

—Quisiera no haber venido a este lugar —dijo la mujer. Lo estaba mirando mientras tenía el vaso en la mano y apretaba los labios—. Nunca te hubiera ocurrido nada semejante en París. Siempre dijiste que te gustaba París. Podíamos habernos quedado allí, entonces, o haber ido a otro sitio. Yo hubiera ido a cualquier otra parte. Dije, por supuesto, que iría adonde tú quisieras. Pero si tenías ganas de cazar, podíamos ir a Hungría y vivir con más comodidad y seguridad.

—¡Tu maldito dinero!

—No es justo lo que dices. Bien sabes que siempre ha sido tan tuyo como mío. Lo abandoné todo, te seguí por todas partes y he hecho todo lo que se te ha ocurrido que hicieses. Pero quisiera no haber pisado nunca estas tierras.

—Dijiste que te gustaba mucho.

—Sí, pero cuando tú estabas bien. Ahora lo odio todo. Y no veo por qué tuvo que sucederte lo de la infección en la pierna. ¿Qué hemos hecho para que nos ocurra?

—Creo que lo que hice fue olvidarme de ponerle yodo en seguida. Entonces no le di importancia porque nunca había tenido ninguna infección. Y después, cuando empeoró la herida y tuvimos que utilizar esa débil solución fénica, por haberse derramado los otros antisépticos, se paralizaron los vasos sanguíneos y comenzó la gangrena. — Mirándola, agregó—: ¿Qué otra cosa, pues?

—No me refiero a eso.

—Si hubiésemos contratado a un buen mecánico en vez de un imbécil conductor kikuyú, hubiera averiguado si había combustible y no hubiera dejado que se quemara ese cojinete…

—No me refiero a eso.

—Si no te hubieses separado de tu propia gente, de tu maldita gente de Old Westbury, Saratoga, Palm Beach, para seguirme…

—¡Caramba! Te amaba. No tienes razón al hablar así. Ahora también te quiero. Y te querré siempre. ¿Acaso no me quieres tú?

—No —respondió el hombre—. No lo creo. Nunca te he querido.

—¿Qué estás diciendo, Harry? ¿Has perdido el conocimiento?

—No. No tengo ni siquiera conocimiento para perder.

—No bebas eso. No bebas, querido. Te lo ruego. Tenemos que hacer todo lo que podamos para zafarnos de esta situación.

—Hazlo tú, pues. Yo estoy cansado.

En su imaginación vio una estación de ferrocarril en Karagatch. Estaba de pie junto a su equipaje. La potente luz delantera del expreso Simplón—Oriente atravesó la oscuridad, y abandonó Tracia, después de la retirada. Ésta era una de las cosas que había reservado para escribir en otra ocasión, lo mismo que lo ocurrido aquella mañana, a la hora del desayuno, cuando miraba por la ventana las montañas cubiertas de nieve de Bulgaria y el secretario de Nansen le preguntó al anciano si era nieve. Éste lo miró y le dijo: «No, no es nieve. Aún no ha llegado el tiempo de las nevadas.» Entonces, el secretario repitió a las otras muchachas: «No. Como ven, no es nieve.» Y todas decían: «No es nieve. Estábamos equivocadas.» Pero era nieve, en realidad, y él las hacía salir de cualquier modo si se efectuaba algún cambio de poblaciones. Y ese invierno tuvieron que pasar por la nieve, hasta que murieron…

Y era nieve también lo que cayó durante toda la semana de Navidad, aquel año en que vivían en la casa del leñador, con el gran horno cuadrado de porcelana que ocupaba la mitad del cuarto, y dormían sobre colchones rellenos de hojas de haya. Fue la época en que llegó el desertor con los pies sangrando de frío para decirle que la Policía estaba siguiendo su rastro. Le dieron medias de lana y entretuvieron con la charla a los gendarmes hasta que las pisadas hubieron desaparecido.

En Schrunz, el día de Navidad, la nieve brillaba tanto que hacía daño a los ojos cuando uno miraba desde la taberna y veía a la gente que volvía de la iglesia. Allí fue donde subieron por la ruta amarillenta como la orina y alisada por los trineos que se extendían a lo largo del río, con las empinadas colinas cubiertas de pinos, mientras llevaban los esquíes al hombro. Fue allí donde efectuaron ese desenfrenado descenso por el glaciar, para ir a la Madlenerhaus. La nieve parecía una torta helada, se desmenuzaba como el polvo, y recordaba el silencioso ímpetu de la carrera, mientras caían como pájaros.

La ventisca los hizo permanecer una semana en la Madlenerhaus, jugando a los naipes y fumando a la luz de un farol. Las apuestas iban en aumento a medida que Herr Lent perdía. Finalmente, lo perdió todo. Todo: el dinero que obtenía con la escuela de esquí, las ganancias de la temporada y también su capital. Lo veía ahora con su nariz larga, mientras recogía las cartas y las descubría, Sans Voir. Siempre jugaban. Si no había nada de nieve, jugaban; y si había mucha también. Pensó en la gran parte de su vida que pasaba jugando.

Pero nunca había escrito una línea acerca de ello, ni de aquel claro y frío día de Navidad, con las montañas a lo lejos, a través de la llanura que había recorrido Gardner, después de cruzar las líneas, para bombardear el tren que llevaba a los oficiales austriacos licenciados, ametrallándolos mientras ellos se dispersaban y huían. Recordó que Gardner se reunió después con ellos y empezó a contar lo sucedido, con toda tranquilidad, y luego dijo: «¡Tú, maldito! ¡Eres un asesino de porquería!»

Y con los mismos austriacos que habían matado entonces se había deslizado después en esquíes. No; con los mismos, no. Hans, con quien paseó con esquí durante todo el año, estaba en los Káiser—Jagers (Cazadores imperiales), y cuando fueron juntos a cazar liebres al valle pequeño, conversaron encima del aserradero, sobre la batalla de Pasubio y el ataque a Pertica y Asalone, y jamás escribió una palabra de todo eso. Ni tampoco de Monte Corno, ni de lo que ocurrió en Siete Commum, ni lo de Arsiero.

¿Cuántos inviernos había pasado en el Vorarlberg y el Arlberg? Fueron cuatro, y recordó la escena del pie a Bludenz, en la época de los regalos, el gusto a cereza de un buen kirsch y el ímpetu de la corrida a través de la blanda nieve, mientras cantaban: «¡Hi! ¡Ho!, dijo Rolly.»

Así recorrieron el último trecho que los separaba del empinado declive, y siguieron en línea recta, pasando tres veces por el huerto; luego salieron y cruzaron la zanja, para entrar por último en el camino helado, detrás de la posada. Allí se desataron los esquíes y los arrojaron contra la pared de madera de la casa. Por la ventana salía la luz del farol y se oían las notas de un acordeón que alegraba el ambiente interior, cálido, lleno de humo y de olor a vino fresco.

—¿Dónde nos hospedamos en París? —preguntó a la mujer que estaba sentada a su lado en una silla de lona, en África.

—En el «Crillon», ya lo sabes.

—¿Por qué he de saberlo?

—Porque allí paramos siempre.

—No. No siempre.

—Allí y en el «Pavillion Henri—Quatre», en St. Germain. Decías que te gustaba con locura.

—Ese cariño es una porquería —dijo Harry—, y yo soy el animal que se nutre y engorda con eso.

—Si tienes que desaparecer, ¿es absolutamente preciso destruir todo lo que dejas atrás? Quiero decir, si tienes que deshacerte de todo: ¿debes matar a tu caballo y a tu esposa y quemar tu silla y tu armadura?

—Sí. Tu podrido dinero era mi armadura. Mi Corcel y mi Armadura.

—No digas eso…

—Muy bien. Me callaré. No quiero ofenderte.

—Ya es un poco tarde.

—De acuerdo. Entonces seguiré hiriéndote. Es más divertido, ya que ahora no puedo hacer lo único que realmente me ha gustado hacer contigo.

—No, eso no es verdad. Te gustaban muchas cosas y yo hacía todo lo que querías. ¡Oh! ¡Por el amor de Dios! Deja ya de fanfarronear, ¿quieres?

—Escucha —dijo—. ¿Crees que es divertido hacer esto? No sé, francamente, por qué lo hago. Será para tratar de mantenerte viva, me imagino. Me encontraba muy bien cuando empezamos a charlar. No tenía intención de llegar a esto, y ahora estoy loco como un zopenco y me porto cruelmente contigo. Pero no me hagas caso, querida. No des ninguna importancia a lo que digo. Te quiero. Bien sabes que te quiero. Nunca he querido a nadie como te quiero a ti.

Y deslizó la mentira familiar que le había servido muchas veces de apoyo.

—¡Qué amable eres conmigo!

—Ahora estoy lleno de poesía. Podredumbre y poesía. Poesía podrida...

—Cállate, Harry. ¿Por qué tienes que ser malo ahora? ¿Eh?

—No me gusta dejar nada —contestó el hombre—. No me gusta dejar nada detrás de mí.

Cuando despertó anochecía. El sol se había ocultado detrás de la colina y la sombra se extendía por toda la llanura, mientras los animalitos se alimentaban muy cerca del campamento, con rápidos movimientos de cabeza y golpes de cola. Observó que sobresalían por completo de la maleza. Los pájaros, en cambio, ya no esperaban en tierra. Se habían encaramado todos a un árbol, y eran muchos más que antes. Su criado particular estaba sentado al lado del catre.

—La memsahib fue a cazar —le dijo—. ¿Quiere algo bwana?

—Nada.

Ella había ido a conseguir un poco de carne buena y, como sabía que a él le gustaba observar a los animales, se alejó lo bastante para no provocar disturbios en el espacio de llanura que el hombre abarcaba con su mirada.

«Siempre está pensativa —meditó Harry—. Reflexiona sobre cualquier cosa que sabe, que ha leído, o que ha oído alguna vez. Y no tiene la culpa de haberme conocido cuando yo ya estaba acabado. ¿Cómo puede saber una mujer que uno no quiere decir nada con lo que dice, y que habla sólo por costumbre y para estar cómodo?»

Desde que empezó a expresar lo contrario de lo que sentía, sus mentiras le procuraron más éxitos con las mujeres que cuando les decía la verdad. Y lo grave no eran sólo las mentiras, sino el hecho de que ya no quedaba ninguna verdad para contar. Estaba acabando de vivir su vida cuando empezó una nueva existencia, con gente distinta y de más dinero, en los mejores sitios que conocía y en otros que constituyeron la novedad.

«Uno deja de pensar y todo es maravilloso. Uno se cuida para que esta vida no lo arruine como le ocurre a la mayoría y adopta la actitud de indiferencia hacia el trabajo que solía hacer cuando ya no es posible hacerlo. Pero, en lo más mínimo de mi espíritu, pensé que podría escribir sobre esa gente, los millonarios, y diría que yo no era de esa clase, sino un simple espía en su país. Pensé en abandonarles y escribir todo eso, para que, aunque sólo fuera una vez, lo escribiese alguien bien compenetrado con el asunto.» Pero luego se dio cuenta de que no podía llevar a cabo tal empresa, pues cada día que pasaba sin escribir, rodeado de comodidades y siendo lo que despreciaba, embotaba su habilidad y reblandecía su voluntad de trabajo, de modo que, finalmente, no hizo absolutamente nada. Y la gente que conocía ahora vivía mucho más tranquila si él no trabajaba. En África había pasado la temporada más feliz de su vida y entonces se le ocurrió volver para empezar de nuevo. Fue así como se realizó la expedición de caza con el mínimo de comodidad. No pasaban penurias, pero tampoco podían permitirse lujos, y él pensó que podría volver a vivir así, de algún modo que le permitiese eliminar la grasa de su espíritu, igual que los boxeadores que van a trabajar y entrenarse a las montañas para quemar la grasa de su cuerpo.

La mujer, por su parte, se había mostrado complacida. Decía que le gustaba. Le gustaba todo lo que era atractivo, lo que implicara un cambio de escenario, donde hubiera gente nueva y las cosas fuesen agradables. Y él sintió la ilusión de regresar al trabajo con más fuerza de voluntad que perdiera.

«Y ahora que se acerca el fin —pensó—, ya que estoy seguro de que esto es el fin, no tengo por qué volverme como esas serpientes que se muerden ellas mismas cuando les quiebran el espinazo. Esta mujer no tiene la culpa, después de todo. Si no fuese ella, sería otra. Si he vivido de una mentira trataré de morir de igual modo.»

En aquel instante oyó un estampido, más allá de la colina.

«Tiene muy buena puntería esta buena y rica perra, esta amable guardiana y destructora de mi talento. ¡Tonterías! Yo mismo he destruido mi talento. ¿Acaso tengo que insultar a esta mujer porque me mantiene? He destruido mi talento por no usarlo, por traicionarme a mí mismo y olvidar mis antiguas creencias y mi fe, por beber tanto que he embotado el límite de mis percepciones, por la pereza y la holgazanería, por las ínfulas, el orgullo y los prejuicios, y, en fin, por tantas cosas buenas y malas. ¿Qué es esto? ¿Un catálogo de libros viejos? ¿Qué es mi talento, en fin de cuentas? Era un talento, bueno, pero, en vez de usarlo, he comerciado con él. Nunca se reflejó en las obras que hice, sino en ese problemático "lo que podría hacer". Por otra parte, he preferido vivir con otra cosa que un lápiz o una pluma. Es raro, ¿no?, pero cada vez que me he enamorado de una nueva mujer, siempre tenía más dinero que la anterior... Cuando dejé de enamorarme y sólo mentía, como por ejemplo con esta mujer; con ésta, que tiene más dinero que todas las demás, que tiene todo el dinero que existe, que tuvo marido e hijos, y amantes que no la satisficieron, y que me ama tiernamente como hombre, como compañero y con orgullosa posesión; es raro lo que me ocurre, ya que, a pesar de que no la amo y estoy mintiendo, sería capaz de darle más por su dinero que cuando amaba de veras. Todos hemos de estar preparados para lo que hacemos. El talento consiste en cómo vive uno la vida. Durante toda mi existencia he regalado vitalidad en una u otra forma, y he aquí que cuando mis afectos no están comprometidos, como ocurre ahora, uno vale mucho más para el dinero. He hecho este descubrimiento, pero nunca lo escribiré. No, no puedo escribir tal cosa, aunque realmente vale la pena.»

Entonces apareció ella, caminando hacia el campamento a través de la llanura. Usaba pantalones de montar y llevaba su rifle. Detrás, venían los dos criados con un animal muerto cada uno. «Todavía es una mujer atractiva —pensó Harry—, y tiene un hermoso cuerpo.» No era bonita, pero a él le gustaba su rostro. Leía una enormidad, era aficionada a cabalgar y a cazar y, sin duda alguna, bebía muchísimo. Su marido había muerto cuando ella era una mujer relativamente joven, y por un tiempo se dedicó a sus dos hijos, que no la necesitaban y a quienes molestaban sus cuidados; a sus caballos, a sus libros y a las bebidas. Le gustaba leer por la noche, antes de cenar, y mientras tanto, bebía whisky escocés y soda. Al acercarse la hora de la cena ya estaba embriagada y, después de otra botella de vino con la comida, se encontraba lo bastante ebria como para dormirse.

Esto ocurrió mientras no tuvo amantes. Luego, cuando los tuvo, no bebió tanto, porque no precisaba estar ebria para dormir... Pero los amantes la aburrían. Se había casado con un hombre que nunca la fastidiaba, y los otros hombres le resultaban extraordinariamente pesados.

Después, uno de sus hijos murió en un accidente de aviación. Cuando sucedió aquello, no quiso más amantes, y como la bebida no le servía ya de anestésico, pensó en empezar una nueva vida. De repente, se sintió aterrorizada por su soledad. Pero necesitaba alguien a quien poder corresponder.

Empezó del modo más simple. A la mujer le gustaba lo que Harry escribía y envidiaba la vida que llevaba. Pensaba que él realizaba todo lo que se proponía. Los medios a través de los cuales trabaron relación y el modo de enamorarse de ese hombre formaban parte de una constante progresión que se desarrollaba mientras ella construía su nueva vida y se desprendía de los residuos de su anterior existencia.

Él sabía que ella tenía mucho dinero, muchísimo, y que la maldita era una mujer muy atractiva. Entonces se acostó pronto con ella, mejor que con cualquier otra, porque era más rica, porque era deliciosa y muy sensible, y porque nunca metía bulla. Y ahora, esa vida que la mujer se forjara estaba a punto de terminar por el solo hecho de que él no se puso yodo, dos semanas antes, cuando una espina le hirió la rodilla, mientras se acercaba a un rebaño de antílopes con objeto de sacarles una fotografía. Los animales, con la cabeza erguida, atisbaban y olfateaban sin cesar, y sus orejas estaban tensas, como para escuchar el más leve ruido que les haría huir hacia la maleza. Y así fue: huyeron antes de que él pudiera sacar la fotografía.

Y ella ahora estaba aquí. Harry volvió la cabeza para mirarla.

—¡Hola! —le dijo.

—Cacé un buen carnero —manifestó la mujer—. Te haré un poco de caldo y les diré que preparen puré de papas. ¿Cómo te encuentras?

—Mucho mejor.

—¡Maravilloso! Te aseguro que pensaba encontrarte mejor. Estabas durmiendo cuando me fui.

—Dormí muy bien. ¿Anduviste mucho?

—No. Llegué más allá de la colina. Tuve suerte con la puntería.

—Te aseguro que tiras de un modo extraordinario.

—Es que me gusta. Y África también me gusta. De veras. Si mejorases, ésta sería la mejor época de mi vida. No sabes cuánto me gusta salir de caza contigo. Me ha gustado mucho más el país.

—A mí también.

—Querido, no sabes qué maravilloso es encontrarte mejor. No podía soportar lo de antes. No podía verte sufrir. Y no volverás a hablarme otra vez como hoy, ¿verdad? ¿Me lo prometes?

—No. No recuerdo lo que dije.

—No tienes que destrozarme, ¿sabes? No soy nada más que una mujer vieja que te ama y quiere que hagas lo que se te antoje. Ya me han destrozado dos o tres veces. No quieres destrozarme de nuevo, ¿verdad? El aeroplano estará aquí mañana.

—¿Cómo lo sabes?

—Estoy segura. Se verá obligado a aterrizar. Los criados tienen la leña y el pasto preparados para hacer la hoguera. Hoy fui a darles un vistazo. Hay sitio de sobra para aterrizar y tenemos las hogueras preparadas en los dos extremos.

—¿Y por qué piensas que vendrá mañana?

—Estoy segura de que vendrá. Hoy se ha retrasado. Luego, cuando estemos en la ciudad, te curarán la pierna. No ocurrirán esas cosas horribles que dijiste.

—Vayamos a tomar algo. El sol se ha ocultado ya.

—¿Crees que no te hará daño?

—Voy a beber.

—Beberemos juntos, entonces. ¡Molo, letti dui whiskey—soda! —gritó la mujer.

—Sería mejor que te pusieras las botas. Hay muchos mosquitos.

—Lo haré después de bañarme…

Bebieron mientras las sombras de la noche lo envolvían todo, pero un poco antes de que reinase la oscuridad, y cuando no había luz suficiente como para tirar, una hiena cruzó la llanura y dio la vuelta a la colina.

—Esa porquería cruza por allí todas las noches —dijo el hombre—. Ha hecho lo mismo durante dos semanas.

—Es la que hace ruido por la noche. No me importa. Aunque son unos animales asquerosos.

Y mientras bebían juntos, sin que él experimentara ningún dolor, excepto el malestar de estar siempre postrado en la misma posición, y los criados encendían el fuego, que proyectaba sus sombras sobre las tiendas, Harry pudo advertir el retorno de la sumisión en esta vida de agradable entrega. Ella era, francamente, muy buena con él. Por la tarde había sido demasiado cruel e injusto. Era una mujer delicada, maravillosa de verdad. Y en aquel preciso instante se le ocurrió pensar que iba a morir.

Llegó esta idea con ímpetu; no como un torrente o un huracán, sino como una vaciedad repentinamente repugnante, y lo raro era que la hiena se deslizaba ligeramente por el borde…

—¿Qué te pasa, Harry?

—Nada. Sería mejor que te colocaras al otro lado. A barlovento.

—¿Te cambió la venda Molo?

—Sí. Ahora llevo la que tiene ácido bórico.

—¿Cómo te encuentras?

—Un poco mareado.

—Voy a bañarme. En seguida volveré. Comeremos juntos, y después haré entrar el catre.

«Me parece —se dijo Harry— que hicimos bien dejándonos de pelear.» Nunca se había peleado mucho con esta mujer, y, en cambio, con las que amó de veras lo hizo siempre, de tal modo que, finalmente, lo corrosivo de las disputas destruía todos los vínculos de unión. Había amado demasiado, pedido muchísimo y acabado con todo.

Pensó ahora en aquella ocasión en que se encontró solo en Constantinopla, después de haber reñido en París antes de irse. Pasaba todo el tiempo con prostitutas y cuando se dio cuenta de que no podía matar su soledad, sino que cada vez era peor, le escribió a la primera, a la que abandonó. En la carta le decía que nunca había podido acostumbrarse a estar solo… Le contó cómo, cuando una vez le pareció verla salir del «Regence», la siguió ansiosamente, y que siempre hacía lo mismo al ver a cualquier mujer parecida por el bulevar, temiendo que no fuese ella, temiendo perder esa esperanza. Le dijo cómo la extrañaba más cada vez que se acostaba con otra; que no importaba lo que ella hiciera, pues sabía que no podía curarse de su amor. Escribió esta carta en el club y la mandó a Nueva York, pidiéndole que le contestara a la oficina en París. Esto le pareció más seguro. Y aquella noche la extrañó tanto que le pareció sentir un vacío en su interior. Entonces salió a pasear, sin rumbo fijo, y al pasar por «Maxim's» recogió una muchacha y la llevó a cenar. Fue a un sitio donde se pudiera bailar después de la cena, pero la mujer era muy mala bailadora, y entonces la dejó por una perra armenia, que se restregaba contra él. Se la quitó a un artillero británico subalterno, después de una disputa. El artillero le pegó en el cuerpo y junto a un ojo. Él le aplicó un puñetazo con la mano izquierda y el otro se arrojó sobre él y lo cogió por la chaqueta, arrancándole una manga. Entonces lo golpeó en pleno rostro con la derecha, echándolo hacia delante. Al caer el inglés se hirió en la cabeza y Harry salió corriendo con la mujer porque oyeron que se acercaba la policía. Tomaron un taxi y fueron a Rimmily Hissa, a lo largo del Bósforo, y después dieron la vuelta. Era una noche más bien fresca y se acostaron en seguida. Ella parecía más bien madura, pero tenía la piel suave y un olor agradable. La abandonó antes de que se despertase, y con la primera luz del día fue al «Pera Palace». Tenía un ojo negro y llevaba la chaqueta bajo el brazo, ya que había perdido una manga.

Aquella misma noche partió para Anatolia y, en la última parte del viaje, mientras cabalgaban por los campos de adormideras que recolectaban para hacer opio, y las distancias parecían alargarse cada vez más, sin llegar nunca al sitio donde se efectuó el ataque con los oficiales que marcharon a Constantinopla, recordó que no sabía nada, ¡maldición!, y luego la artillería acribilló a las tropas, y el observador británico gritó como un niño.

Aquella fue la primera vez que vio hombres muertos con faldas blancas de ballet y zapatos con cintas. Los turcos se hicieron presentes con firmeza y en tropel. Entonces vio que los hombres de faldón huían, perseguidos por los oficiales que hacían fuego sobre ellos, y él y el observador británico también tuvieron que escapar. Corrieron hasta sentir una aguda punzada en los pulmones y tener la boca seca. Se refugiaron detrás de unas rocas, y los turcos seguían atacando con la misma furia. Luego vio cosas que ahora le dolía recordar, y después fue mucho peor aún. Así, pues, cuando regresó a París no quería hablar de aquello ni tan sólo oír que lo mencionaran. Al pasar por el café vio al poeta norteamericano delante de un montón de platillos, con estúpido gesto en el rostro, mientras hablaba del movimiento «dadá» con un rumano que decía llamarse Tristán Tzara, y que siempre usaba monóculo y tenía jaqueca. Por último, volvió a su departamento con su esposa, a la que amaba otra vez. Estaba contento de encontrarse en su hogar y de que hubieran terminado todas las peleas y todas las locuras. Pero la administración del hotel empezó a mandarle la correspondencia al departamento, y una mañana, en una bandeja, recibió una carta en contestación a la suya. Cuando vio la letra le invadió un sudor frío y trató de ocultar la carta debajo de otro sobre. Pero su esposa dijo: «¿De quién es esa carta, querido?»; y ése fue el principio del fin. Recordaba la buena época que pasó con todas ellas, y también las peleas. Siempre elegían los mejores sitios para pelearse. ¿Y por qué tenían que reñir cuando él se encontraba mejor? Nunca había escrito nada referente a aquello, pues, al principio, no quiso ofender a nadie, y después, le pareció que tenía muchas cosas para escribir sin necesidad de agregar otra. Pero siempre pensaba que al final lo escribiría también. No era mucho, en realidad. Había visto los cambios que se producían en el mundo; no sólo los acontecimientos, aunque observó con detención gran cantidad de ellos y de gente; también sabía apreciar ese cambio más sutil que hay en el fondo y podía recordar cómo era la gente y cómo se comportaba en épocas distintas. Había estado en aquello, lo observaba de cerca, y tenía el deber de escribirlo. Pero ya no podría hacerlo…

—¿Cómo te encuentras? —preguntó la mujer, que salía de la tienda después de bañarse.

—Muy bien.

—¿Podrías comer algo, ahora?

Vio a Molo detrás de la mujer, con la mesa plegadiza, mientras el otro sirviente llevaba los platos.

—Quiero escribir.

—Sería mejor que tomaras un poco de caldo para fortalecerte.

—Si voy a morirme esta noche, ¿para qué quiero fortalecerme?

—No seas melodramático, Harry; te lo ruego.

—¿Por qué diablos no usas la nariz? ¿No te das cuenta de que estoy podrido hasta la cintura? ¿Para qué demonios serviría el caldo ahora? Molo, trae whisky—soda.

—Toma el caldo, por favor —dijo ella suavemente.

—Bueno.

El caldo estaba demasiado caliente. Tuvo que dejarlo enfriar en la taza, y por último lo tragó sin sentir náuseas.

—Eres una excelente mujer —dijo él—. No me hagas caso.

Ella lo miró con el rostro tan conocido y querido por los lectores de Spur y Town and Country.Pero Town and Country nunca mostraba esos senos deliciosos ni los muslos útiles ni esas manos echas para acariciar espaldas. Al mirarla y observar sufamosa y agradable sonrisa, sintió que la muerte se acercaba de nuevo.

Esta vez no fue con ímpetu. Fue un ligero soplo, como las que hacen vacilar la luz de la vela y extienden la llama con su gigantesca sombra proyectada hasta el techo.

—Después pueden traer mi mosquitero, colgarlo del árbol y encender el fuego. No voy a entrar en la tienda esta noche. No vale la pena moverse. Es una noche clara. No lloverá.

«Conque así es como uno muere, entre susurros que no se escuchan. Pues bien, no habrá más peleas.» Hasta podía prometerlo. No iba a echar a perder la única experiencia que le faltaba. Aunque probablemente lo haría. «Siempre lo he estropeado todo.» Pero quizá no fuese así en esta ocasión.

—No puedes tomar dictados, ¿verdad?

—Nunca supe —contestó ella.

—Está bien.

No había tiempo, por supuesto, pero en aquel momento le pareció que todo se podía poner en un párrafo si se interpretaba bien.

Encima del lago, en una colina, veía una cabaña rústica que tenía las hendiduras tapadas con mezcla. Junto a la puerta había un palo con una campana, que servía para llamar a la gente a comer. Detrás de la casa, campos, y más allá de los campos estaba el monte. Una hilera de álamos se extendía desde la casa hasta el muelle. Un camino llevaba hasta las colinas por el límite del monte, y a lo largo de ese camino él solía recoger zarzas. Luego, la cabaña se incendió y todos los fusiles que había en las perchas encima del hogar, también se quemaron. Los cañones de las escopetas, fundido el plomo de las cámaras para cartuchos, y las cajas fueron destruidos lentamente por el fuego, sobresaliendo del montón de cenizas que fueron usadas para hacer lejía en las grandes calderas de hierro, y cuando le preguntamos al Abuelo si podíamos utilizarla para jugar, nos dijo que no. Allí estaban, pues, sus fusiles y nunca volvió a comprar otros. Ni volvió a cazar. La casa fue reconstruida en el mismo sitio, con madera aserrada. La pintaron de blanco; desde la puerta se veían los álamos y, más allá, el lago; pero ya no había fusiles. Los cañones de las escopetas que habían estado en las perchas de la cabaña yacían ahora afuera, en el montón de cenizas que nadie se atrevió a tocar jamás.

En la Selva Negra, después de la guerra, alquilamos un río para pescar truchas, y teníamos dos maneras de llegar hasta aquel sitio. Había que bajar al valle desde Trisberg, seguir por el camino rodeado de árboles y luego subir por otro que atravesaba las colinas, pasando por muchas granjas pequeñas, con las grandes casas de Schwarzwald, hasta que cruzaba el río. La primera vez que pescamos recorrimos todo ese trayecto.

La otra manera consistía en trepar por una cuesta empinada hasta el límite de los bosques, atravesando luego las cimas de las colinas por el monte de pinos, y después bajar hasta una pradera, desde donde se llegaba al puente. Había abedules a lo largo del río, que no era grande, sino estrecho, claro y profundo, con pozos provocados por las raíces de los abedules. El propietario del hotel, en Trisberg, tuvo una buena temporada. Era muy agradable el lugar y todos eran grandes amigos. Pero el año siguiente se presentó la inflación, y el dinero que ganó durante la temporada anterior no fue suficiente para comprar provisiones y abrir el hotel; entonces, se ahorcó.

Aquello era fácil de dictar, pero uno no podía dictar lo de la Plaza Contrescarpe, donde las floristas teñían sus flores en la calle, y la pintura corría por el empedrado hasta la parada de los autobuses; y los ancianos y las mujeres, siempre ebrios de vino; y los niños con las narices goteando por el frío. Ni tampoco lo del olor a sobaco, roña y borrachera del café «Des Amateurs», y las rameras del «Bal Musette», encima del cual vivían. Ni lo de la portera que se divertía en su cuarto con el soldado de la Guardia Republicana, que había dejado el casco adornado con cerdas de caballo sobre una silla. Y la inquilina del otro lado del vestíbulo, cuyo marido era ciclista, y que aquella mañana, en la lechería, sintió una dicha inmensa al abrir L'Auto y ver la fotografía de la prueba Parls—Tours, la primera carrera importante que disputaba, y en la que se clasificó tercero. Enrojeció de tanto reír, y después subió al primer piso llorando, mientras mostraba por todas partes la página de deportes. El marido de la encargada del «Bal Musette» era conductor de taxi y cuando él, Harry, tenía que tomar un avión a primera hora, el hombre le golpeaba la puerta para despertarlo y luego bebían un vaso de vino blanco en el mostrador de la cantina, antes de salir. Conocía a todos los vecinos de ese barrio, pues todos, sin excepción, eran pobres.

Frecuentaban la Plaza dos clases de personas: los borrachos y los deportistas. Los borrachos mataban su pobreza de ese modo; los deportistas iban para hacer ejercicio. Eran descendientes de los comuneros y resultaba fácil describir sus ideas políticas. Todos sabían cómo habían muerto sus padres, sus parientes, sus hermanos y sus amigos cuando las tropas de Versalles se apoderaron de la ciudad, después de la Comuna, y ejecutaron a toda persona que tuviera las manos callosas, que usara gorra o que llevara cualquier otro signo que revelase su condición de obrero. Y en aquella pobreza, en aquel barrio del otro lado de la calle de la «Boucherie Chevaline» y la cooperativa de vinos, escribió el comienzo de todo lo que iba a hacer. Nunca encontró una parte de París que le gustase tanto como aquélla, con sus enormes árboles, las viejas casas de argamasa blanca con la parte baja pintada de pardo, los autobuses verdes que daban vueltas alrededor de la plaza, el color purpúreo de las flores que se extendían por el empedrado, el repentino declive pronunciado de la calle Cardenal Lemoine hasta el río y, del otro lado, la apretada muchedumbre de la calle Mouffetard. La calle que llevaba al Panteón y la otra que él siempre recorría en bicicleta, la única asfaltada de todo el barrio, suave para los neumáticos, con las altas casas y el hotel grande y barato donde había muerto Paul Verlaine. Como los departamentos que alquilaban sólo constaban de dos habitaciones, él tenía una habitación aparte en el último piso, por la cual pagaba sesenta francos mensuales. Desde allí podía ver, mientras escribía, los techos, las chimeneas y todas las colinas de París.

Desde el departamento sólo se veían los grandes árboles y la casa del carbonero, donde también se vendía vino, pero de mala calidad; la cabeza de caballo de oro que colgaba frente a la «Boucherie Chevaline», en cuya vidriera se exhibían los dorados trozos de res muerta, y la cooperativa pintada de verde, donde compraban el vino, bueno y barato. Lo demás eran paredes de argamasa y ventanas de los vecinos. Los vecinos que, por la noche, cuando algún borracho se sentaba en el umbral, gimiendo y gruñendo con la típica ivresse francesa que la propaganda hace creer que no existe, abrían las ventanas, dejando oír el murmullo de la conversación. «¿Dónde está el policía? El bribón desaparece siempre que uno lo necesita. Debe de estar acostado con alguna portera. Que venga el agente.» Hasta que alguien arrojaba un balde de agua desde otra ventana y los gemidos cesaban. «¿Qué es eso? Agua. ¡Ahí ¡Eso se llama tener inteligencia!» Y entonces se cerraban todas las ventanas.

Marie, su sirvienta, protestaba contra la jornada de ocho horas, diciendo: «Mi marido trabaja hasta las seis, sólo se emborracha un poquito al salir y no derrocha demasiado. Pero si trabaja nada más que hasta las cinco, está borracho todas las noches y una se queda sin dinero para la casa. Es la esposa del obrero la que sufre la reducción del horario.»

—¿Quieres un poco más de caldo? —le preguntaba su mujer.

—No, muchísimas gracias, aunque está muy bueno.

—Toma un poquito más, ¿no?

—Prefiero un whisky con soda.

—No te sentará bien.

—Ya lo sé. Me hace daño. Cole Porter escribió la letra y la música de eso: te estás volviendo loca por mí.

—Bien sabes que me gusta que bebas, pero...

—¡Oh! Sí, ya lo sé: sólo que me sienta mal.

«Cuando se vaya —pensó—, tendré todo lo que quiera. No todo lo que quiera, sino todo lo que haya.» ¡Ay! Estaba cansado. Demasiado cansado. Iba a dormir un rato. Estaba tranquilo porque la muerte ya se había ido. Tomaba otra calle, probablemente. Iba en bicicleta, acompañada, y marchaba en absoluto silencio por el empedrado...

No, nunca escribió nada sobre París. Nada del París que le interesaba. Pero ¿y todo lo demás que tampoco había escrito?

¿Y lo del rancho y el gris plateado de los arbustos de aquella región, el agua rápida y clara de los embalses de riego, y el verde oscuro de la alfalfa? El sendero subía hasta las colinas. En el verano, el ganado era tan asustadizo como los ciervos. En otoño, entre gritos y rugidos estrepitosos, lo llevaban lentamente hacia el valle, levantando una polvareda con sus cascos. Detrás de las montañas se dibujaba el limpio perfil del pico a la luz del atardecer, y también cuando cabalgaba por el sendero bajo la luz de la luna. Ahora recordaba la vez que bajó atravesando el monte, en plena oscuridad, y tuvo que llevar al caballo por las riendas, pues no se veía nada… Y todos los cuentos y anécdotas, en fin, que había pensado escribir.

¿Y el imbécil peón que dejaron a cargo del rancho en aquella época, con la consigna de que no dejara tocar el heno a nadie? ¿Y aquel viejo bastardo de los Forks que castigó al muchacho cuando éste se negó a entregarle determinada cantidad de forraje? El peón tomó entonces el rifle de la cocina y le disparó un tiro cuando el anciano iba a entrar en el granero. Y cuando volvieron a la granja, hacía una semana que el viejo había muerto. Su cadáver congelado estaba en el corral y los perros lo habían devorado en parte. A pesar de todo, envolvieron los restos en una frazada y la ataron con una cuerda. El mismo peón los ayudó en la tarea. Luego, dos de ellos se llevaron el cadáver, con esquíes, por el camino, recorriendo las sesenta millas hasta la ciudad, y regresaron en busca del asesino. El peón no pensaba que se lo llevarían preso. Creía haber cumplido con su deber, y que yo era su amigo y pensaba recompensar sus servicios. Por eso, cuando el alguacil le colocó las esposas se quedó mudo de sorpresa y luego se echó a llorar. Ésta era una de las anécdotas que dejó para escribir más adelante. Conocía por lo menos veinte anécdotas parecidas y buenas y nunca había escrito ninguna. ¿Por qué?

—Tú les dirás por qué —dijo.

—¿Por qué qué, querido?

—Nada.

Desde que estaba con él, la mujer no bebía mucho. «Pero si vivo —pensó Harry—, nunca escribiré nada sobre ella ni sobre los otros.» Los ricos eran perezosos y bebían muchísimo, o jugaban demasiado al backgammon. Eran perezosos; por eso siempre repetían lo mismo. Recordaba al pobre Julián, que sentía un respetuoso temor por todos ellos, y que una vez empezó a contar un cuento que decía: «Los muy ricos son gente distinta. No se parecen ni a usted ni a mí.» Y alguien lo interrumpió para manifestar: «Ya lo creo. Tienen más dinero que nosotros.» Pero esto no le causó ninguna gracia a Julián, que pensaba que los ricos formaban una clase social de singular encanto. Por eso, cuando descubrió lo contrario, sufrió una decepción totalmente nueva.

Harry despreciaba siempre a los que se desilusionaban, y eso se comprendía fácilmente. Creía que podía vencerlo todo y a todos, y que nada podría hacerle daño, ya que nada le importaba.

Muy bien. Pues ahora no le importaba un comino la muerte. El dolor era una de las pocas cosas que siempre había temido. Podía aguantarlo como cualquier mortal, mientras no fuese demasiado prolongado y agotador, pero en esta ocasión había algo que lo hería espantosamente, y cuando iba a abandonarse a su suerte, cesó el dolor.

Recordaba aquella lejana noche en que Williamson, el oficial del cuerpo de bombarderos, fue herido por una granada lanzada por un patrullero alemán, cuando él atravesaba las alambradas; y cómo, llorando, nos pidió a todos que lo matásemos. Era un hombre gordo, muy valiente y buen oficial, aunque demasiado amigo de las exhibiciones fantásticas. Pero, a pesar de sus alardes, un foco lo iluminó aquella noche entre las alambradas, y sus tripas empezaron a desparramarse por las púas a consecuencia de la explosión de la granada, de modo que cuando lo trajeron vivo todavía, tuvieron que matarlo, «¡Mátame, Harry! ¡Mátame, por el amor de Dios!» Una vez sostuvieron una discusión acerca de que Nuestro Señor nunca nos manda lo que no podemos aguantar, y alguien exponía la teoría de que, diciendo eso en un determinado momento, el dolor desaparece automáticamente. Pero nunca se olvidaría del estado de Williamson aquella noche. No le pasó nada hasta que se terminaron las tabletas de morfina que Harry no usaba ni para él mismo. Después, matarlo fue la única solución.

Lo que tenía ahora no era nada en comparación con aquello; y no habría habido motivo de preocupación, a no ser que empeorara con el tiempo. Aunque tal vez estuviera mejor acompañado.

Entonces pensó un poco en la compañía que le hubiera gustado tener.

«No —reflexionó—, cuando uno hace algo que dura mucho, y ha empezado demasiado tarde, no puede tener la esperanza de volver a encontrar a la gente todavía allí. Toda la gente se ha ido. La reunión ha terminado y ahora has quedado solo con tu patrona. ¡Bah! Este asunto de la muerte me está fastidiando tanto como las demás cosas.»

—Es un fastidio —dijo en voz alta.

—¿Qué, queridito?

—Todo lo que dura mucho.

Harry miró el rostro de la mujer, que estaba entre el fuego y él. Ella se había recostado en la silla y la luz de la hoguera brillaba sobre su cara de agradables contornos, y entonces se dio cuenta de que ella tenía sueño. Oyó también que la hiena hacía ruido algo más allá del límite del fuego.

—He estado escribiendo —dijo él—, pero me cansé.

—¿Crees que podrás dormir?

—Casi seguro. ¿Por qué no vas adentro?

—Me gusta quedarme sentada aquí, contigo.

—¿Te encuentras mal? —le preguntó a la mujer.

—No. Tengo un poco de sueño.

—Yo también.

En aquel momento sintió que la muerte se acercaba de nuevo.

—Te aseguro que lo único que no he perdido nunca es la curiosidad —le dijo más tarde.

—Nunca has perdido nada. Eres el hombre más completo que he conocido.

—¡Dios mío! ¡Qué poco sabe una mujer! ¿Qué es eso? ¿Tu intuición?

Porque en aquel instante la muerte apoyaba la cabeza sobre los pies del catre y su aliento llegaba hasta la nariz de Harry.

—Nunca creas eso que dicen de la guadaña y la calavera. Del mismo modo podrían ser dos policías en bicicleta, o un pájaro, o un hocico ancho como el de la hiena.

Ahora avanzaba sobre él, pero no tenía forma. Ocupaba espacio, simplemente.

—Dile que se marche.

No se fue, sino que se acercó aún más.

—¡Qué aliento del demonio tienes! —le dijo a la muerte—. ¡Tú, asquerosa bastarda!

Se acercó otro poco y él ya no podía hablarle, y cuando la muerte lo advirtió, se aproximó todavía más, mientras Harry trataba de echarla sin hablar; pero todo su peso estaba sobre su pecho, y mientras se acuclillaba allí y le impedía moverse o hablar, oyó que su mujer decía:

—Bwana ya se ha dormido. Levanten el catre y llévenlo a la tienda, pero con cuidado.

No podía decirle que la hiciera marcharse, y allí estaba la muerte, sentada sobre su pecho, cada vez más pesada, impidiéndole hasta respirar.

Y entonces, mientras levantaban el catre, se encontró repentinamente bien ya que el peso dejó de oprimirle el pecho.

Ya era de día y habían transcurrido varias horas de la mañana cuando oyó el aeroplano. Parecía muy pequeño. Los criados corrieron a encender las hogueras, usando kerosene y amontonando la hierba hasta formar dos grandes humaredas en cada extremo del terreno que ocupaba el campamento. La brisa matinal llevaba el humo hacia las tiendas. El aeroplano dio dos vueltas más, esta vez a menor altura, y luego planeó y aterrizó suavemente. Después, Harry vio que se acercaba el viejo Compton, con pantalones, camisa de color y sombrero de fieltro oscuro.

—¿Qué te pasa, amigo? —preguntó el aviador.

—La pierna —le respondió Harry—. Anda mal. ¿Quieres comer algo o has desayunado ya?

—Gracias. Voy a tomar un poco de té. Traje el Puss Moth que ya conoces, y como hay sitio para uno solo, no podré llevar a la memsahib. Tu camión está en el camino.

Helen llamó aparte a Compton para decirle algo. Luego, él volvió más animado que antes.

—Te llevaré en seguida —dijo—. Después volveré a buscar a la mem. Lo único que temo es tener que detenerme en Arusha para cargar combustible. Convendría salir ahora mismo.

—¿Y el té?

—No importa; no te preocupes.

Los peones levantaron el catre y lo llevaron a través de las verdes tiendas hasta el avión, pasando entre las hogueras que ardían con todo su resplandor. La hierba se había consumido por completo y el viento atizaba el fuego hacia el pequeño aparato. Costó mucho trabajo meter a Harry, pero una vez que estuvo adentro se acostó en el asiento de cuero, y ataron su pierna a uno de los brazos del que ocupaba Compton. Saludó con la mano a Helen y a los criados. El motor rugía con su sonido familiar. Después giraron rápidamente, mientras Compie vigilaba y esquivaba los pozos hechos por los jabalíes. Así, a trompicones atravesaron el terreno, entre las fogatas, y alzaron vuelo con el último choque. Harry vio a los otros abajo, agitando las manos; y el campamento, junto a la colina, se veía cada vez más pequeño: la amplia llanura, los bosques y la maleza, y los rastros de los animales que llegaban hasta los charcos secos, y vio también un nuevo manantial que no conocía. Las cebras, ahora con su lomo pequeño, y las bestias, con las enormes cabezas reducidas a puntos, parecían subir mientras el avión avanzaba a grandes trancos por la llanura, dispersándose cuando la sombra se proyectaba sobre ellos. Cada vez eran más pequeños, el movimiento no se notaba, y la llanura parecía estar lejos, muy lejos. Ahora era grisamarillenta. Estaban encima de las primeras colinas y las bestias les seguían siempre el rastro. Luego pasaron sobre unas montañas con profundos valles de selvas verdes y declives cubiertos de bambúes, y después, de nuevo los bosques tupidos y las colinas que se veían casi chatas. Después, otra llanura, caliente ahora, morena, y púrpura por el sol. Compie miraba hacia atrás para ver cómo cabalgaba. Enfrente, se elevaban otras oscuras montañas.

Por último, en vez de dirigirse a Arusha, dieron la vuelta hacia la izquierda. Supuso, sin ninguna duda, que al piloto le alcanzaba el combustible. Al mirar hacia abajo, vio una nube rosada que se movía sobre el terreno, y en el aire algo semejante a las primeras nieves de unas ventiscas que aparecen de improviso, y entonces supo que eran las langostas que venían del Sur. Luego empezaron a subir. Parecían dirigirse hacia el Este. Después se oscureció todo y se encontraron en medio de una tormenta en la que la lluvia torrencial daba la impresión de estar volando a través de una cascada, hasta que salieron de ella. Compie volvió la cabeza sonriendo y señaló algo. Harry miró, y todo lo que pudo ver fue la cima cuadrada del Kilimanjaro, ancha como el mundo entero; gigantesca, alta e increíblemente blanca bajo el sol. Entonces supo que era allí adonde iba.

En aquel instante, la hiena cambió sus lamentos nocturnos por un sonido raro, casi humano, como un sollozo. La mujer lo oyó y se estremeció de inquietud. No se despertó, sin embargo. En su sueño, se veía en la casa de Long Island, la noche antes de la presentación en sociedad de su hija. Por alguna razón estaba allí su padre, que se portó con mucha descortesía. Pero la hiena hizo tanto ruido que ella se despertó y por un momento, llena de temor, no supo dónde estaba. Luego tomó la linterna portátil e iluminó el catre que le habían entrado después de dormirse Harry. Vio el bulto bajo el mosquitero, pero ahora le parecía que él había sacado la pierna, que colgaba a lo largo de la cama con las vendas sueltas. No aguantó más.

—¡Molo! —llamó—. ¡Molo! ¡Molo!

Y después dijo:

—¡Harry! ¡Harry! —y levantando la voz—: ¡Harry! ¡Contéstame, te lo ruego! ¡Oh, Harry!

No hubo respuesta y tampoco lo oyó respirar.

Fuera de la tienda, la hiena seguía lanzando el mismo gemido extraño que la despertó. Pero los latidos del corazón le impedían oírlo.

A CAMPO TRAVIESA EN LA NIEVE

El funicular se detuvo después de recorrer otro trecho. No podía seguir más allá, ya que la nieve estaba amontonada sólidamente entre los rieles. El vendaval barría la superficie abierta de la montaña, dejando cierto espesor de nieve. Nick, que estaba encerando sus esquíes en el vagón de equipaje, puso las botas en las puntas de hierro y cerró fuertemente la abrazadera. Luego saltó a un lado del furgón, se volvió repentinamente y empezó a deslizarse por la pendiente con mucha rapidez, agachándose y arrastrando sus esquíes.

George se hundió en la capa blanca que se extendía debajo, apareció de nuevo y volvió a perderse de vista. El ímpetu y el veloz descenso por una empinada ondulación de la montaña despojaron a Nick de sus pensamientos, y solo le quedó el efecto del maravilloso vuelo, impidiendo toda otra sensación en su cuerpo. Después de una leve subida, la nieve pareció abrirse bajo sus pies, y prosiguió a mayor velocidad, ya en el último declive, largo y empinado.

Se había acuclillado hasta estar casi sentado sobre los esquíes, tratando de que el centro de gravedad se mantuviese bajo. La nieve daba la impresión de una tormenta de arena. Se dio cuenta de que se deslizaba demasiado de prisa, pero continuó así. No iba a aflojar. Fue entonces cuando un espacio de terreno cubierto de nieve blanda y con una depresión producida por el viento, le hizo caer. Nick dio varias vueltas en medio del estrépito de los esquíes. Parecía un conejo herido. Por último, quedó clavado en el suelo, con las piernas cruzadas y los esquíes encima. Tenía la nariz y las orejas llenas de nieve.

George se encontraba un poco más abajo. Estaba quitándose la nieve de la chaqueta con fuertes palmadas.

—¿Cómo está la pendiente? —Nick sacudió los esquíes tendido de espalda y luego se levantó.

—Te has dado un hermoso porrazo, Mike —gritó a Nick—. La nieve está demasiado blanda. Yo me caí del mismo modo.

—Tienes que mantenerte hacia la izquierda. La pendiente es pronunciada pero lisa, con un Christy al fondo, debido a un cerco.

—Espera un segundo e iremos juntos.

—No, ¿por qué no vas tú primero? Me gusta ver lo que haces.

Nick Adams pasó al lado de George con sus anchos hombros y sus cabellos rubios que presentaban todavía restos de nieve. Sus esquíes empezaron a deslizarse por el borde y después ascendió rápidamente, silbando por la cristalina nieve en polvo. Parecía flotar y sumergirse mientras subía y bajaba por las onduladas pendientes, apoyándose en la pierna izquierda. Al final, cuando se acercó con ímpetu a la alambrada, manteniendo las rodillas bien juntas y forzando el cuerpo como si estuviese apretando un tornillo, dio una repentina vuelta hacia la derecha, provocando un remolino de nieve, y continuó con lentitud, paralelo a la ladera y al alambrado.

Luego levantó la vista hasta la cresta de la colina. George estaba bajando por la pendiente ondulada, arrodillándose, con una pierna doblada hacia delante y arrastrando la otra. Sus bastones colgaban como las patas delgadas de ciertos insectos y hacían saltar trozos de nieve al rozar la superficie. Por último, el cuerpo que parecía arrastrarse de rodillas cogió espléndidamente la curva y George se acuclilló, movió hacia delante y hacia atrás ambas piernas y se inclinó en dirección contraria, mientras los esquíes acentuaban la curva como puntos luminosos, todo en una salvaje nube de nieve.

—Le tenía miedo al Christy —dijo George—; la nieve era muy blanda. Te diste un hermoso porrazo.

—Tal como tengo la pierna, no puedo hacer el Telemark —dijo Nick.

Nick oprimió con su esquí el hilo superior del alambrado y permitió así que pasase George. Después lo siguió rumbo a la meta. Atravesaron el bosque de pinos conservando la misma postura. Poco a poco, el camino se bruñía de hielo, tiñéndose de color naranja y amarillo de tabaco a causa de los troncos que habían llegado hasta allí. Los esquiadores continuaron yendo por el lado en donde había nieve. El sendero se hundía en un arroyo y luego seguía cuesta arriba. Desde el bosque, pudieron ver el largo edificio de bajos aleros, desgastado por la intemperie. A través de los árboles parecía tener un matiz amarillo descolorido. Los marcos de las ventanas estaban pintados de verde, aunque la pintura se desconchaba. Nick aflojó las abrazaderas con uno de sus bastones y se quitó los esquíes agitándolos.

—Será mejor que los dejemos allí —dijo y subió por el empinado sendero con los esquíes al hombro. De vez en cuando, sacudía los pies para que no se le helaran. Detrás iba George. Oía su respiración y el ruido que hacía al sacudir los pies. Amontonaron los esquíes junto a la pared del albergue. Luego sacudieron los pantalones para quitarse la nieve, agitaron las botas hasta dejarlas limpias y entraron.

Dentro estaba muy oscuro. En un rincón del salón, la gran cocina de porcelana atenuaba la penumbra. El cielo raso era bajo. A lo largo de una de las paredes había pulidos bancos y mesas manchadas de vino. Junto a la cocina, dos suizos fumaban en pipa y bebían sus vasos de vino fresco. Los muchachos se quitaron las chaquetas y se sentaron junto a la pared, frente al hornillo. En la sala contigua dejó de cantar la voz femenina y apareció una mujer con delantal azul para ver qué querían tomar los recién llegados.

—Una botella de Sion —pidió Nick—. ¿Te parece bien, Gidge?

—Muy bien —contestó George—. Tú conoces los vinos mucho más que yo. Me gustan todos.

La mujer salió.

—No hay nada que se pueda comparar al deporte del esquí, ¿verdad? —manifestó Nick—. ¡Esa sensación que uno experimenta al bajar a toda velocidad!

—¡Ah! —dijo George—. No hay palabras para expresarlo.

La mujer volvió trayendo el vino. El corcho de la botella les dio bastante trabajo, pero Nick logró abrirla. La mujer se fue, y después oyeron que cantaban en alemán en la otra habitación.

—Se han caído algunos trozos de corcho, pero no importa —dijo Nick. — ¿Tendrá alguna tarta esta mujer?

—Veamos.

La mujer volvió de nuevo y Nick observó entonces que su delantal cubría el bulto de su preñez. «¿Por qué no debí verlo cuando vino por primera vez?», pensó.

—¿Qué estaba cantando? —le preguntó.

—Ópera, ópera alemana —no tenía interés en hablar de aquel tema—. Si les gusta, todavía hay un poco de tarta de manzanas.

—No es muy cordial, ¿eh? —dijo George.

—¡Oh! Al fin y al cabo no nos conoce, y tal vez haya pensado que íbamos a hacerle bromas por lo que cantaba. Es de allá, donde hablan alemán, y aquí no está en su ambiente. Además, va a tener familia sin haberse casado y eso la hace quizá más susceptible.

—¿Y cómo sabes que no está casada?

—Porque no lleva anillo. ¡Diantre! A casi todas las mujeres de este lugar les ocurre lo mismo antes de casarse.

En aquel momento se abrió la puerta y entró un grupo de leñadores. Sus botas promovieron un gran estrépito en el piso del salón. La criada trajo tres litros de vino fresco para la reunión y los leñadores ocuparon las dos mesas. Se habían quitado los sombreros y fumaban en silencio. Algunos estaban apoyados contra la pared, y otros echados sobre la mesa. Afuera, los caballos de los trineos sacudían de vez en cuando la cabeza haciendo sonar los cencerros.

George y Nick estaban contentos. Eran grandes amigos. Sabían que tenían por delante el viaje de regreso a través de la nieve.

—¿Cuándo tienes que volver a la escuela? —preguntó Nick.

—Esta noche —respondió su compañero—. Tengo que tomar el tren que sale de Montreux a las diez cuarenta.

—¡Cómo me gustaría que pudieras quedarte para acompañarme mañana al Dent du Lys!

—Primero está la educación —expresó George—. ¡Caramba, Mike! ¿Qué te parece si nos entregáramos a la vagancia? Tomamos el tren y vamos con nuestros esquíes hasta donde se pueda correr bien. Después seguimos y nos hospedamos en cualquier cantina. Atravesamos las montañas de Oberland Bernés, subimos hasta Valais y recorremos la Engadina. Luego renovamos el equipo, con suéteres y pijamas extras en nuestras mochilas, ¿eh? Sin que nos importe un comino la escuela ni nada. ¿Qué me dices?

—Sí, y después seguimos hasta la Selva Negra. ¡Vaya! Los mejores sitios.

—Allí fuiste a pescar el verano pasado, ¿no es cierto?

—Sí.

Comieron la tarta de manzanas y bebieron el resto del vino.

George se echó atrás, contra la pared, y cerró los ojos.

—El vino me hace siempre sentirme así —dijo.

—¿Mal, acaso? —preguntó Nick.

—No. Estoy bien, pero me encuentro raro y divertido.

—Lo sé.

—Claro.

—¿Quieres que pida otra botella? —sugirió Nick.

—Por mí, no —contestó George.

Nick estaba apoyado con los codos encima de la mesa, y George recostado contra la pared.

—¿Así que Helen va a tener un hijo? —dijo George balanceando la silla para acercarse de nuevo a la mesa.

—Sí.

—¿Cuándo?

—A fines del verano que viene.

—¿Estás contento?

—Ahora sí.

—¿Volverán a los Estados Unidos?

—Creo que sí.

—¿Tienes deseos de volver?

—Yo, no.

—¿Y Helen?

—Tampoco.

George guardó silencio. Estaba mirando la botella y las copas vacías.

—Es una porquería, ¿verdad?

—No. Exactamente, no.

—¿Irán a esquiar juntos alguna vez en los Estados Unidos?

—No sé.

—Las montañas no valen mucho.

—No. Son muy rocosas. Además, hay muchos montes y están demasiado lejos.

—Sí —dijo George—; en California.

—Sí —convino Nick—; en todas partes en las que estuve vi lo mismo.

—Ajá. Así es.

Después de pagar, los suizos se levantaron y salieron.

—Me gustaría que nosotros también fuésemos suizos —dijo George.

—No te olvides de que los suizos tienen paperas —advirtió Nick.

—No lo creo.

—Yo tampoco.

Nick y George se echaron a reír por la ocurrencia.

—¿Y si es esta la última vez que esquiamos, Nick?

—No es posible. Yo no lo haría si no me acompañases.

—Bueno, entonces volveremos a esquiar.

—Hemos de hacerlo —agregó Nick.

—Tendríamos que prometerlo.

Nick se puso de pie y se abrochó bien la chaqueta. Se inclinó sobre George para recoger los dos palos de esquiar que estaban contra la pared y clavó uno en el suelo.

—No se gana nada con hacer promesas —expresó.

Luego abrieron la puerta y salieron. Hacía mucho frío. La nieve amontonada estaba dura. El camino subía por la colina hasta el bosque de pinos.

Los dos amigos fueron a buscar los esquís que habían dejado junto a la pared del albergue. Nick se puso los guantes. George empezó a subir por el camino con los esquíes al hombro. Volverían juntos al pueblo.

EL REVOLUCIONARIO

En 1919 viajaba por los ferrocarriles de Italia. En los cuarteles generales del partido le entregaron un trozo de hule escrito con lápiz indeleble en donde se decía que se trataba de un camarada que en Budapest había sido muy perseguido y castigado por los reaccionarios, y al mismo tiempo se pedía a los camaradas que lo ayudasen en cualquier forma.

Lo usaba en vez de billete. Era muy tímido y muy joven y los guardafrenos lo pasaban de una línea a otra. Como no tenía dinero, le daban de comer detrás del mostrador de los restaurantes de las estaciones.

Le encantaba Italia. Decía que era un país hermoso, de habitantes muy cordiales. Estuvo en muchas ciudades. Anduvo mucho y vio muchos cuadros. Compró reproducciones de Giotto, Masaccio y Piero della Francesca, que llevaba envueltas en un ejemplar de Avanti. Mantegna no le gustaba.

Se me presentó en Bolonia y lo llevé conmigo a la Romana, donde yo tenía que entrevistar a cierta personalidad. Hicimos un viaje agradable en la época más propicia: los primeros días de septiembre. El muchacho simpático era húngaro y era muy tímido. Los hombres de Horthy le habían hecho algunas cosas desagradables, pero de eso habló poco.

A pesar de lo que sucedía en Hungría, creía con fervor en la revolución mundial.

—¿Y cómo marcha el movimiento en Italia? —me preguntó.

—Muy mal —le contesté.

—Pero mejorará —dijo—. Aquí tienen de todo. Es el único país que ofrece cierta seguridad. Será el punto de partida de lo que va a venir.

No expresé mi opinión.

En Bolonia nos dijo adiós antes de tomar el tren para Milán y Aosta, desde donde iba a atravesar solo el paso que lo llevaría a Suiza. Le hablé de los cuadros de Mantegna que había en Milán.

—No —me respondió con su apocamiento característico—, Mantegna no me gusta.

En un papel le escribí la dirección de varios camaradas de Milán y la de un sitio donde podría comer. Me agradeció muchísimo lo que hacía por él, pero ya estaba pensando en la travesía del paso. Estaba ansioso por llevarla a cabo mientras duraba el buen tiempo. Adoraba las montañas durante el otoño. La última noticia que tuve de él fue que los suizos lo encarcelaron cerca de Sion.

EL REGRESO DE UN SOLDADO

Antes de ir a la guerra, Krebs estuvo en un colegio metodista de Kansas. En una fotografía aparece con los miembros de la fraternidad y todos tienen exactamente el mismo cuello alto característico. Se alistó en la marina en 1917 y regresó a los Estados Unidos cuando lo hizo la segunda división del Rin, en el verano de 1919.

Otra fotografía lo muestra en el Rin, con dos alemanes y un cabo. Los uniformes les quedan chicos y las mujeres no son hermosas. El río no se ve en la fotografía.

Cuando Krebs volvió a su ciudad, en Oklahoma, ya habían terminado los «¡vivas!» a los héroes. Regresó demasiado tarde. Los hombres de la ciudad que habían sido reclutados fueron recibidos con grandes agasajos y abundantes ataques de histeria. Ahora, en cambio, se operaba una reacción. A la gente le parecía ridículo que Krebs volviera tan tarde, años después de concluida la contienda.

Al principio, Krebs no quiso contar nada a pesar de haber estado en el bosque de Belleau, en Soissons, Champaña, Saint Mihiel y la Argonne. Después sintió la necesidad de hacerlo, pero nadie sentía demasiado interés en escucharlo. Su ciudad había oído muchas leyendas atroces como para estremecerse por la verdadera realidad. Por último, Krebs se convenció de que tenía que mentir para despertar la atención, y, después de hacerlo en dos oportunidades, también él experimentó una reacción contra la guerra y contra todo lo que a ella se refería. Esos embustes provocaron su disgusto por todo lo que había ocurrido en el campo de batalla. Siempre se había mostrado sereno y casi indiferente al pensar en la época en que hizo lo único que tenía que hacer un hombre de verdad, sin jactancia ni ostentaciones, a pesar de haber podido tomar otro camino. Pero ya no poseía esa estimable cualidad. La había perdido por completo.

Sus mentiras no tuvieron ninguna importancia y consistieron en atribuirse cosas que otros hombres habían hecho, visto u oído, y en afirmar como realidades ciertos incidentes apócrifos comunes a todos los soldados. Sus engaños carecieron de trascendencia, incluso en el salón de billares. No emocionaron a sus amigos, que, por haber oído narraciones según las cuales habían encadenado las mujeres alemanas a las ametralladoras en la selva de Argonne, no podían comprender, o se lo impedía su patriotismo interesado, que hubiese ametralladoras alemanas sin gente encadenada.

La experiencia resultante de la falsedad o la exageración le provocó repugnancia, y cuando a veces se encontraba con otro legítimo exsoldado y conversaban unos minutos en algún baile, adoptaba la cómoda actitud del soldado viejo entre colegas, que manifiesta haber tenido siempre un miedo terrible y nauseabundo. De esta manera lo perdió todo.

Por aquella época, a fines de verano, se acostaba tarde y se levantaba para ir hasta la biblioteca pública a buscar un libro. Después, almorzaba en su casa y se sentaba en el balcón, leyendo hasta aburrirse. Entonces volvía a salir, e iba al salón de billares, bajo cuya fresca oscuridad pasaba las horas más bochornosas. Le gustaba con locura jugar al billar.

Al anochecer se entretenía tocando el clarinete, y luego daba una vuelta, leía otro poco y se acostaba. Todavía era un héroe para sus dos hermanas menores. Y su madre le hubiese llevado el desayuno a la cama si él se lo hubiera pedido. Muchas veces entraba cuando su hijo estaba acostado y le decía que le hablase de la guerra, pero casi siempre terminaba interrumpiéndolo con frases incoherentes. Su padre era neutral.

Antes de ir a la guerra, Krebs no había conseguido nunca la autorización para manejar el automóvil familiar. Su padre se dedicaba a la compra y venta de propiedades y siempre necesitaba el coche para llevar a algún cliente al campo y mostrarle una granja u otro terreno. El vehículo estaba siempre detenido frente al edificio del First National Bank, donde su padre tenía una oficina en el segundo piso. Ahora, después del conflicto, conservaba el mismo coche.

Nada cambió en la ciudad, excepto las muchachas, que crecieron bastante. Pero vivían en un mundo tan complicado de matrimonios convenidos y enemistades familiares que Krebs no tenía la energía ni el coraje necesarios para intentar algo. Sin embargo, le gustaba mirarlas. Eran muchachas muy guapas. Casi todas llevaban el pelo corto, cosa que no ocurría antes, cuando solo las chiquillas o las muchachas muy modernas lo llevaban de aquel modo. Todas llevaban suéteres y blusas de cuello redondo. Parecían sacadas del mismo molde. Le gustaba observarlas desde el balcón de su casa mientras ellas pasaban por delante. Le gustaban los cuellos redondos sobresaliendo por encima de los suéteres, y también las medias de seda, los zapatos bajos, el cabello cortado y su manera de andar.

Cuando estaba en el centro de la ciudad no sentía tanta atracción. No experimentaba la misma complacencia al verlas en los merenderos. En realidad, no le hacían falta esas mujeres. Eran demasiado complicadas. Y había algo más. De un modo vago, deseaba tener una mujer, pero no quería trabajar mucho para conseguirla. Le hubiera gustado una mujer, sí, pero no estaba dispuesto a perder mucho tiempo para conquistarla. No quería mezclarse en la intriga amorosa y en el galanteo. No quería hacer la corte ni decir mentiras. No valía la pena.

No quería padecer las consecuencias. No deseaba volver a enfrentarse con ninguna consecuencia. Deseaba vivir sin complicaciones. Además, en realidad no necesitaba una mujer. Se lo habían enseñado en el ejército. Era lógico obrar como si uno la necesitase. Casi todos hacen así. Pero no es verdad. No hace falta tener una mujer. Eso es lo gracioso. A veces, un tipo se jacta de que las mujeres no significan nada para él, que nunca ha pensado en ellas y que no podrán perturbarlo. Otras, declara que no puede vivir sin mujeres, que las necesita siempre y que no soporta tener que acostarse solo.

Todo es mentira. Las dos posiciones son falsas. Uno siente la necesidad de mujeres solo si piensa en ellas. Esto lo aprendió en el ejército. Por otra parte, tarde o temprano se consigue alguna mujer, cuando uno está preparado para recibirla. No hace falta pensar en eso. Tarde o temprano, llega. Lo había aprendido en el ejército.

Ahora le hubiera gustado una mujer, siempre que no hubiera sido necesario conquistarla conversando. No quería tomarse ese trabajo. Pero, aquí, en «casa», era demasiado complicado. Sabía que no podía soportar nunca esos convencionalismos. No era lo mismo que con las francesas y las alemanas. Con esas no había que hablar; era más sencillo. Pensó en Francia, y al mismo tiempo se acordó de Alemania, que, en general, le gustó más. Cuando tuvo que irse lo hizo de mala gana. No quería regresar y, sin embargo, había vuelto. Estaba sentado en el balcón de su casa.

Le gustaban las mujeres que pasaban por delante. Eran mucho mejores que las francesas o las alemanas, pero vivían en un mundo que no era el suyo. Le hubiera gustado tener una. Pero, ¿para qué? ¡Estaban hechas con un molde tan bonito! Le gustaba aquel modelo. Era excitante. Pero no hubiera podido aguantar las cosas que había que decir. No era imprescindible tener una mujer, aunque le gustaba mirarlas. No hacía falta, ahora que las cosas marchaban bien otra vez.

Estaba sentado en el balcón, leyendo un libro sobre la guerra, una historia que contaba todos los combates en los que había intervenido. Resultaba la lectura más interesante de su vida. Le hubiera gustado solamente que el libro hubiese tenido mayor número de mapas. Esperaba con ansiedad leer todas las historias verídicas cuando las publicaran con mapas bien detallados. En realidad, solo ahora estaba aprendiendo algo de la guerra. Había sido un buen soldado, y ahí estaba la diferencia.

Una mañana, al cabo, más o menos, de un mes de su regreso, su madre entró en su dormitorio y se sentó en la cama. Sus manos jugueteaban con el delantal.

—Anoche hemos conversado tu padre y yo, Harold —le dijo—, y está dispuesto a dejarte salir con el coche por la tarde.

—¿Sí? —exclamó el muchacho, que no estaba despierto del todo—. ¿Usar el coche? ¿Sí? ¿De veras?

—Sí. Hace tiempo que tu padre resolvió dejarte manejar el coche cuando se lo pidieras, pero justamente anoche mismo conversamos sobre esto.

—Estoy seguro de que fue por ti.

—No; tu padre sugirió que hablásemos de este asunto.

—¿Sí? Estoy seguro de que fuiste tú.

Krebs se sentó en la cama.

—¿Vas a venir a desayunar, Harold?

—Iré en seguida que me haya vestido.

Su madre salió de su habitación y él oyó que estaba friendo algo abajo, mientras se lavaba, se afeitaba y se vestía para ir al comedor. Cuando empezó a desayunar, apareció su hermana Helen con la correspondencia.

—¡Hola, Haré! ¡Dormilón! ¿Para qué te levantaste?

Krebs la miró con simpatía. Era la mejor de sus hermanas.

—¿Tienes el periódico? —le preguntó.

Ella le dio el Kansas City Star y Krebs le rompió la faja postal y lo abrió por la página de los deportes. Después de doblarlo, lo apoyó en la jarra del agua, manteniéndolo sujeto con su plato de cereales. Así podía leer mientras se desayunaba.

—Harold —dijo la madre desde la puerta de la cocina—, ten cuidado de no ensuciar el periódico. Mira que tu padre no puede leerlo si lo encuentra sucio.

—No, no voy a mancharlo —contestó Harold.

Su hermana se sentó allí también. No le quitaba la vista de encima.

—Esta tarde vamos a jugar béisbol en el gimnasio de la escuela —le dijo—. Yo seré lanzadora.

—Muy bien —manifestó Krebs—. ¿Y cómo está la campeona?

—Juego mejor que casi todos los muchachos. Les dije que tú me habías enseñado. Las otras chicas no son muy buenas jugadoras.

—¿Sí?

—Les dije a todos que tú eres mi novio. ¿No es cierto que eres mi novio, Haré?

—¡Ya lo creo!

—¿Acaso el hermano de una no puede ser también el novio? ¿O se lo impide esa circunstancia?

—No sé.

—Sí que lo sabes. ¿No serías mi novio si yo fuese más grande y tú lo desearas de verdad, Haré?

—¿Cómo no? Ahora eres mi novia.

—¿De veras? ¿Es cierto que soy tu novia?

—¡Claro!

—¿Me quieres, entonces?

—Ajá.

—¡Y me querrás siempre!

—¡Claro!

—¿Entonces irás a verme jugar béisbol?

—Tal vez.

—¡Oh, Haré! Tú no me quieres. Si me quisieras, irías a verme jugar.

En aquel momento la madre de Krebs entró en el comedor. Traía de la cocina un plato con dos huevos fritos y un poco de tocineta tostada, y otro lleno de tortas de alforfón.

—Vete, Helen, que tengo que hablar con Harold.

Le puso los huevos y la tocineta delante y trajo un jarro de sirope de arce para tomar con las tortas. Después se sentó en la mesa, frente a su hijo.

—¿Puedes retirar el periódico un instante, Harold?

Krebs sacó el diario, que les impedía verse, y lo dobló.

—¿No has resuelto todavía qué es lo que vas a hacer, Harold? —dijo la mujer mientras se sacaba los anteojos.

—No había pensado en eso.

—Dios ha creado el trabajo para todos. No puede haber haraganes en Su Reino.

—Yo no vivo en Su Reino.

—Todos estamos en Su Reino.

—No —contestó su hijo.

—¿Y no te parece que ya es hora? —la voz de su madre denotaba más preocupación que energía.

Krebs estaba molesto y resentido como siempre.

—¡Me he preocupado tanto por tu porvenir, Harold! —continuó su madre—. Conozco todas las tentaciones a las que has estado expuesto. Sé lo débiles que son los hombres. Recuerdo lo que dijo tu querido abuelo, mi propio padre, sobre la Guerra Civil, y por eso he rezado por ti. Rezo por ti durante todo el día, Harold.

Krebs miró la grasa de la tocineta que se endurecía en el plato.

—Tu padre también está preocupado. Cree que has perdido toda ambición, que no tienes un objeto definido en esta vida. Charley Simmons, que es de tu misma edad, ha conseguido un buen empleo y está a punto de casarse. Casi todos los muchachos han sentado el juicio. Han resuelto ser algo. Hay muchos, como Charley Simmons, que serán un orgullo para la sociedad.

Krebs no dijo nada.

—No te enfades, Harold. Bien sabes que sentimos un gran cariño por ti, y si te recuerdo cómo se presentan las circunstancias, es por tu propio bien. Tu padre no desea poner trabas a tu libertad y por eso ha pensado que es mejor dejarte salir con el coche. No nos disgustará, ni mucho menos, que salgas a pasear con alguna muchacha bonita. Tienes derecho a divertirte, pero también tienes el deber de buscar un trabajo, Harold. A tu padre no le importa qué clase de trabajo sea. Dice que cualquier tarea es honesta. Pero tienes que hacer algo, Harold. Él me pidió que hablara contigo, y dijo que puedes ir a verlo a la oficina, cuando quieras.

—¿Nada más?

—Eso es todo. ¿Acaso no me quieres, hijo mío?

—No —respondió Krebs.

Ella lo miró a través de la mesa. Las lágrimas hacían brillar sus ojos.

—No quiero a nadie —dijo Krebs.

Era inútil. No debía decírselo, no podía hacérselo comprender. Fue una estupidez decirlo. Solo había conseguido apenar a su madre. Se le acercó y la tomó del brazo. La mujer estaba llorando y se tapaba el rostro con las manos.

—No quise decir eso. Estaba enfadado por otra cosa, nada más. No quise decirte que no te quiero.

Ella continuó llorando. Krebs la rodeó con el brazo.

—¿No me crees, mamá?

Ella negó con la cabeza.

—Te lo ruego, mamá. Créeme, por favor. Créeme. Es cierto.

—Muy bien; te creo —dijo la madre mientras levantaba la mirada—. Te creo, Harold.

Krebs besó el cabello de su madre.

—Soy tu madre —musitó ella—. Te he tenido junto a mi corazón cuando eras un crío.

Krebs sintió una especie de molestia que ya conocía.

—Lo sé, mamita —dijo—. De ahora en adelante trataré de ser un buen hijo.

—¿Quieres arrodillarte y rezar conmigo, Harold? Vamos.

Los dos se arrodillaron junto a la mesa del comedor y la madre de Krebs empezó a rezar.

—Ahora tienes que rezar tú, Harold.

—No puedo.

—Haz la prueba, hijo. Reza.

—No puedo.

—¿Quieres que lo haga yo por ti?

—Bueno.

Entonces, su madre rezó por él, y cuando se levantaron, Krebs la besó de nuevo y se fue. Había hecho todo lo posible para evitar complicaciones en su vida, y hasta ese instante había triunfado. Pero entonces sintió lástima por su madre y se vio obligado a mentir otra vez. Resolvió ir a Kansas City para conseguir trabajo, y así ella se tranquilizaría, aunque quizá tuviera lugar una nueva despedida con lágrimas. También decidió no bajar a la oficina de su padre. Quería que su vida se deslizara suavemente. Acababa de empezar como deseaba, sin complicaciones. Pero, bueno, ya no era así. Iría a la escuela para ver el juego de béisbol de Helen.

ALGO QUE TÚ NUNCA HARÁS

Nick Adams no había visto a nadie desde que dejó a Fornaci, aunque mientras pedaleaba a lo largo del camino, a través del país tupido de vegetación, pudo alcanzar a ver los cañones escondidos tras de grandes pantallas de hojas de morera, a la izquierda del camino. Los notó por las olas de calor que se movían en el aire, sobre las hojas, debido a la reverberación producida por el calor del sol sobre el metal. Andaba por el pueblo, sorprendido de encontrarlo desierto, y así llegó al camino bajo, que corría paralelo a la ribera del río. A la salida del pueblo había un espacio abierto y pelado, donde el camino se inclinaba hacia el río. Pudo ver el plácido correr de las aguas, la curva baja de la ribera opuesta y el lodo blanquecino que habían sacado los austríacos al cavar sus trincheras. Todo estaba lozano y lleno de verdor tal como lo había contemplado la última vez. El haberse transformado en un lugar histórico no había cambiado para nada su aspecto.

El batallón se hallaba apostado a lo largo de la orilla, hacia la izquierda. En lo alto de la ribera había una serie de agujeros, y en ellos algunos hombres. Nick notó dónde habían sido colocadas las ametralladoras. Los hombres que se hallaban en los agujeros cavados en la ribera, dormían. Nadie le dio el alto. Siguió caminando y al dar vuelta alrededor de un meandro de la orilla, lleno de lodo, un segundo teniente le apuntó con una pistola. Era un joven de barba tupida, tenía los párpados enrojecidos y cruzados de rojas venas.

—¿Quién es usted?

Nick se lo dijo.

—¿Cómo puedo saber que es verdad?

Le enseñó el registro con la fotografía, su identificación y el sello del tercer ejército.

—Me lo guardaré.

—No —dijo Nick—. Devuélvame la tarjeta y aparte esa pistola; póngala allí, en la cartuchera.

—¿Como puedo saber quién es usted?

—El registro se lo dice.

—¿Y si el registro es falso? Deme esa tarjeta.

—No sea tonto —dijo Nick alegremente—. Lléveme ante el comandante de la compañía.

—Lo enviaré al cuartel general del batallón.

—Está bien —dijo Nick—. Escuche; ¿conoce usted al capitán Parravicini? ¿Ese alto con un bigotito pequeño, que fue arquitecto y que habla inglés?

—¿Lo conoce usted?

—Un poco.

—¿Qué compañía tenía a su órdenes?

—La segunda.

—Ahora está al mando del batallón.

—Bueno —se sintió aliviado al saber que nada le había pasado a Parra—. Vamos al cuartel.

Al dejar Nick el pueblo, tres "shrapnells" habían estallado en el aire a la derecha de las casas destruidas. Desde entonces había cesado el bombardeo. Pero el oficial tenía la cara de un hombre durante un bombardeo. La misma dureza de rasgos; y su voz no sonaba natural. A Nick lo ponía nervioso la pistola.

—Guarde eso —dijo—. Ahora nos separa de ellos el río entero.

—Si creyera que es usted un espía lo mataría ahora mismo —dijo el segundo teniente.

—Vamos —dijo Nick—. Lléveme al cuartel del batallón.

El oficial lo ponía nervioso.

El capitán Parravicini, mayor interino, más delgado y con más aspecto de inglés que nunca, se puso de pie cuando Nick saludó desde detrás de la mesa en el subterráneo de la trinchera, donde se hallaba el cuartel general del batallón.

—¡Hola! —dijo—. No lo había conocido. ¿Qué hace usted con ese uniforme?

—Me han metido dentro de él.

—Me alegro mucho de verlo, Niccolo.

—Gracias. Está usted muy bien. ¿Qué tal fue la función?

—Hemos hecho un ataque magnífico. Verdaderamente. Un ataque muy bueno. Se lo mostraré. Vea usted.

Le fue mostrando, en un mapa, cómo se habla desarrollado el ataque.

—Vengo de Fornaci —dijo Nick—. Pude ver claramente cómo se había desarrollado la acción. Fue muy buena.

—Fue extraordinaria. Verdaderamente extraordinaria. ¿Está usted asignado al regimiento?

—No. Tengo que hacerles ver el uniforme. Esa es mi misión.

—¡Qué extraño!

—Se supone que el ver un uniforme norteamericano les hará creer que pueden venir otros.

—Pero, ¿cómo sabrán que es un uniforme norteamericano?

—Usted se lo dirá.

—Ya veo. Por supuesto. Enviaré un cabo con usted para que lo vean y hará usted un viaje de inspección por las líneas.

—Como un maldito político —dijo Nick.

—Se distinguiría usted mucho más en ropas civiles.

—Sí, y con gorra.

—O con un abrigo de pieles.

—Se supone que tengo los bolsillos llenos de cigarrillos, tarjetas postales y otras cosas por el estilo —dijo Nick—. Debiera llevar una caja llena de chocolate. Y debería distribuirlo todo con una palabra bondadosa y una palmada en la espalda. Pero no tengo ni cigarrillos, ni tarjetas postales, ni chocolate. De modo que ellos dicen que tengo que dar vueltas por ahí para enseñar el uniforme.

—Estoy seguro de que su aspecto aleccionará a las tropas.

—Quisiera que fuera así —dijo Nick—, porque me siento bastante molesto. En principio debí haberle traído a usted por lo menos una botella de coñac.

—En principio —dijo Parra, y sonrió por primera vez, mostrando dos hilaras de dientes amarillentos—. ¡Qué hermosa expresión! ¿Quiere un poco de grapa?

—No; gracias.

—No tiene éter.

—De todos modos, no puedo tragarla —Nick recordó súbita y completamente.

—Nunca supe que usted estaba beodo hasta que comenzó a hablar al volver en los camiones.

—Estaba borracho en todos los ataques —dijo Nick.

—Yo no puedo hacerlo —dijo Parra—. Lo hice en la primera demostración, la primera de todas y lo único que conseguí fue estar trastornado y luego horrorosamente sediento.

—Usted no lo necesita.

—Usted es mucho más valiente que yo, en un ataque.

—No —dijo Nick—. Yo sé cómo soy y prefiero estar borracho. No me avergüenzo de ello.

—Yo nunca lo he visto borracho.

—¿No? ¿Nunca? ¿Ni siquiera cuando aquella noche íbamos en automóvil de Mestre a Porto Grande y quería echarme a dormir utilizando la bicicleta como manta, y la coloqué debajo de mi barbilla?

—Eso no ocurrió en el frente.

—No hablemos de cómo soy —dijo Nick—. Es un tema que conozco demasiado para pensar más en él.

—De todos modos, puede usted quedarse aquí durante un tiempo —dijo Parravicini—. Puede echar una siesta si quiere; aún hace demasiado calor para salir.

—Supongo que no hay prisa.

—¿Cómo se siente usted, realmente?

—Muy bien. Estoy perfectamente bien.

—No. Quiero decir, realmente.

—Estoy bien. No puedo dormir sin una luz cualquiera. Eso es todo lo que tengo.

—Creo que debían haber trepanado eso. No soy médico, pero conozco ese asunto.

—Bueno; ellos creyeron que sería mejor dejar que se reabsorbiera solo, y eso es lo que tengo. ¿Qué pasa? ¿Me cree usted loco, no es cierto?

—Parece usted estar muy bien.

—Es una molestia. Después de haber sido certificado como chiflado, nadie confía más en uno.

—Yo, en su lugar, ahora me echaría una siesta, Niccolo —dijo Parravicini—. Este no es un cuartel general de batallón como el que conocíamos nosotros. Estamos aguardando justamente que nos den orden de avanzar. No debe usted salir ahora con este calor; sería una tontería. Use ese catre.

—Me tenderé un poco —dijo Nick.

Nick se echó en el catre de campaña. Se sentía muy desilusionado por hallarse así, y más todavía porque su estado había resultado evidente al capitán Parravicini. El subterráneo donde se encontraba no era tan grande como aquel donde el pelotón de la clase 1899 se sintió atacado de histeria durante el bombardeo, antes del ataque. Esto ocurrió a poco de llegar al frente. Parra ordenó a Nick que los hiciera caminar fuera, de a dos por vez, para convencerles de que nada podría suceder. Nick se había puesto el barboquejo del casco cruzado sobre la boca para mantener sus labios quietos; aun sabiendo que no lo lograría. ¡Esas malditas balas de cañón!

Si no puede dejar de gritar, rómpale la nariz para darle algo en qué pensar. Tendría que haberle pegado un tiro a uno; ahora es demasiado tarde. Pero tal vez hubiera sido peor, rómpale la nariz. Tienen que estar de nuevo dentro, a las cinco y veinte. Solo tenemos cuatro minutos por delante. Rómpale la nariz a esa otra cucaracha idiota y eche de un puntapié a ese asno. ¿Cree usted que podrán sobreponerse? Si no, pégueles un tiro a los dos y trate de que los demás se calmen. Manténgase detrás de ellos, sargento; no hay necesidad de andar delante para ver después que nadie le sigue. ¡Qué balas malditas! ¡Está bien! ¡Todo está bien! Luego, mirando el reloj, con ese tono de calma, ese valioso tono de calma, dijo: "Savoia". Calmar a aquellos, sin tiempo para conseguirlo, cuando no podía calmarse a sí mismo después del hundimiento. Todo extremo de la trinchera se había derrumbado. Calmarlos, para hacerlos subir por aquella pendiente, la única vez que lo había hecho sin estar borracho. Y después que volvieron, la teleférica estaba incendiada y algunos de los heridos aparecieron cuatro días después y otros no aparecieron nunca. Pero subimos y volvimos y bajamos; bajamos siempre, siempre bajando. Y allí estaba Gaby Delys, por extraño que parezca, vestida con sus plumas. Tú me llamabas muñequita, hace un año, y también decías que era más bien bonita, con las plumas, y sin las plumas. La gran Gaby. Y mi nombre es Harry Pilcer. Acostumbrábamos a bajarnos por el lado más alejado del taxímetro, cuando el automóvil subía la colina. Él veía esa colina todas las noches cuando soñaba con el Sacré Coeur, que después estallaba en blanco, como una pompa de jabón. Algunas veces su muchacha estaba allí y a veces estaba con algún otro, y él no podía entenderlo. Pero aquellas eran las noches en que el río corría mucho más ancho y más quieto que nunca. En las afueras de Fossalta había una casa baja pintada de amarillo, rodeada de sauces. A su lado, a orillas del canal, se levantaba un viejo establo. Él había estado allí mil veces y nunca la había visto. Pero se le aparecía todas las noches, tan claramente como la colina, y solo para atemorizarlo. Esa casa significaba más que cualquier otra cosa en el mundo y todas las noches estaba allí. Eso era lo que él necesitaba, pero lo asustaba enormemente, sobre todo cuando el bote se hallaba amarrado a los sauces en el canal. Pero las riberas del río no eran como las de este. Eran mucho más bajas, como en Porto Grande, donde los había visto llegar chapoteando a través del terreno inundado llevando los fusiles en alto, hasta que caían con ellos dentro del agua. ¿Quién había ordenado este ataque? Si no hubieran estado tan malditamente mezclados, él podría haberlo seguido perfectamente. Por eso había notado y recordado todo tan detalladamente. Pero súbitamente todo se confundió, sin razón, como ahora. Estaba en un catre de campaña en el cuartel general del batallón de Parra y vestido con el maldito uniforme norteamericano. Se sentó y miró a su alrededor. Todos lo miraban, Parra se había ido. Se echó de nuevo.

Lo de París llegó más tarde y no se sentía atemorizado, más que cuando ella había salido con algún otro. Temía que ellos tomaran alguna vez los mismos taxímetros que ella había tomado con él para subir la colina. Por eso lo asustaba. Nunca con el frente. Ahora no soñaba nunca con el frente, y lo que lo atemorizaba tanto que no podía librarse de ello, era aquella casa larga y amarillenta y la anchura diferente del río. Ahora se hallaba de vuelta en el río, había pasado por el mismo pueblo y visto que aquella casa no estaba. Ni el río era tampoco así. Entonces, ¿adónde iba todas las noches y dónde estaba el peligro? ¿Por qué se despertaba empapado en sudor, más aterrorizado que si hubiera estado en un bombardeo? ¿Por una casa, un establo viejo y un canal?

Se sentó y extendió las piernas cuidadosamente. Se le endurecían cada vez que las estiraba demasiado. Volvieron entonces a sus ojos las estrellas del ayudante, los de transmisiones y los dos enlaces que se hallaban al lado de la puerta. Se puso el casco de trinchera, cubierto de paño.

—Lamento la ausencia del chocolate, las tarjetas postales y los cigarrillos —dijo—. No obstante, llevo el uniforme.

—El mayor volverá en seguida —declaró el ayudante.

—El uniforme no es muy exacto —les dijo Nick—, pero les dará una idea aproximada. En breve llegarán aquí varios millones de norteamericanos.

—¿Cree usted que nos mandarán aquí a los norteamericanos? —preguntó el ayudante.

—Seguramente. Norteamericanos del doble de mi talla, saludables, de limpios corazones, que duermen bien por la noche, que jamás han sido heridos, que nunca han volado en un bombardeo, y nunca les han trepanado la cabeza; que nunca han sentido miedo, que no beben y son fieles a las novias que dejaron en su país. Muchos de ellos incluso nunca fueron capaces de enojarse. ¡Magníficos muchachos! Ya verán.

—¿Es usted italiano? —preguntó el ayudante.

—No. Americano. Mire usted el uniforme. Lo hizo Spagnolini, pero no es rigurosamente exacto.

—¿Norte o suramericano?

—Norteamericano —dijo Nick. Sintió que aquello llegaba. Tendría que atajarlo.

—Pero usted habla italiano…

—¿Por qué no? ¿Qué importa que lo hable? ¿No tengo acaso derecho a hablar italiano?

—Tiene medallas italianas.

—Solo las cintas y los documentos. Las medallas llegarán más tarde. O las dan ustedes a los demás a guardar y los demás se van con ellas, o se pierden con el equipaje. Pero pueden comprarse otras en Milán. Son los documentos, los que tienen importancia. Pero no deben sentirse avergonzados por ellas. Ustedes mismos las podrán obtener si están lo bastante en el frente.

—Soy un veterano de la campaña de Eritrea —dijo el ayudante—. Combatí en Trípoli.

—Es un placer haberlo conocido —dijo Nick tendiendo su mano—. Deben haber sido días difíciles. Ya he notado las cintas. ¿Estuvo usted, por casualidad, en el Carso?

—Me llamaron solo hace poco tiempo. Mi clase era demasiado antigua.

—Yo también estaba por debajo de la edad límite —dijo Nick—, pero ahora soy un reformado que está fuera de la guerra.

—Pero ahora, ¿por qué está aquí?

—Estoy para hacer ver el uniforme norteamericano. ¿No cree usted que es importante? Me ajusta un poco en el cuello, pero pronto verán ustedes millones de estos uniformes, hirviendo como langostas saltonas. La saltona, ¿saben ustedes?, lo que nosotros llamamos saltona en los Estados Unidos, es la verdadera langosta. La verdadera saltona es pequeña, verde y comparativamente débil. Sin embargo, no deben confundirla con la cigarra, que emite un sonido peculiar y sostenido que en este momento no puedo recordar. Intento recordarlo, pero no puedo. Casi puedo oírlo, y luego se me va completamente de la cabeza. ¿Me perdonan ustedes si corto esta conversación?

—Ve a ver si puedes encontrar al mayor —dijo el ayudante a uno de los correos—. Me doy cuenta de que usted ha sido herido —agregó a Nick.

—En varios lugares —dijo Nick—. Si están interesados en las cicatrices, puedo mostrarles algunas muy interesantes, pero preferiría hablar de las langostas. Lo que nosotros llamamos saltonas, y que son las verdaderas langostas. Los insectos, en una ocasión, desempeñaron un papel muy importante en mi vida. Tal vez les interesará a ustedes y podrán mirar el uniforme mientras hablo.

El ayudante hizo un movimiento con la mano al segundo enlace, que salió inmediatamente.

—Fijen sus ojos en el uniforme. Lo hizo Spagnolini, ¿saben? Ustedes también pueden mirarlo —dijo a los de transmisiones—. En realidad no es un uniforme de jerarquía, sino de soldado raso. Nosotros estamos a las órdenes del cónsul norteamericano. Y ustedes tienen perfecto derecho a contemplarlo. Les voy a hablar de la langosta norteamericana. Nosotros siempre preferimos una que llamamos morena. Dura más en el agua y los peces la prefieren. Las más grandes, que vuelan con un ruido similar al de la víbora de cascabel cuando hace sonar los anillos secos de su cola, tiene las alas de vivos colores; algunas son de un rojo brillante, otras amarillas con rayas negras. Pero sus alas se deshacen en el agua y resultan un cebo demasiado endeble, en tanto que la morena es gordezuela, compacta y suculenta. Puedo recomendársela a ustedes, caballeros, como se puede recomendar lo que, muy probablemente, nunca conocerán. Pero debo insistir en que nunca conseguirán ustedes suficiente cantidad de esos insectos para un día de pesca, cazándolos con las propias manos o matándolos con un palo. Eso es una gran tontería y una pérdida de tiempo. Repito, caballeros, que así no conseguirán nada. El procedimiento correcto —si pidieran mi opinión— debería enseñarse en todos los cursos a los jóvenes oficiales: es el empleo de una red barredera, la misma que se emplea para los mosquitos. Dos oficiales toman esa red por cada uno de los extremos, o sea la extremidad del fondo en una mano y la extremidad más alta en la otra. Las langostas, que vuelan a favor del viento, volarán contra la red y quedarán aprisionadas entre su trama. No hay duda alguna de que con ese sistema puede obtenerse una cantidad muy grande y, en mi opinión, ningún oficial debería dejar de tener un buen trozo de esa red de mosquitos para improvisar, en un momento dado, las redes para la caza de las langostas. Espero haber hablado con suficiente claridad, caballeros. ¿Tienen alguna pregunta que hacer? Si hay algo en el curso que no hayan entendido, ¡por favor!, hagan ustedes preguntas. Hablen. ¿Nadie tiene nada que preguntar? Entonces tendré que dar por terminada esta conferencia, con las palabras de un gran soldado y un gran caballero: Sir Henry Wilson: "Caballeros, ustedes deben gobernar o ser gobernados". Déjenme repetirlo, caballeros. Hay algo que quiero recordarles, algo que quiero que lleven con ustedes al abandonar esta habitación: "caballeros, ustedes deben gobernar o ser gobernados". Eso es todo, caballeros. ¡Buenos días!

Se quitó el casco cubierto de paño, se lo volvió a poner y luego de saludar se dirigió a la pequeña puerta de la habitación subterránea. Parra, acompañado por los dos enlaces bajaba por enfrente del camino hundido. Hacía mucho calor al sol y Nick se quitó el casco.

—Debería existir un sistema para humedecer estas cosas —dijo—. Mojaré el mío en el río —y se dirigió a la ribera.

—Niccolo —exclamó Parravicini—, Niccolo, ¿dónde va usted?

—No tengo necesidad de ir, en realidad —Nick descendió por la pendiente con el casco en la mano—. Son una molestia secos y mojados. ¿Lleva usted el suyo siempre?

—Siempre —dijo Parra—. Y me está haciendo volver calvo. Venga, entre.

Dentro, Parra le dijo que se sentara.

—¿Sabe usted que en realidad no sirven para nada? —dijo Nick—. Recuerdo cuando eran cómodos, cuando acababan de dárnoslos. Pero ahora los hemos visto ya demasiadas veces llenos de sesos.

—Niccolo —dijo Parra—, creo que usted debería irse. Creo que usted no debería volver al frente hasta que hubiera conseguido esos abastecimientos. Nada tiene usted que hacer aquí. Si usted da vueltas por allí, los hombres se agruparán a su alrededor y eso podrá invitar al enemigo a lanzarnos unas bombas. Y no quiero que eso suceda.

—Sé que es una tontería —dijo Nick—. No fue idea mía. Oí decir que la brigada estaba aquí, de modo que pensé que podría verlo a usted o a algún conocido. Podría haber ido a Zenzon o San Dona. Quiero ir a San Dona para ver de nuevo el puente.

—No quisiera que anduviese usted dando vueltas por ahí sin ningún propósito.

—Bueno —dijo Nick. Sintió que aquello llegaba de nuevo.

—¿Comprende usted?

—Por supuesto —dijo. Estaba tratando de contener aquello.

—Cualquier cosa de esas, debe hacerse de noche.

—Naturalmente —dijo Nick. Se dio cuenta de que no podría pararlo.

—Yo mando el batallón —declaró Parra.

—¿Y por qué no lo iba a hacer? —dijo Nick. Ahí estaba—. Usted sabe leer y escribir, ¿no es cierto?

—Sí —dijo Parra con gentileza.

—El lío es que su batallón es demasiado pequeño. Tan pronto como sea reforzado lo enviarán de vuelta a su compañía. ¿Por qué no entierran los muertos? Los acabo de ver ahora. No me importa verlos otra vez, pero podrían enterrarlos en cualquier momento y sería mejor para usted. Todos ustedes pueden ponerse enfermos.

—¿Dónde dejó usted su bicicleta?

—Dentro de la última casa.

—¿Cree usted que estará bien?

—No se preocupe —dijo Nick—. Iré en seguida.

—Descanse un poquito, Niccolo.

—Está bien.

Cerró los ojos y —en lugar del hombre barbudo que lo miraba fijamente sobre la mira del fusil, con una calma completa antes de lanzar su relámpago blanco y de sentir el golpe parecido a un garrotazo en las rodillas; aquel golpe dulzón que lo tendió tosiendo sobre el suelo de roca mientras ellos pasaban a su lado—, vio la casa larga y amarillenta con el viejo establo a su lado y el río mucho más ancho y más quieto.

—Sería mejor que se fuera —dijo.

Se levantó.

—Me voy, Parra —dijo—. Volveré esta tarde. Si han llegado abastecimientos vendré con ellos esta noche. Si no, vendré por la noche cuando tenga algo para traer.

—Hace todavía demasiado calor para viajar —dijo Parra.

—No necesita usted preocuparse —manifestó Nick—. Ahora estoy bien por un largo rato. He tenido uno, pero ha sido fácil. Ahora son mucho mejores. Puedo darme cuenta cuando voy a tener uno, porque hablo demasiado.

—Enviaré un enlace para que le acompañe.

—Será mejor que no lo haga. Conozco el camino.

—¿Volverá usted pronto?

—Sí.

—Déjeme enviar…

—No… —atajó Nick—; como prueba de confianza.

—Bueno; adiós, entonces.

—Adiós —dijo Nick. Partió por el camino hundido hacia donde había dejado la bicicleta. Por la tarde, el camino estaría umbroso, después de haber pasado el canal. Más a los lados del camino, había árboles, que no habían sido bombardeados. Era en ese trecho donde habían pasado marchando, al lado del Tercer Regimiento de Caballería,

"Savoia", que cabalgaba por la nieve con sus lanzas en ristre. El aliento de los caballos hacía plumas en el aire. No; eso fue en otra parte. ¿Dónde?

—Mejor sería que montara en esa maldita bicicleta —dijo Nick—. No quiero perder el camino a Fornaci.

ALLÁ EN MICHIGAN

Jim Gilmore llegó a Hortons Bay procedente de Canadá y compró la herrería al viejo Horton. Era bajo y moreno, con grandes bigotes y manos grandes. Era bueno poniendo herraduras y no tenía mucho aspecto de herrero ni con el delantal de cuero puesto. Vivía encima de la herrería y comía en casa de D. J. Smith.

Liz Coates trabajaba para los Smith. La señora Smith, una mujer muy corpulenta y de aspecto aseado, decía que Liz era la chica más distinguida que jamás había visto. Liz tenía buenas piernas y siempre llevaba unos delantales a cuadros impecables, y Jim se había fijado en que siempre llevaba el pelo bien arreglado. Le gustaba su cara porque era muy alegre, pero nunca pensaba en ella.

A Liz le gustaba mucho Jim. Le gustaba su forma de andar cuando venía de la tienda, y a menudo salía a la puerta de la cocina para verlo alejarse por la carretera. Le gustaba su bigote. Le gustaba lo blancos que tenía los dientes cuando sonreía. Le gustaba mucho que no tuviera aspecto de herrero. Le gustaba lo mucho que les gustaba al señor y a la señora Smith. Un día descubrió que le gustaba el vello negro que cubría los brazos de Jim y lo pálidos que eran estos por encima de la marca de bronceado cuando se lavaba en la palangana fuera de la casa. Le parecía extraño que le gustaran esas cosas.

Hortons Bay, el pueblo, solo contaba con cinco casas en la carretera principal entre Boyne City y Charlevoix. Además de la tienda de comestibles y la oficina de correos, que tenía una fachada alta falsa y tal vez un carro enganchado enfrente, estaba la casa de los Smith, la de los Stroud, la de los Dillworth, la de los Horton y la de los Van Hoosen. Las casas estaban construidas en un olmedo y la carretera estaba cubierta de arena. Un poco más arriba estaba la iglesia metodista y más abajo, en la otra dirección, la escuela municipal. La herrería estaba pintada de rojo y quedaba frente a la escuela.

Una carretera empinada y cubierta de arena descendía la colina hasta la bahía atravesando un bosque maderero. Desde la puerta trasera de la casa de los Smith se alcanzaba a ver más allá de los bosques que descendían hasta el lago, y la bahía al otro lado. Era muy bonito en primavera y verano, la bahía azul brillante, y las pequeñas olas espumosas que solían cubrir la superficie del lago más allá del cabo, creadas por la brisa que llegaba de Charlevoix y del lago Michigan. Desde la puerta trasera de la casa de los Smith, Liz veía cómo las barcazas que transportaban minerales flotaban en medio del lago en dirección a Boyne City. Mientras las miraba no parecían moverse, pero si entraba para secar unos platos más y volvía a salir, habían desaparecido al otro lado del cabo.

Últimamente Liz pensaba a todas horas en Jim Gilmore, aunque él no parecía hacerle mucho caso. Hablaba con D. J. Smith de su negocio, del partido republicano y de James G. Blaine. Por las noches leía The Toledo Blade y el periódico de Grand Rapids bajo la lámpara de la sala de estar, o iba con D. J. Smith a la bahía a pescar con un arpón y una linterna. En otoño Jim, Smith y Charley Wyman metieron en un carro una tienda de campaña, comida, hachas, sus rifles y dos perros, y fueron a las llanuras de pinos que había más allá de Vanderbilt para cazar ciervos. Liz y la señora Smith se pasaron los cuatro días anteriores cocinando para ellos. Liz quería preparar algo especial para que Jim se lo llevara, pero al final no lo hizo porque no se atrevió a pedir a la señora Smith los huevos y la harina, y temía que si los compraba ella, la señora Smith la sorprendiera cocinando. A la señora Smith le habría parecido bien, pero Liz no se atrevió.

Todo el tiempo que Jim estuvo fuera cazando ciervos, Liz no dejó de pensar en él. Lo pasó fatal en su ausencia. No dormía bien de tanto pensar en él, y al mismo tiempo descubrió que era divertido pensar en él. Si se dejaba llevar por la imaginación era aún mejor. La noche anterior a que volvieran no durmió nada, o mejor dicho, creyó no haber dormido, porque todo se mezclaba en un sueño y no sabía cuándo soñaba que no dormía y cuándo realmente no dormía. Al ver bajar el carro por la carretera se sintió desfallecer. Estaba impaciente por volver a ver a Jim y le parecía que en cuanto él estuviera allí todo iría bien. El carro se detuvo bajo el gran olmo y la señora Smith y Liz salieron a su encuentro. Todos los hombres tenían barba, y en la parte trasera del carro había tres ciervos con sus delgadas patas sobresaliendo rígidas por el borde. La señora Smith besó a D. J. y él la abrazó. Jim dijo «Hola, Liz», y sonrió. Liz no había sabido qué iba a ocurrir cuando Jim volviera, pero estaba segura de que ocurriría algo. No ocurrió nada. Los hombres habían vuelto a casa, eso era todo. Jim tiró de las telas de saco que cubrían los ciervos y Liz los miró. Uno de ellos era un gran macho. Estaba rígido y costó mucho sacarlo del carro.

—¿Lo mataste tú, Jim? —preguntó.

—Sí. ¿No es una maravilla? —Jim se lo cargó a la espalda para llevarlo a la caseta donde ahumaban la carne y el pescado.

Esa noche Charley Wyman se quedó a cenar en casa de los Smith porque era demasiado tarde para volver a Charlevoix. Los hombres se lavaron y esperaron la cena en la sala de estar.

—¿No queda nada en esa garrafa, Jimmy? —preguntó D. J. Smith, y Jim fue al cobertizo donde habían guardado el carro en busca de la garrafa de whisky que se habían llevado a la cacería.

Era una garrafa de quince litros y todavía se agitaba bastante líquido en el fondo. Jim echó un buen trago mientras regresaba a la casa. Costaba levantar una garrafa tan grande para beber de ella, y se derramó algo de whisky por la pechera de la camisa. Los dos hombres rieron al ver a Jim entrar con la garrafa. D. J. Smith pidió vasos y Liz los trajo. D. J. sirvió tres tragos generosos.

—Vamos, D. J., este por el que te miraba —dijo Charley Wyman.

—Ese maldito macho enorme, Jimmy —dijo D. J.

—Este por todos los que dejamos escapar, D. J. —dijo Jim, y se bebió el whisky de un trago.

—Sabe bien a un hombre.

—No hay nada como esto en esta época del año para los achaques.

—¿Qué tal otra, chicos?

—Hecho, D. J.

—De un trago, chicos.

—Este por el año que viene.

Jim empezaba a sentirse muy a gusto. Le encantaba el sabor del whisky, su textura. Se alegraba de haber vuelto y tener de nuevo una cama cómoda, comida caliente y la herrería. Se bebió otro vaso. Los hombres fueron a cenar muy animados, pero comportándose de forma respetable. Liz se sentó a la mesa después de servir la comida y cenó con la familia. La cena estaba buena y los hombres comieron muy serios. Después de cenar volvieron a la sala de estar mientras Liz recogía la cocina con la señora Smith. Luego la señora Smith fue al piso de arriba y poco después Smith la siguió. Jim y Charley seguían en la sala de estar. Liz estaba sentada en la cocina junto al fogón, fingiendo que leía un libro y pensando en Jim. No quería irse aún a la cama porque sabía que Jim se marcharía pronto y quería verlo salir para poder llevarse esa imagen a la cama.

Pensaba en Jim muy concentrada cuando este salió de pronto. Tenía los ojos brillantes y el pelo un poco alborotado. Liz bajó la vista hacia su libro. Jim se acercó a ella por detrás y se detuvo, y ella lo oyó respirar hasta que, de pronto, la rodeó con los brazos. Ella notó cómo los pechos se le ponían rígidos y turgentes, y los pezones erectos bajo las manos de Jim. Estaba terriblemente asustada, nunca la había tocado nadie, pero pensó: «Por fin ha venido a mí. Ha venido de verdad».

Se mantuvo rígida porque estaba muy asustada y no sabía qué hacer, y entonces Jim la apretó con fuerza contra la silla y la besó. Fue una sensación tan brusca, intensa y dolorosa que ella creyó no poder soportarla. Sentía a Jim a través del respaldo de la silla y no podía soportarlo, pero de pronto algo dentro de ella cambió, y la sensación se volvió más agradable y más suave. Jim la sujetaba con fuerza contra la silla, pero ahora ella quería.

—Vamos a dar un paseo —susurró Jim.

Liz descolgó su abrigo del perchero de la pared de la cocina y salieron. Jim la rodeaba con el brazo, y cada pocos pasos se paraban y se apretaban el uno contra el otro, y Jim la besaba. No había luna y caminaron por la carretera con la arena llegándoles hasta los tobillos, pasando entre los árboles en dirección al embarcadero y el almacén que había en la bahía. El agua lamía los pilares y todo estaba oscuro más allá de la bahía. Hacía frío, pero Liz estaba toda acalorada por estar con Jim. Se sentaron al abrigo del almacén y Jim la atrajo hacia sí. Ella estaba asustada. Una mano de Jim se había deslizado por debajo de su vestido y le acariciaba el pecho; la otra la tenía en el regazo. Ella estaba muy asustada y no sabía qué iba a hacerle Jim, pero se acurrucó contra él. Entonces la mano que le había parecido tan grande en el regazo se levantó y se trasladó hasta su muslo, y empezó a deslizarse hacia arriba.

—No, Jim —dijo Liz.

Jim siguió deslizando la mano hacia arriba.

—No debes, Jim. No.

Ni Jim ni su mano grande le hicieron caso.

Los tablones eran duros. Jim le había levantado el vestido y trataba de hacerle algo. Ella estaba asustada, pero quería que él siguiera. Quería, pero tenía miedo.

—No debes hacerlo, Jim. No debes.

—Tengo que hacerlo. Voy a hacerlo. Tenemos que hacerlo y lo sabes.

—No, no debemos, Jim. No tenemos que hacerlo. Esto no está bien. Es tan grande y me duele tanto. Oh, Jim. ¡Oh!

Los tablones de madera de cicuta del embarcadero eran duros, y estaban fríos y astillados, y Jim pesaba mucho encima de ella y le había hecho daño. Estaba tan incómoda y aplastada que lo empujó. Jim se había quedado dormido. No se movía. Ella salió de debajo de él y se sentó, se estiró la falda y el abrigo, y trató de arreglarse el pelo. Jim dormía con la boca ligeramente abierta. Se inclinó sobre él y lo besó en la mejilla. Él siguió durmiendo. Le levantó un poco la cabeza y se la sacudió. Él la dejó caer y tragó saliva. Liz se echó a llorar. Se acercó al borde del embarcadero y miró el agua. De la bahía se levantaba niebla. Tenía frío y se sentía desgraciada, todo parecía haberse desvanecido. Regresó al lado de Jim y volvió a zarandearlo para estar segura.

—Jim —dijo llorando—. Por favor, Jim.

Jim se movió y se acurrucó un poco más. Liz se quitó el abrigo y, agachándose, lo tapó con él. Lo arropó con esmero y cuidado. Luego cruzó el embarcadero, subió por la carretera empinada y cubierta de arena, y se fue a la cama. Una fría niebla llegaba de la bahía a través del bosque.

UNA HISTORIA NATURAL DE LOS MUERTOS

Siempre me pareció que se ha omitido la guerra como campo de observación para el naturalista. Tenemos encantadores y exactos relatos y descripciones de la flora y fauna de la Patagonia, escritos por el extinto W. H. Hudson: el reverendo Gilbert White ha relatado cosas interesantísimas de las abubillas, en sus ocasionales y poco comunes visitas a Selborne, y el obispo Stanley nos ha dejado una valiosa, aunque popular, Historia familiar de los pájaros. ¿No podemos acaso ofrecer al lector algunos hechos nuevos y racionales acerca de los muertos? Así lo espero.

Cuando el perseverante viajero Mungo Park se hallaba desfallecido en la vasta aridez de un desierto africano. desnudo y solo. considerando contados los minutos de su vida: cuando no parecía tener otro recurso que dejarse caer y morir, sus ojos se posaron sobre una flor de extraordinaria belleza. "Aunque la planta entera —dijo— no era más grande que uno de mis dedos, no pude completar la delicada conformación de sus raíces, sus hojas y sus flores, sin sentir admiración. El Ser que había plantado, regado y llevado a la perfección, en esa oscura parte del globo. algo que parecía de tan pequeña importancia, ¿podría contemplar con indiferencia el sufrimiento de las criaturas creadas a su imagen y semejanza? Seguramente no. Reflexiones como esta me impidieron entregarme a la desesperación. Olvidando el hambre y la fatiga seguí adelante, seguro de que el socorro se hallaba cerca, y no quedé decepcionado".

"Con predisposición a maravillarse y adorar de una manera parecida —dice el obispo Stanley—, ¿puede estudiarse cualquier rama de la Historia Natural, sin aumentar la fe, el amor y la esperanza que cada uno de nosotros necesita en nuestro viaje por el desierto de la vida?" Veamos, entonces, qué inspiración podemos hallar en los muertos.

En la guerra, los muertos, por lo general, son los varones de la especie humana, aunque esto no ocurre con los animales, ya que con frecuencia he visto yeguas muertas entre los caballos. Otro aspecto interesante de la guerra es que en ella el naturalista tiene la oportunidad de observar la muerte de las mulas. En veinte años de observación en la vida civil no he visto jamás una mula muerta, y comencé hasta a abrigar dudas respecto a que esos animales fueran realmente mortales. En raras ocasiones he visto algo que tomé por una mula muerta, pero una observación más cuidadosa me demostró que eran criaturas vivientes que parecían muertas debido a que se hallaban en absoluto reposo. Pero en la guerra, esos animales sucumben casi de la misma manera que el caballo más común y menos rudo.

La mayoría de las mulas muertas que he visto se hallaban a lo largo de los caminos de montañas o yacían al pie de empinados declives, donde habían sido arrojadas para librar el camino de tales estorbos. Parecían hallarse más en su ambiente en las montañas, donde estamos acostumbrados a su presencia. Resultaban menos incongruentes allí que donde las vi más tarde, en Esmirna, donde los griegos, rompían las patas de todos sus animales de carga y después los empujaban a las aguas poco profundas para que se ahogaran. La cantidad de mulas y caballos que se ahogaban en el agua con las patas rotas exigían un Goya que las pintara. Aunque hablando literalmente apenas podríamos aceptar la idea de que pidieran un Goya, puesto que solo hubo un Goya —muerto hace mucho tiempo—, y es dudoso en extremo que si esos animales hubieran podido pedir algo, prefirieran una representación pictórica de su situación, en lugar de exigir que los ayudaran en su horrorosa condición.

Con respecto al sexo de los muertos, es un hecho que nos acostumbramos a que todos los muertos sean hombres, que la vista de un cadáver de mujer resulta casi chocante. La primera vez que tuve ocasión de contemplar la inversión del sexo habitual de los muertos fue después de la explosión de una fábrica de materiales de guerra, situada en la campiña cerca de Milán, en Italia. Llegamos a la escena del desastre en camiones, por caminos sombreados por álamos y bordeados de estanques que contenían múltiples diminutas vidas animales, que no pude observar claramente debido a las grandes nubes de polvo que levantaban los vehículos. Al llegar donde había estado la fábrica de municiones, algunos de nosotros fuimos destinados al patrullaje alrededor de grandes depósitos de municiones, que por una u otra razón no habían estallado. Otros recibieron la orden de combatir un fuego que se había extendido a los campos adyacentes. Al concluir esta última tarea se nos ordenó efectuar la búsqueda de cadáveres en la inmediata vecindad y los alrededores. Hallamos y llevamos a una morgue improvisada a una buena cantidad de ellos, y debo admitir con franqueza que me sentí asombrado de ver que eran mujeres, en lugar de hombres, como es habitual. En aquella época las mujeres no habían comenzado a llevar todavía los cabellos cortos como lo hicieron años más tarde en Europa y Estados Unidos, y lo más perturbador, tal vez, debido a que no era a lo que estábamos acostumbrados, fue la presencia y, en ocasiones, la ausencia de los cabellos largos. Recuerdo que después de haber buscado muertos completos comenzamos a recoger fragmentos. Muchos de estos se hallaban alejados de las alambradas de púas que rodeaban la fábrica. Por las porciones todavía existentes, de las que hallamos muchas lejos del perímetro de la fábrica, pudimos damos cuenta cabal de la tremenda fuerza de la explosión.

A nuestro retomo a Milán, recuerdo que uno o dos de nosotros hablamos del caso y estuvimos de acuerdo en que la irrealidad, y el hecho de que no hubiera heridos, había quitado al desastre mucho del horror que podría haber tenido. El agradable aunque polvoriento retomo a través de la hermosa campiña lombarda también fue una compensación por la desagradable tarea cumplida. Al volver. mientras intercambiábamos impresiones, estuvimos de acuerdo en que había sido, en realidad. afortunado que el fuego —que había estallado justamente antes de que llegáramos— fuera dominado con tanta rapidez y antes de que alcanzara los grandes montones de municiones que no habían estallado. Estuvimos también de acuerdo en que recoger los fragmentos era una tarea extraordinaria y que resultaba asombroso que el cuerpo humano volara en pedazos, no siguiendo las líneas anatómicas normales, sino tan caprichosamente como la fragmentación de una granada explosiva.

Un naturalista, para lograr exactitud en sus observaciones, debe restringir estas a un período limitado. Tomaré, pues, en primer lugar, el que siguió a la ofensiva austriaca de junio de 1918, en Italia, como uno de aquellos en que los muertos se hallaron en mayor número. El ejército austríaco se había visto obligado a hacer una retirada forzosa y, luego, un avance para recuperar el terreno perdido. De modo que, después de la batalla, las posiciones eran casi las mismas, excepto por la presencia de los muertos. Hasta que se entierran, los muertos cambian de aspecto cada día. El cambio de color en la raza caucásica es del blanco al amarillento, del amarillento al verde, y de este al negro. Si se deja lo bastante al calor, la carne comienza a parecerse al alquitrán de hulla, especialmente en las heridas desgarrantes, donde se hace visible con claridad la iridiscencia del alquitrán de hulla. El muerto se agranda cada día que pasa hasta que, a veces, se hace demasiado grande para su uniforme, llenándolo hasta que este parece estar lo suficientemente ajustado para estallar. Los miembros pueden aumentar en toda su periferia hasta un tamaño increíble y las cabezas llegan a estar tan tensas y redondeadas como los globos aerostáticos. Lo que más sorprende, luego de su progresiva corpulencia, es la cantidad de papeles que se encuentran diseminados alrededor de los muertos. Su posición final, antes de ser enterrados, depende en gran parte de la colocación de los bolsillos en sus uniformes. En el ejército austriaco, esos bolsillos se encuentran en la parte posterior de los pantalones; al poco tiempo, por tanto, todos yacen boca abajo y con los bolsillos vueltos al revés y todos los papeles que tenían en los bolsillos diseminados en la hierba, a su alrededor. El calor, las moscas, las posiciones de los cuerpos en el campo de batalla, y la cantidad de papel diseminada a su alrededor, son impresiones que se retienen. No puede recordarse, en cambio, el olor de un campo de batalla en tiempo caluroso. Se recuerda que tal olor ha existido, pero nada que nos ocurra podrá hacerlo volver a nuestra pituitaria. Es distinto al olor de un regimiento que puede llegarnos de pronto mientras viajamos en un automóvil por la calle. Al mirar por las ventanillas, distinguimos perfectamente a los hombres que lo han traído a nuestra nariz. Pero el anterior desaparece por completo de nuestra memoria olfativa, tal como cuando hemos estado enamorados: recordamos las cosas que han ocurrido, pero no podemos reconstruir la sensación.

Nos preguntamos qué podría haber hallado aquel perseverante viajero, Mungo Park, en un campo de batalla, para restaurar su confianza. Siempre hay amapolas entre el trigo a fines de junio y julio; y los árboles de morera se hallan cubiertos de hojas. Pueden verse las ondas de calor elevarse de los cañones ocultos, donde el sol los alcanza a través de la pantalla de las hojas. La tierra se vuelve de un amarillo brillante en los bordes de los agujeros donde cayeron las granadas de gas de mostaza. Pocos viajeros respirarían a pleno pulmón el aire de temprano verano y menos aún pensarían como Mungo Park en aquellos seres formados a Su propia imagen.

Lo primero que se observa en los muertos es que, malheridos, mueren como animales. Algunos perecen rápidamente de una herida tan pequeña que no se creería capaz de matar a un conejo. Mueren de pequeñas heridas, como los conejos mueren a veces por dos o tres granos de munición que apenas parecen haberles tocado la piel. Otros mueren como gatos; con el cráneo roto y un trozo de hierro dentro del cerebro; quedan allí tirados durante dos días, como los gatos se arrastran hasta la carbonera con una bala en el cerebro y no mueren hasta que alguien les corta la cabeza. Tal vez los gatos no mueran entonces, ya que dicen que tienen siete vidas; no lo sé, pero la mayoría de los hombres, en la guerra, mueren como animales; no como hombres. Nunca había visto lo que llaman muerte natural, de modo que culpaba de la muerte a la guerra, y como el perseverante viajero, Mungo Park, sabía que existía algo más, ese algo más siempre ausente. Por fin lo vi.

La única muerte natural que observé, fuera de las que son consecuencias de la pérdida de sangre —que no son tan malas— fue la muerte por la enfermedad conocida como gripe española. En ella los enfermos se ahogan en moco, sofocados. Cuando llega el fin se transforman nuevamente en niños, aunque conservan su fuerza de hombres, y llenan las sábanas como si fuera un simple pañal, con una vasta y final catarata amarillenta que fluye y avanza aún después de la muerte. De modo que ahora quisiera contemplar la muerte de un autoproclamado "humanista", ya que el perseverante viajero Mango Park y yo seguimos vivos y tal vez viviremos lo bastante para asistir a la muerte verdadera de los miembros de esa secta literaria y contemplar su noble fin. En mis meditaciones como naturalista se me ha ocurrido que, aunque el decoro es excelente, si deseamos mantener la raza debemos realizar actos indecorosos, puesto que la misma posición prescrita para la procreación es indecorosa; muy indecorosa. Y se me ha ocurrido que eso es lo que fueron y son esas gentes: criaturas de una cohabitación decorosa. Pero, sin tomar en cuenta como han nacido, espero ver el fin de unos pocos y especulo acerca de cómo podrán tratar los gusanos esa esterilidad largamente preservada, con sus folletos de prístina belleza y su lujuria convertidos en notas al pie de página.

Aunque tal vez sea legítimo tratar de esos ciudadanos en la historia natural de los muertos —aunque esa designación nada significa ya en la época en que se publica esta obra— es, no obstante, injusto para los otros muertos, que no murieron voluntariamente en su juventud, que no eran dueños de revistas y muchos de los cuales sin duda ni siquiera habían leído un semanario, a los que hemos visto en los días calurosos con una media pinta de gusanos trabajando allí donde habían estado sus bocas. No siempre hacía calor para los muertos. Gran parte de las veces estaba allí la lluvia que los bañaba por entero —cuando yacían en ella— y ablandaba la tierra donde estaban sepultados y en ocasiones seguía hasta convertir la tierra en lodo y ellos quedaban al descubierto y había que enterrarlos de nuevo. O bien en invierno, en las montañas, había que

meterlos en la nieve y cuando esta se derretía en primavera algún otro
tenía que enterrarlos. Bellos campos de enterramiento tenían en las
montañas. La guerra en las montañas es la más bella de todas las guerras
y en una de aquellas, en un sitio llamado Pocol, enterraron a un general
a quien un tirador le habla atravesado la cabeza de un balazo. En esto se
equivocan esos autores que escriben libros titulados Los generales
mueren en la cama, porque este general murió en una trinchera excavada
en la nieve muy alta en las montañas, llevando un sombrero de alpinista
con pluma de águila que ostentaba al frente un agujero donde no cabía
el meñique y otro agujero atrás, donde podíamos meter el puño —si era
un puño pequeño y si queríamos ponerlo allí—, y mucha sangre en la
arena. Era un gran general, como también lo era el general Von Behr, que
mandó a las tropas bávaras del Alpenkorps en la batalla de Caporetto y
fue muerto en su automóvil de campaña por la retaguardia italiana
cuando avanzaba al frente de sus tropas. Los títulos de esos libros
deberían ser Los generales suelen morir en la cama, si hemos de
mantener alguna exactitud en tales asuntos.

En las montañas, a veces, la nieve también cae sobre los muertos,
fuera de la estación de primeros auxilios, en el lado protegido por la
montaña contra cualquier bombardeo. Los han llevado sus compañeros
a una zanja cavada en la ladera antes de que la tierra se helara. Fue en
una de esas zanjas donde un hombre —cuya cabeza había sido rota como
se puede romper un jarrón de flores, aunque todavía se mantenía
completa sostenida por las membranas y un vendaje hábilmente
aplicado, empapado y endurecido—, con la estructura de su cerebro
desorganizada por el trozo de hierro que había en él, yacía allí día y
noche, noche y día. Los camilleros pidieron al médico que entrara y le
echara una mirada. Lo habían visto cada vez que hacían un viaje con los
heridos y hasta cuando no lo miraban les parecía oírlo respirar. Los ojos
del médico estaban rojos y tenía los párpados hinchados y casi a punto
de estallar debido a los gases lacrimógenos. Miró al hombre dos veces:
la primera a la luz del día y la segunda a la luz de una linterna. Esa escena
de la vista con la luz de la linterna podría haber sido un bello motivo para
Goya. Después de examinarlo por segunda vez el médico creyó a los
camilleros, que decían que el hombre estaba todavía vivo.

—¿Y qué quieren que haga? —preguntó el médico.

No querían que hiciera nada. Pero después de un rato le pidieron
permiso para llevarlo fuera y dejarlo con los heridos graves.

—¡No! ¡No! ¡No! —dijo el médico, que estaba muy ocupado—. ¿Qué pasa? ¿Le tienen miedo?

—No nos gusta oírlo aquí en medio de los muertos.

—No lo escuchen. Si lo llevan fuera tendrán que volverlo a traer nuevamente.

—Eso no nos importa, capitán doctor.

—¡No! —exclamó el médico—. ¿Me oyen?, ¡no!

—¿Por qué no le da usted una sobredosis de morfina? —preguntó un oficial de artillería que estaba aguardando para que le vendara una herida que tenía en el brazo.

—¿Cree usted que ese es el único uso para el que destino la morfina? —preguntó—. ¿Le gustaría que lo operara a usted sin morfina? Tiene usted una pistola. Vaya y mátelo usted mismo.

—Él ya ha sido herido —dijo el oficial—. Si alguno de ustedes los médicos hubieran sido heridos se comportarían de otra manera.

—Gracias. Muchas gracias —exclamó el médico blandiendo una pinza—. Mil gracias. ¿Y qué hay de estos ojos? —se los señaló con la pinza—. ¿Le gustaría a usted tenerlos así?

—Gases lacrimógenos. Nos consideraríamos felices si solo fueran gases lacrimógenos los que nos molestaran.

—Y ustedes dejan el frente y corren aquí con los ojos enrojecidos para que los evacuemos. ¡Y a veces solo se han restregado los ojos con cebollas!

—Está usted fuera de sí. No tomo en cuenta sus insultos. Está usted loco.

Los camilleros entraron.

—Capitán doctor —dijo uno de ellos.

—¡Fuera de aquí! —gritó el médico.

Salieron.

—Voy a matar a ese hombre —exclamó el oficial de artillería—. Soy humano. No puedo dejarlo sufrir.

—¡Mátelo! —gritó el médico—. Mátelo. Asuma usted la responsabilidad, si quiere. Yo elevaré el informe correspondiente. Herido, muerto por un teniente de artillería en el primer puesto de curas de urgencia. ¡Mátelo! ¡Vaya, mátelo!

—Usted no es un ser humano.

—Mi misión es la de curar a los heridos; no la de matarlos. Eso lo dejo para los caballeros de artillería.

—¿Por qué no se preocupa usted de ellos, entonces?

—Ya lo he hecho. He hecho por ellos todo lo que pude hacer.

—¿Por qué no lo manda usted abajo por el transbordador?

—¿Por qué me hace usted preguntas? ¿Es usted acaso mi superior? ¿Está usted al mando de este puesto de primera ayuda? Hágame el favor de contestar.

El teniente de artillería no dijo nada.

Los demás que se hallaban en la habitación eran soldados. No había ningún otro oficial.

—¡Contésteme! —dijo el médico sosteniendo una aguja con las pinzas—. ¡Deme una respuesta!

—¡Váyase al carajo! —gritó el oficial de artillería.

—¡Ah! ¿Sí? ¿De modo que dice usted eso? Está bien. Está bien. Ya veremos.

El teniente de artillería se puso de pie y se dirigió a él.

—¡Al carajo usted! ¡Al carajo usted! ¡Al carajo su madre! ¡A carajo su hermana!…

El médico le arrojó a la cara un plato lleno de tintura de yodo. Al acercársele, enceguecido, el oficial llevó la mano a su pistola. El médico dio vuelta rápidamente a su alrededor, lo hizo caer y luego le dio varios puntapiés y le arrancó la pistola con sus manos cubiertas por guantes de goma. El teniente quedó sentado en el suelo, tapándose los ojos con la mano que no estaba herida.

—¡Lo mataré! —gritó—. ¡Lo mataré en cuanto pueda ver!

—Yo soy el jefe —dijo el médico—. Todo está perdonado desde que usted ha reconocido que soy el jefe. Y no puede matarme porque tengo su pistola. ¡Sargento! ¡Ayudante! ¡Ayudante!

—El ayudante está manejando el transbordador —dijo el sargento.

—Lave usted los ojos a este oficial con alcohol y agua. Tiene tintura de yodo en ellos. Tráigame la palangana para lavarme las manos. Luego atenderé a este oficial.

—¡No me tocará!

—Sujételo fuertemente. Desvaría un poco.

Entró uno de los camilleros.

—Capitán doctor.

—¿Qué quiere usted?

—El hombre que estaba en la cueva…

—¡Fuera de aquí!

—Ha muerto, capitán. Me pareció que le gustaría saberlo.

—¿Ve usted, mi pobre teniente? Hemos disputado sin objeto. ¡En tiempo de guerra, disputar así por una tontería!

—¡Vete al carajo! —dijo el teniente de artillería. Todavía no podía ver—. ¡Me ha cegado usted!

—No es nada —dijo el médico—. Sus ojos quedarán perfectamente. No es nada. Una discusión sin objeto alguno.

—¡Ay! ¡Ay! ¡Ay! —aulló de pronto el teniente—. ¡Me ha cegado! ¡Me ha cegado!

—Sujételo fuertemente —dijo el médico—. Siente un dolor muy fuerte. Sujételo bien.

LOS ASESINOS

La puerta del restaurante de Henry se abrió y entraron dos hombres que se sentaron al mostrador.

—¿Qué van a pedir? —les preguntó George.

—No sé —dijo uno de ellos—. ¿Tú qué tienes ganas de comer, Al?

—Qué sé yo —respondió Al—, no sé.

Afuera estaba oscureciendo. Las luces de la calle entraban por la ventana. Los dos hombres leían el menú. Desde el otro extremo del mostrador, Nick Adams, quien había estado conversando con George cuando ellos entraron, los observaba.

—Yo voy a pedir costillitas de cerdo con salsa de manzanas y puré de papas —dijo el primero.

—Todavía no está listo.

—¿Entonces para qué carajo lo pones en la carta?

—Esa es la cena —le explicó George—. Puede pedirse a partir de las seis.

George miró el reloj en la pared de atrás del mostrador.

—Son las cinco.

—El reloj marca las cinco y veinte —dijo el segundo hombre.

—Adelanta veinte minutos.

—Bah, a la mierda con el reloj —exclamó el primero—. ¿Qué tienes para comer?

—Puedo ofrecerles cualquier variedad de sándwiches —dijo George—, jamón con huevos, tocineta con huevos, hígado y tocineta, o un bisté.

—A mí dame suprema de pollo con arvejas y salsa blanca y puré de papas.

—Esa es la cena.

—¿Será posible que todo lo que pidamos sea la cena?

—Puedo ofrecerles jamón con huevos, tocineta con huevos, hígado…

—Jamón con huevos —dijo el que se llamaba Al. Vestía un sombrero hongo y un sobretodo negro abrochado. Su cara era blanca y pequeña, sus labios angostos. Llevaba una bufanda de seda y guantes.

—Dame tocineta con huevos —dijo el otro. Era más o menos de la misma talla que Al. Aunque de cara no se parecían, vestían como gemelos. Ambos llevaban sobretodos demasiado ajustados para ellos. Estaban sentados, inclinados hacia adelante, con los codos sobre el mostrador.

—¿Hay algo para tomar? —preguntó Al.

—Gaseosa de jengibre, cerveza sin alcohol y otras bebidas gaseosas —enumeró George.

—Dije si tienes algo para tomar.

—Sólo lo que nombré.

—Es un pueblo caluroso este, ¿no? —dijo el otro— ¿Cómo se llama?

—Summit.

—¿Alguna vez lo oíste nombrar? —preguntó Al a su amigo.

—No —le contestó éste.

—¿Qué hacen acá a la noche? —preguntó Al.

—Cenan —dijo su amigo—. Vienen acá y cenan de lo lindo.

—Así es —dijo George.

—¿Así que crees que así es? —Al le preguntó a George.

—Seguro.

—Así que eres un chico vivo, ¿no?

—Seguro —respondió George.

—Pues no lo eres —dijo el otro hombrecito—. ¿No es cierto, Al?

—Se quedó mudo —dijo Al. Giró hacia Nick y le preguntó—: ¿Cómo te llamas?

—Adams.

—Otro chico vivo —dijo Al—. ¿No es vivo, Max?

—El pueblo está lleno de chicos vivos —respondió Max.

George puso las dos bandejas, una de jamón con huevos y la otra de tocineta con huevos, sobre el mostrador. También trajo dos platos de papas fritas y cerró la portezuela de la cocina.

—¿Cuál es el suyo? —le preguntó a Al.

—¿No te acuerdas?

—Jamón con huevos.

—Todo un chico vivo —dijo Max. Se acercó y tomó el jamón con huevos. Ambos comían con los guantes puestos. George los observaba.

—¿Qué miras? —dijo Max mirando a George.

—Nada.

—Cómo que nada. Me estabas mirando a mí.

—En una de esas lo hacía en broma, Max —intervino Al.

George se rio.

—Tú no te rías —lo cortó Max—. No tienes nada de qué reírte, ¿entiendes?

—Está bien —dijo George.

—Así que piensas que está bien —Max miró a Al—. Piensa que está bien. Esa sí que está buena.

—Ah, piensa —dijo Al. Siguieron comiendo.

—¿Cómo se llama el chico vivo ése que está en la punta del mostrador? —le preguntó Al a Max.

—Ey, chico vivo —llamó Max a Nick—, anda con tu amigo del otro lado del mostrador.

—¿Por? —preguntó Nick.

—Porque sí.

—Mejor pasa del otro lado, chico vivo —dijo Al. Nick pasó para el otro lado del mostrador.

—¿Qué se proponen? —preguntó George.

—Nada que te importe —respondió Al—. ¿Quién está en la cocina?

—El negro.

—¿El negro? ¿Cómo el negro?

—El negro que cocina.

—Dile que venga.

—¿Qué se proponen?

—Dile que venga.

—¿Dónde se creen que están?

—Sabemos muy bien dónde estamos —dijo el que se llamaba Max—. ¿Parecemos tontos acaso?

—Por lo que dices, parecería que sí —le dijo Al—. ¿Qué tienes que ponerte a discutir con este chico? —y luego a George—: Escucha, dile al negro que venga acá.

—¿Qué le van a hacer?

—Nada. Piensa un poco, chico vivo. ¿Qué le haríamos a un negro?

George abrió la portezuela de la cocina y llamó:

—Sam, ven un minutito.

El negro abrió la puerta de la cocina y salió.

—¿Qué pasa? —preguntó. Los dos hombres lo miraron desde el mostrador.

—Muy bien, negro —dijo Al—. Quédate ahí.

El negro Sam, con el delantal puesto, miró a los hombres sentados al mostrador:

—Sí, señor —dijo. Al bajó de su taburete.

—Voy a la cocina con el negro y el chico vivo —dijo—. Vuelve a la cocina, negro. Tú también, chico vivo.

El hombrecito entró a la cocina después de Nick y Sam, el cocinero. La puerta se cerró detrás de ellos. El que se llamaba Max se sentó al mostrador frente a George. No lo miraba a George sino al espejo que había tras el mostrador. Antes de ser un restaurante, el lugar había sido una taberna.

—Bueno, chico vivo —dijo Max con la vista en el espejo—. ¿Por qué no dices algo?

—¿De qué se trata todo esto?

—Ey, Al —gritó Max—. Acá este chico vivo quiere saber de qué se trata todo esto.

—¿Por qué no le cuentas? —se oyó la voz de Al desde la cocina.

—¿De qué crees que se trata?

—No sé.

—¿Qué piensas?

Mientras hablaba, Max miraba todo el tiempo al espejo.

—No lo diría.

—Ey, Al, acá el chico vivo dice que no diría lo que piensa.

—Está bien, puedo oírte —dijo Al desde la cocina, que con una botella de ketchup mantenía abierta la ventanilla por la que se pasaban los platos—. Escúchame, chico vivo —le dijo a George desde la cocina—, aléjate de la barra. Tú, Max, córrete un poquito a la izquierda —parecía un fotógrafo dando indicaciones para una toma grupal.

—Dime, chico vivo —dijo Max—. ¿Qué piensas que va a pasar?

George no respondió.

—Yo te voy a contar —siguió Max—. Vamos a matar a un sueco. ¿Conoces a un sueco grandote que se llama Ole Andreson?

—Sí.

—Viene a comer todas las noches, ¿no?

—A veces.

—A las seis en punto, ¿no?

—Si viene.

—Ya sabemos, chico vivo —dijo Max—. Hablemos de otra cosa. ¿Vas al cine?

—De vez en cuando.

—Tendrías que ir más seguido. Para alguien tan vivo como tú, está bueno ir al cine.

—¿Por qué van a matar a Ole Andreson? ¿Qué les hizo?

—Nunca tuvo la oportunidad de hacernos algo. Jamás nos vio.

—Y nos va a ver una sola vez —dijo Al desde la cocina.

—¿Entonces por qué lo van a matar? —preguntó George.

—Lo hacemos para un amigo. Es un favor, chico vivo.

—Cállate —dijo Al desde la cocina—. Hablas demasiado.

—Bueno, tengo que divertir al chico vivo, ¿no, chico vivo?

—Hablas demasiado —dijo Al—. El negro y mi chico vivo se divierten solos. Los tengo atados como una pareja de amigas en el convento.

—¿Tengo que suponer que estuviste en un convento?

—Uno nunca sabe.

—En un convento judío. Ahí estuviste tú.

George miró el reloj.

—Si viene alguien, dile que el cocinero salió. Si después de eso se queda, le dices que cocinas tú. ¿Entiendes, chico vivo?

—Sí —dijo George—. ¿Qué nos harán después?

—Depende —respondió Max—. Esa es una de las cosas que uno nunca sabe en el momento.

George miró el reloj. Eran las seis y cuarto. La puerta de la calle se abrió y entró un conductor de tranvías.

—Hola, George —saludó—. ¿Me sirves la cena?

—Sam salió —dijo George—. Volverá en alrededor de una hora y media.

—Mejor voy a la otra cuadra —dijo el chofer. George miró el reloj. Eran las seis y veinte.

—Estuviste bien, chico vivo —le dijo Max—. Eres un verdadero caballero.

—Sabía que le volaría la cabeza —dijo Al desde la cocina.

—No —dijo Max—, no es eso. Lo que pasa es que es simpático. Me gusta el chico vivo.

A las siete menos cinco George habló:

—Ya no viene.

Otras dos personas habían entrado al restaurante. En una oportunidad George fue a la cocina y preparó un sándwich de jamón con huevos "para llevar", como había pedido el cliente. En la cocina vio a Al, con su sombrero hongo hacia atrás, sentado en un taburete junto a la portezuela con el cañón de un arma recortada apoyado en un saliente.

Nick y el cocinero estaban amarrados espalda con espalda con sendas toallas en las bocas. George preparó el pedido, lo envolvió en papel manteca, lo puso en una bolsa y lo entregó. El cliente pagó y salió.

—El chico vivo puede hacer de todo —dijo Max—. Cocina y hace de todo. Harías de alguna chica una linda esposa, chico vivo.

—¿Sí? —dijo George— Su amigo, Ole Andreson, no va a venir.

—Le vamos a dar otros diez minutos —repuso Max.

Max miró el espejo y el reloj. Las agujas marcaban las siete en punto, y luego siete y cinco.

—Vamos, Al —dijo Max—. Mejor nos vamos de acá. Ya no viene.

—Mejor esperamos otros cinco minutos —dijo Al desde la cocina.

En ese lapso entró un hombre, y George le explicó que el cocinero estaba enfermo.

—¿Por qué carajo no consigues otro cocinero? —lo increpó el hombre— ¿Acaso no es un restaurante esto? —luego se marchó.

—Vamos, Al —insistió Max.

—¿Qué hacemos con los dos chicos vivos y el negro?

—No va a haber problemas con ellos.

—¿Estás seguro?

—Sí, ya no tenemos nada que hacer acá.

—No me gusta nada —dijo Al—. Es imprudente, tú hablas demasiado.

—Uh, qué te pasa —replicó Max—. Tenemos que entretenernos de alguna manera, ¿no?

—Igual hablas demasiado —insistió Al. Éste salió de la cocina, la recortada le formaba un ligero bulto en la cintura, bajo el sobretodo demasiado ajustado que se arregló con las manos enguantadas.

—Adiós, chico vivo —le dijo a George—. La verdad es que tuviste suerte.

—Cierto —agregó Max—, deberías apostar en las carreras, chico vivo.

Los dos hombres se retiraron. George, a través de la ventana, los vio pasar bajo el farol de la esquina y cruzar la calle. Con sus sobretodos ajustados y esos sombreros hongos parecían dos artistas de variedades. George volvió a la cocina y desató a Nick y al cocinero.

—No quiero que esto vuelva a pasarme —dijo Sam—. No quiero que vuelva a pasarme.

Nick se incorporó. Nunca antes había tenido una toalla en la boca.

—¿Qué carajo…? —dijo pretendiendo seguridad.

—Querían matar a Ole Andreson —les contó George—. Lo iban a matar de un tiro ni bien entrara a comer.

—¿A Ole Andreson?

—Sí, a él.

El cocinero se palpó los ángulos de la boca con los pulgares.

—¿Ya se fueron? —preguntó.

—Sí —respondió George—, ya se fueron.

—No me gusta —dijo el cocinero—. No me gusta para nada.

—Escucha —George se dirigió a Nick—. Tendrías que ir a ver a Ole Andreson.

—Está bien.

—Mejor que no tengas nada que ver con esto —le sugirió Sam, el cocinero—. No te conviene meterte.

—Si no quieres no vayas —dijo George.

—No vas a ganar nada involucrándote en esto —siguió el cocinero—. Mantente al margen.

—Voy a ir a verlo —dijo Nick—. ¿Dónde vive?

El cocinero se alejó.

—Los jóvenes siempre saben qué es lo que quieren hacer —dijo.

—Vive en la pensión Hirsch —George le informó a Nick.

—Voy para allá.

Afuera, las luces de la calle brillaban por entre las ramas de un árbol desnudo de follaje. Nick caminó por el costado de la calzada y a la altura del siguiente poste de luz tomó por una calle lateral. La pensión Hirsch se hallaba a tres casas.

Nick subió los escalones y tocó el timbre. Una mujer apareció en la entrada.

—¿Está Ole Andreson?

—¿Quieres verlo?

—Sí, si está.

Nick siguió a la mujer hasta un descanso de la escalera y luego al final de un pasillo. Ella llamó a la puerta.

—¿Quién es?

—Alguien que viene a verlo, señor Andreson —respondió la mujer.

—Soy Nick Adams.

—Pasa.

Nick abrió la puerta e ingresó al cuarto. Ole Andreson yacía en la cama con la ropa puesta. Había sido boxeador peso pesado y la cama le quedaba chica. Estaba acostado con la cabeza sobre dos almohadas. No miró a Nick.

—¿Qué pasa? —preguntó.

—Estaba en el negocio de Henry —comenzó Nick—, cuando dos tipos entraron y nos ataron a mí y al cocinero, y dijeron que iban a matarlo.

Sonó tonto decirlo. Ole Andreson no dijo nada.

—Nos metieron en la cocina —continuó Nick—. Iban a dispararle apenas entrara a cenar.

Ole Andreson miró a la pared y siguió sin decir palabra.

—George creyó que lo mejor era que yo viniera y le contase.

—No hay nada que yo pueda hacer —Ole Andreson dijo finalmente.

—Le voy a decir cómo eran.

—No quiero saber cómo eran —dijo Ole Andreson. Volvió a mirar hacia la pared: —Gracias por venir a avisarme.

—No es nada.

Nick miró al grandote que yacía en la cama.

—¿No quiere que vaya a la policía?

—No —dijo Ole Andreson—. No sería buena idea.

—¿No hay nada que yo pueda hacer?

—No. No hay nada que hacer.

—Tal vez no lo dijeron en serio.

—No. Lo decían en serio.

Ole Andreson volteó hacia la pared.

—Lo que pasa —dijo hablándole a la pared— es que no me decido a salir. Me quedé todo el día acá.

—¿No podría escapar de la ciudad?

—No —dijo Ole Andreson—. Estoy harto de escapar.

Seguía mirando a la pared.

—Ya no hay nada que hacer.

—¿No tiene ninguna manera de solucionarlo?

—No. Me equivoqué —seguía hablando monótonamente—. No hay nada que hacer. Dentro de un rato me voy a decidir a salir.

—Mejor vuelvo adonde George —dijo Nick.

—Chau —dijo Ole Andreson sin mirar hacia Nick—. Gracias por venir.

Nick se retiró. Mientras cerraba la puerta vio a Ole Andreson totalmente vestido, tirado en la cama y mirando a la pared.

—Estuvo todo el día en su cuarto —le dijo la encargada cuando él bajó las escaleras—. No debe sentirse bien. Yo le dije: "Señor Andreson, debería salir a caminar en un día otoñal tan lindo como este", pero no tenía ganas.

—No quiere salir.

—Qué pena que se sienta mal —dijo la mujer—. Es un hombre buenísimo. Fue boxeador, ¿sabías?

—Sí, ya sabía.

—Uno no se daría cuenta salvo por su cara —dijo la mujer. Estaban junto a la puerta principal—. Es tan amable.

—Bueno, buenas noches, señora Hirsch —saludó Nick.

—Yo no soy la señora Hirsch —dijo la mujer—. Ella es la dueña. Yo me encargo del lugar. Yo soy la señora Bell.

—Bueno, buenas noches, señora Bell —dijo Nick.

—Buenas noches —dijo la mujer.

Nick caminó por la vereda a oscuras hasta la luz de la esquina, y luego por la calle hasta el restaurante. George estaba adentro, detrás del mostrador.

—¿Viste a Ole?

—Sí —respondió Nick—. Está en su cuarto y no va a salir.

El cocinero, al oír la voz de Nick, abrió la puerta desde la cocina.

—No pienso escuchar nada —dijo y volvió a cerrar la puerta de la cocina.

—¿Le contaste lo que pasó? —preguntó George.

—Sí. Le conté pero él ya sabe de qué se trata.

—¿Qué va a hacer?

—Nada.

—Lo van a matar.

—Supongo que sí.

—Debe haberse metido en algún lío en Chicago.

—Supongo —dijo Nick.

—Es terrible.

—Horrible —dijo Nick.

Se quedaron callados. George se agachó a buscar un repasador y limpió el mostrador.

—Me pregunto qué habrá hecho —dijo Nick.

—Habrá traicionado a alguien. Por eso los matan.

—Me voy a ir de este pueblo —dijo Nick.

—Sí —dijo George—. Es lo mejor que puedes hacer.

—No soporto pensar que él espera en su cuarto y sabe lo que le pasará. Es realmente horrible.

—Bueno —dijo George—. Mejor deja de pensar en eso.

CAMPAMENTO INDIO

Habían preparado otro bote en la orilla del lago y dos indios esperaban a su lado.

Nick y su padre se colocaron en la popa y los indios pusieron la embarcación en marcha. Uno de ellos remaba. Tío Jorge se sentó en la popa del bote del campamento. El indio joven lo alejó un poco de la orilla y después montó para remar.

Las dos embarcaciones empezaron a navegar en la oscuridad. Nick oyó el ruido de los remos del otro bote, más delante, ya que la niebla le impedía verlo. Los nativos remaban con golpes rápidos y violentos. Nick estaba recostado, y su padre lo rodeaba con el brazo. Hacía frío en el lago. El indio remaba con todas sus fuerzas, pero el otro bote siempre le llevaba ventaja.

—¿Adonde vamos, papá? —preguntó Nick.

—Al campamento indio. Hay una señora muy enferma.

—¡Ah! —dijo Nick.

El bote de tío Jorge llegó antes a la otra orilla. Cuando ellos desembarcaron, ya estaba fumando un cigarro. La oscuridad era completa. El indio joven empujó el bote hacia la playa y tío Jorge les dio cigarros a los dos remeros.

Después atravesaron un prado empapado de rocío. El joven indio iba delante con el farol. Pasaron por el monte y siguieron un sendero hasta el camino. Allí había más luz, pues el monte estaba cortado a ambos lados. El guía se detuvo y apagó el farol de un soplo. Finalmente, avanzaron todos por el ancho camino.

Doblaron una curva y apareció un perro ladrando. Más allá se veían las luces de las chozas de los leñadores indios. Unos cuantos perros más salieron al encuentro de los recién llegados. Los dos indios los hicieron regresar a las chozas. En la que estaba más cerca del camino, había luz en la ventana, y en la puerta esperaba una anciana con el farol encendido.

Dentro, una india joven estaba tendida en una litera de madera. Durante dos días había tratado de dar a luz. Todas las ancianas del campamento la habían ayudado. Los hombres, por su parte, iban a fumar al camino, lejos de allí, por no oír los lamentos de la mujer. Cuando Nick y los dos indios entraron detrás de su padre y tío Jorge, estaba gritando.

Estaba acostada en la estera inferior. Parecía enorme bajo la colcha. La litera superior la ocupaba su marido, que tres días antes se había cortado un pie con el hacha. Fumaba en pipa. La habitación apestaba.

El padre de Nick ordenó que pusieran un poco de agua al fuego, y mientras se calentaba habló con el muchacho:

—Esta señora va a tener un hijo, Nick.

—Ya lo sé.

—No, no lo sabes —prosiguió su padre—. Escúchame. Está sufriendo los llamados dolores del parto. La criatura quiere nacer y ella quiere que nazca. Todos sus músculos están tratando de que salga la criatura. Eso es lo que ocurre cuando grita.

—Comprendo —asintió Nick.

En ese instante, la mujer lanzó un grito.

—¡Oh! ¿Y no puedes darle algo para calmarla, papá?

—No. No tengo ningún anestésico. Pero sus gritos no tienen importancia. No los oigo, porque no tienen importancia.

En la litera superior, el marido se volvió hacia la pared.

La mujer que vigilaba el agua indicó al médico que ya estaba caliente. El padre de Nick fue a la cocina y echó la mitad del líquido de la enorme olla en una palangana. Después sumergió en el agua que quedaba en la olla varias cosas que llevaba envueltas en un pañuelo.

—Esto tiene que hervir —dijo mientras empezaba a lavarse las manos en la palangana con el trozo de jabón que había traído del campamento.

Nick observó atentamente el cuidado con que su padre se frotaba las manos. En aquel momento volvió a dirigirle la palabra:

—Como verás, Nick, primero tiene que salir la cabeza de la criatura, aunque a veces no ocurre así. Entonces se producen muchos inconvenientes para todos. Quizá tengamos que operar a esta mujer. Dentro de un ratito lo sabremos.

Una vez terminado el minucioso lavado, se dispuso a trabajar.

— ¿Quieres retirar esa colcha, Jorge? Prefiero no tocarla, ahora que tengo las manos limpias.

Luego, cuando empezó a operar, tío Jorge y tres indios sujetaron a la mujer, que en una ocasión mordió a tío Jorge en el brazo, haciéndole exclamar:

—¡Perra india!

Y el indio que había remado en su bote lanzó una carcajada. Nick sostenía la palangana al lado de su padre, que tardaba mucho.

Finalmente, sacó la criatura, le dio una palmada para hacerla respirar y la entregó a la anciana.

—Mira, es un niño, Nick. ¿Qué opinas como practicante?

—Que está muy bien —dijo Nick, mirando hacia otro lado para no ver lo que hacía su padre.

—Así. Eso es —dijo este poniendo algo en la palangana.

Nick apartó la mirada de nuevo.

—Ahora hacen falta varias puntadas. Haz lo que te parezca, Nick. Si quieres mirar, mira, y si no, no. Voy a coser la incisión anterior.

Nick no contempló la operación. Había perdido toda curiosidad…

Su padre terminó, incorporándose. Tío Jorge y los tres indios también se pusieron de pie. Nick llevó la palangana a la cocina.

Tío Jorge se miró el brazo, y el indio joven sonrió al recordar la escena del mordisco.

—Te pondré un poco de peróxido, Jorge —le dijo el médico.

Luego se inclinó sobre la mujer, que estaba muy pálida y quieta y con los ojos cerrados. Había perdido el sentido.

—Volveré por la mañana —explicó el doctor, poniéndose de pie—. La enfermera de San Ignacio llegará aquí a mediodía con todo lo que necesitamos.

Estaba muy alegre y locuaz, igual que los jugadores de fútbol en los vestuarios después del partido.

—Esto es como para publicarlo en el boletín médico, Jorge —manifestó—. ¡Imagínate! ¡Hacer una operación cesárea con una navaja y coser después la herida con hilo de tripa! ¡Casi nada!

Tío Jorge estaba apoyado contra la pared. Seguía mirándose el brazo.

—¡Oh! No hay duda de que eres un gran hombre —afirmó.

—Ahora hay que echarle un vistazo al orgulloso padre. Generalmente, son los que más sufren en estas pequeñas tragedias. Aunque hay que reconocer que se portó bastante bien.

Pero al retirar la colcha que cubría la cabeza del indio, sacó la mano mojada. Entonces se subió al borde de la litera inferior y miró la otra con la ayuda del farol. El nativo yacía con la cara hacia la pared. Un tajo, de oreja a oreja, le atravesaba el cuello. La sangre formaba un charco en la parte del lecho hundida por el peso del cuerpo. La cabeza descansaba sobre el brazo izquierdo, y la navaja abierta estaba encima de las mantas.

—Haz salir a Nick, Jorge —dijo el doctor.

Pero no hubo necesidad de hacerlo, pues Nick, desde la puerta de la cocina, había visto la litera cuando su padre, farol en mano, echó hacia atrás la cabeza del indio.

Empezaba a clarear cuando regresaron al lago por el camino de los leñadores.

—Estoy arrepentidísimo de haberte traído, Nickie —dijo su padre. Ya había desaparecido la alegría que había sucedido a la operación—. Ha sido algo espantoso y poco conveniente para ti.

—¿Siempre sufren tanto las mujeres cuando dan a luz? —preguntó Nick.

—No, esto ha sido algo excepcional, muy excepcional.

—¿Y por qué se suicidó él, papá?

—No sé, Nick. No habrá podido aguantar lo que ocurrió, supongo.

—¿Se suicidan muchos hombres en casos como este?

—No muchos, Nick.

—¿Y muchas mujeres?

—Es raro.

—¿No se suicidan nunca?

—¡Oh! Sí. A veces lo hacen.

—Papá…

—¿Qué?

—¿Adonde fue Tío Jorge?

—Volverá en seguida.

— ¿Se sufre mucho al morir, papá?

—No, creo que no, Nick. Depende…

Luego se sentaron en el bote; Nick en la popa, y su padre en el centro, remando. El sol ya se asomaba por las colinas. Un róbalo saltó y formó un círculo en el agua. Nick introdujo la mano en el agua, que estaba tibia a pesar del frío matinal.

En el lago, sentado en la popa del bote, en aquella hora temprana, mientras su padre remaba, Nick tuvo la completa seguridad de que nunca moriría…

CARRERA DE PERSECUSIÓN

William Campbell mantenía una carrera de persecución con un espectáculo de variedades desde Pittsburgh. En una carrera de persecución, en las carreras de bicicletas, los corredores salen a intervalos iguales uno tras otro. Corren muy deprisa porque generalmente la carrera se limita a una distancia breve, y si pierden velocidad otro corredor que vaya detrás y mantenga el ritmo acabará cogiéndolos. En cuanto un corredor es adelantado queda fuera de la carrera y debe bajarse de la bicicleta y salir de la pista. Si ninguno de los corredores es atrapado, el ganador de la carrera es el que se ha acercado más al otro. En la mayor parte de las carreras de persecución, si hay solo dos corredores, uno de los dos es adelantado al cabo de diez kilómetros. El espectáculo de variedades pilló a William Campbell en Kansas City.

William Campbell había tenido la esperanza de ir un poco por delante del espectáculo de variedades hasta que llegaran a la costa del Pacífico. Siempre y cuando fuera delante del espectáculo de variedades como representante de la empresa, le pagaban. Cuando el espectáculo de variedades lo atrapo él estaba en la cama. Estaba en la cama cuando el director de la troupe entró en su habitación, y cuando el director hubo salido, William Campbell se dijo que igual le daba quedarse en la cama. Hacía mucho frío en Kansas City, y no tenía prisa por salir. No le gustaba Kansas City. Metió la mano bajo la cama y sacó una botella y bebió. Su estómago se sintió mejor. El señor Turner, el director del espectáculo de variedades, se había negado a beber.

La entrevista de William Campbell con el señor Turner había sido un poco rara. El señor Turner había llamado a la puerta. Campbell había dicho: «¡Adelante!». Cuando el señor Turner entró vio ropa encima de una silla, una maleta abierta, la botella en una silla junto a la cama, y alguien echado en la cama completamente cubierto por las mantas.

—Señor Campbell —dijo el señor Turner.

—No puede despedirme —dijo William Campbell desde debajo de las mantas. Debajo de las mantas se estaba caliente y cobijadito y todo era blanco—. No puede despedirme por haberme bajado de la bicicleta.

—Está borracho —dijo el señor Turner.

—Oh, sí —dijo William Campbell, hablándole directamente a la sábana y sintiendo su textura en los labios.

—Es usted un imbécil —dijo el señor Turner. Apagó la luz eléctrica. La luz había estado encendida toda la noche. Ahora eran las diez de la mañana—. Es usted un borracho y un imbécil. ¿Cuándo llegó a esta ciudad?

—Llegué anoche —dijo William Campbell, hablándole a la sábana. Descubrió que le gustaba hablar a través de la sábana—. ¿Alguna vez ha hablado a través de una sábana?

—No intente hacerse el gracioso. No es usted gracioso.

—No intento hacerme el gracioso. Tan solo hablo a través de una sábana.

—Desde luego que está hablando a través de una sábana.

—Ya puede irse, señor Turner —dijo Campbell—. Ya no trabajo para usted.

—Al menos eso lo sabe.

—Sé muchas cosas —dijo William Campbell. Apartó la sábana y miró al señor Turner—. Sé lo suficiente para que no me importe mirarle. ¿Quiere saber lo que sé?

—No.

—Bien —dijo William Campbell—. Porque la verdad es que no sé nada. Hablaba por hablar. —Volvió a taparse con la sábana—. Me encanta estar bajo una sábana —dijo. El señor Turner estaba de pie junto a la cama. Era un hombre de mediana edad con una gran barriga y calvo, y tenía muchas cosas que hacer.

—Debería dejarlo ahora mismo, Billy, y seguir una cura —dijo—. Yo se lo puedo arreglar si quiere.

—No quiero seguir ninguna cura —dijo William Campbell—. No quiero ninguna cura. Soy totalmente feliz. Toda mi vida he sido completamente feliz.

—¿Cuánto hace que está así?

—¡Menuda pregunta! —William Campbell inhalaba y exhalaba a través de la sábana.

—¿Cuánto tiempo lleva trompa, Billy?

—¿Es que no he hecho mi trabajo?

—Claro. Solo le he preguntado cuánto lleva trompa, Billy.

—No lo sé. Pero ha vuelto mi lobo. —Tocó la sábana con la lengua—. Lo he tenido una semana.

—Y un cuerno.

—Oh, sí. Mi querido lobo. Cada vez que bebo sale de la habitación. No soporta el alcohol. Pobrecillo. —Daba vueltas con la lengua en la sábana—. Es un lobo encantador. Está igual que siempre. —William Campbell cerró los ojos e inhaló profundamente.

—Necesita una cura, Billy —dijo el señor Turner—. El Keeley le gustará. No está mal.

—El Keeley —dijo William Campbell—. No está lejos de Londres. —Cerró los ojos y los abrió, rozando la sábana con las pestañas—. Es que me encantan las sábanas —dijo. Miró al señor Turner—. Escuche, usted cree que estoy borracho.

—Está borracho.

—No, no lo estoy.

—Está borracho y ha tenido delirium tremens.

—No —dijo William Campbell, y se envolvió la cabeza con la sábana—. Querida sábana —dijo. Respiró suavemente contra ella—. Hermosa sábana. Me amas, ¿verdad, sábana? Todo está incluido en el precio de la habitación. Igual que en Japón. No —dijo—. Escuche, Billy, querido Billy el Escurridizo, tengo una sorpresa para usted. No estoy borracho. Estoy colocado hasta las cejas.

—No —dijo el señor Turner.

—Eche un vistazo. —William Campbell se subió la manga derecha de la chaqueta del pijama bajo la sábana y asomó el antebrazo—. Mire. —En el antebrazo, desde la muñeca hasta el codo, había pequeños círculos azules en torno a diminutos pinchazos azul oscuro. Los círculos casi se tocaban entre sí—. Es el nuevo descubrimiento —dijo William Campbell—. Ahora bebo de vez en cuando, solo para mantener al lobo fuera de la habitación.

—Hay una cura para eso —dijo Billy el Escurridizo Turner.

—No —dijo William Campbell—. No hay curas para nada.

—No puede abandonar así como así, Billy —dijo Turner. Se sentó en la cama.

—Cuidado con mi sábana —dijo William Campbell.

—A su edad no puede abandonar y atiborrarse de eso simplemente porque está en un lío.

—Hay una ley en contra de eso. Si es a lo que se refiere.

—No, me refiero a que tiene que luchar contra ello.

Billy Campbell acarició la sábana con los labios y la lengua.

—Querida sábana —dijo—. Puedo besar esta sábana y ver a través de ella al mismo tiempo.

—Deje ya lo de la sábana. Ahora no puede empezar a meterse eso.

William Campbell cerró los ojos. Comenzaba a experimentar una ligera náusea. Sabía que esa náusea aumentaría poco a poco, sin que existiera el alivio de vomitar, hasta que hiciera algo para remediarla. Fue en ese momento cuando le sugirió al señor Turner que tomara un trago. El señor Turner declinó la invitación. William Campbell echó un trago de la botella. Era una medida temporal. El señor Turner lo observó. El señor Turner llevaba en esa habitación mucho más tiempo del que debiera, tenía muchas cosas que hacer; aunque diariamente se relacionaba con gente que tomaba drogas, esas cosas le horrorizaban, y le tenía mucho aprecio a William Campbell; no deseaba abandonarlo. Lo sentía mucho por él, y le parecía que una cura podría ayudarlo. Sabía que había buenos centros de desintoxicación en Kansas City. Pero tenía que irse. Se puso en pie.

—Escuche, Billy —dijo William Campbell—. Quiero decirle algo. Le llaman Billy el Escurridizo. Eso es porque es usted capaz de escurrirse. A mí me llaman Billy a secas. Eso es porque nunca he podido escurrirme. Yo no puedo escurrirme, Billy. No puedo escabullirme. Me atrapa. Cada vez que lo intento, me atrapa. —Cerró los ojos—. No puedo escurrirme, Billy. Es terrible no poder escurrirte.

—Sí —dijo Billy el Escurridizo Turner.

—Sí ¿qué? —William Campbell se lo quedó mirando.

—Lo que estaba diciendo.

—No —dijo William Campbell—. Yo no decía nada. Habrá sido un error.

—Decía algo acerca de escurrirse.

—No. Es imposible que hablara de escurrirme. Pero escúcheme, Billy, y le contaré un secreto. Limítese a las sábanas, Billy. Aléjese de las mujeres y los caballos, y —se interrumpió— las águilas, Billy. Si ama a los caballos se encontrará con mierda de caballo, y si ama a las águilas se encontrará con mierda de águila. —Se calló y metió la cabeza bajo la sábana.

—Tengo que irme —dijo Billy el Escurridizo Turner.

—Si ama a las mujeres acabará metiéndose una dosis de esto —dijo William Campbell—. Si va con caballos…

—Sí, ya lo ha dicho.

—¿El qué?

—Lo de los caballos y las águilas.

—Oh, sí. Y si ama las sábanas. —Respiró sobre la sábana y restregó la nariz contra ella—. No sé qué pasa con las sábanas —dijo—. Acabo de empezar a amar esta sábana.

—Tengo que irme —dijo el señor Turner—. Tengo mucho que hacer.

—Está bien —dijo William Campbell—. Todo el mundo tiene que irse.

—Será mejor que me vaya.

—Muy bien, váyase.

—¿Se encuentra bien, Billy?

—No he sido más feliz en la vida.

—¿Y se encuentra bien?

—Estoy bien. Adelante, váyase. Yo me quedaré aquí un rato. A eso de mediodía me levantaré.

Pero cuando a mediodía el señor Turner volvió a la habitación de William Campbell, lo encontró durmiendo, y como el señor Turner era un hombre que sabía cuáles son las cosas valiosas de la vida, no lo despertó.

EL GATO BAJO LA LLUVIA

Solo dos norteamericanos paraban en el hotel. No conocían a ninguna de las personas que subían y bajaban por las escaleras hacia y desde sus habitaciones. La suya estaba en el segundo piso, frente al mar y al monumento de la guerra, en el jardín público de grandes palmeras y verdes bancos.

Cuando hacía buen tiempo, no faltaba algún pintor con su caballete. A los artistas les gustaban aquellos árboles y los brillantes colores de los hoteles situados frente al mar.

Los italianos venían de lejos para contemplar el monumento a la guerra, hecho de bronce que resplandecía bajo la lluvia. El agua se deslizaba por las palmeras y formaba charcos en los senderos de piedra. Las olas se rompían en una larga línea y el mar se retiraba de la playa para regresar y volver a romperse bajo la lluvia. Los automóviles se alejaron de la plaza donde estaba el monumento. Del otro lado, a la entrada de un café, un mozo estaba contemplando el lugar ahora solitario.

La dama norteamericana lo observó todo desde la ventana. En el suelo, justo debajo de la ventana, un gato se había acurrucado bajo uno de los bancos verdes. Trataba de achicarse todo lo posible para evitar las gotas de agua que caían a los lados de su refugio.

—Voy a buscar a ese gatito —dijo ella.

—Iré yo, si quieres —se ofreció su marido desde la cama.

—No, voy yo. El pobre minino se ha acurrucado bajo el banco para no mojarse ¡Pobrecito!

El hombre continuó leyendo, apoyado en dos almohadas, al pie de la cama.

—No te mojes —le advirtió.

La mujer bajó y el dueño del hotel se levantó y le hizo una reverencia cuando ella pasó delante de su oficina, que tenía el escritorio al fondo. El propietario era un hombre viejo y muy alto.

—Il piove —expresó la norteamericana. El dueño del hotel le resultaba simpático.

—Sí, sí signora, brutto tempo. Es un tiempo muy malo.

Cuando la norteamericana pasó frente a la oficina, el padrone se inclinó desde su escritorio. Ella experimentó una rara sensación. Se quedó detrás del escritorio, al fondo de la oscura habitación.

A la mujer le gustaba. Le gustaba la seriedad con que recibía cualquier queja. Le gustaba su dignidad y su manera de servirla y de desempeñar su papel de hotelero. Le gustaba su rostro viejo y triste y sus manos grandes. Estaba pensando en aquello cuando abrió la puerta y asomó la cabeza. La lluvia había arreciado. Un hombre con un impermeable cruzó la plaza vacía y entró en el café. El gato tenía que estar a la derecha. Tal vez pudiese acercarse protegida por los aleros. Mientras tanto, un paraguas se abrió detrás. Era la sirvienta encargada de su habitación, mandada, sin duda, por el hotelero.

—No debe mojarse —dijo la muchacha en italiano, sonriendo.

Mientras la criada sostenía el paraguas a su lado, la norteamericana marchó por el sendero de piedra hasta llegar al sitio indicado, bajo la ventana. El banco estaba allí, brillando bajo la lluvia, pero el gato se había ido. La mujer se sintió desilusionada. La criada la miró con curiosidad.

—Ha perduto qualque cosa, signora?

—Había un gato aquí —contestó la norteamericana.

—¿Un gato?

—Sí il gatto.

—¿Un gato? —la sirvienta se echó a reír— ¿Un gato bajo la lluvia?

—Sí; se había refugiado en el banco —y después— ¡Oh! ¡Me gustaba tanto! Quería tener un gatito.

Cuando habló en inglés, la doncella se puso seria.

—Venga, signora. Tenemos que regresar. Si no, se mojará.

—Me lo imagino —dijo la extranjera.

Volvieron al hotel por el sendero de piedra. La muchacha se detuvo en la puerta para cerrar el paraguas. Cuando la norteamericana pasó frente a la oficina, el padrone se inclinó desde su escritorio. Ella experimentó una rara sensación. El padrone la hacía sentirse muy pequeña y, a la vez, importante. Tuvo la impresión de tener una gran importancia. Después de subir por la escalera, abrió la puerta de su cuarto. George seguía leyendo en la cama.

—¿Y el gato? —preguntó, abandonando la lectura.

—Se ha ido.

—¿Y donde puede haberse ido? —dijo él, descansando un poco la vista.

La mujer se sentó en la cama.

—¡Me gustaba tanto! No sé por qué lo quería tanto. Me gustaba ese pobre gatito. No debe resultar agradable ser un pobre minino bajo la lluvia.

George se puso a leer de nuevo.

Su mujer se sentó frente al espejo del tocador y empezó a mirarse con el espejo de mano. Se estudió el perfil, primero de un lado y después del otro, y por último se fijó en la nuca y en el cuello.

—¿No te parece que me convendría dejarme crecer el pelo? —le preguntó, volviendo a mirarse de perfil.

George levantó la vista y vio la nuca de su mujer, rapada como la de un muchacho.

—A mí me gusta como está.

—¡Estoy cansada de llevarlo tan corto! Ya estoy harta de parecer siempre un muchacho.

George cambió de posición en la cama. No le había quitado la mirada de encima desde que ella empezó a hablar.

—¡Caramba! Si estás muy bonita —dijo.

La mujer dejó el espejo sobre el tocador y se fue a mirar por la ventana. Anochecía ya.

—Quisiera tener el pelo más largo, para poder hacerme moño. Estoy cansada de sentir la nuca desnuda cada vez que me la toco. Y también quisiera tener un gatito que se acostara en mi falda y ronroneara cuando yo lo acariciara.

—¿Sí? —dijo George.

—Y además, quiero comer en una mesa con velas y con mi propia vajilla. Y quiero que sea primavera y cepillarme el cabello frente al espejo, tener un gatito y algunos vestidos nuevos. Quisiera tener todo eso.

—¡Oh! ¿Por qué no te callas y lees algo? —dijo George, reanudando su lectura.

Su mujer miraba desde la ventana. Ya era de noche y todavía llovía a través de las palmeras.

—De todos modos, quiero un gato —dijo—. Quiero un gato. Quiero un gato. Ahora mismo. Si no puedo tener el pelo largo ni divertirme, por lo menos necesito un gato.

George no la escuchaba. Estaba leyendo su libro. Desde la ventana, ella vio que la luz se había encendido en la plaza. Alguien llamó a la puerta.

—Avanti —dijo George, mirando por encima del libro. En la puerta estaba la sirvienta. Traía un gran gato de color de carey que pugnaba por zafarse de los brazos que lo sujetaban.

—Con permiso —dijo la muchacha— el padrone me encargó que trajera esto para la signora.

CHE TI DICE LA PATRIA?

El camino del paso era firme y liso, y todavía no estaba polvoriento a primeras horas de la mañana. Debajo se hallaban las colinas con sus robles y castaños, y más lejos, el mar. Al otro lado se elevaban las montañas nevadas.

Bajamos del paso a través de una región boscosa. Al lado del camino había pilas de bolsas de carbón y, por entre los arboles, veíamos los braseros de carbón ardiendo en las cabañas. Era domingo. El camino subía y bajaba, pero siempre descendiendo de la altura del paso, y seguía a través de bosques achaparrados y pequeñas aldeas.

En las afueras de los pueblos había campos de viñedos, eran de color pardo y las viñas toscas y gruesas. Las casas eran blancas y, en las calles, los hombres, con ropas de fiesta, jugaban a los bolos. Los perales habían sido pulverizados y las paredes de las casas estaban manchadas con el metálico azul verdoso del vapor de los pulverizadores. Había pequeños claros alrededor de las aldeas, donde crecían las viñas, y luego los bosques.

En un pueblo, veinte kilómetros antes de llegar a Spezia, había una multitud reunida en las calles y un joven que llevaba una maleta se acercó al automóvil y nos pidió que lo lleváramos a Spezia.

—Solo hay dos asientos y están ocupados —le dije. Teníamos un coupé Ford.

—Viajaré fuera.

—Irá incómodo.

—No importa. Tengo que ir a Spezia.

—¿Lo llevamos? —pregunté a Guy.

—Parece que tiene que ir de todos modos —dijo Guy. El joven nos dio un paquete por la ventanilla.

—Cuiden esto —dijo. Dos hombres ataron su maleta en la parte trasera del coche, sobre nuestro equipaje. Estrechó las manos de todos. Explicó que, para un fascista y hombre acostumbrado a viajar como él, no había nada incómodo, y subió al estribo de la izquierda del automóvil, sujetándose con el brazo derecho, por la ventanilla abierta.

—Puede partir —dijo. La multitud agitó los brazos para despedirlo. Él agitó la mano libre.

—¿Qué dice? —me preguntó Guy.

—Que podemos irnos.

—¿No es simpático? —exclamó Guy.

El camino seguía el curso de un río. Al otro lado de él se levantaban las montañas. El sol secaba el rocío que cubría la hierba. Su luz era cálida, brillante y el aire entraba fresco por la abertura del parabrisas.

—¿Cree que le gusta viajar ahí fuera? —Guy miraba el camino. Nuestro huésped le impedía ver el panorama de su lado. El joven sobresalía de un lado del automóvil como el mascarón de proa de una nave. Se había levantado el cuello del abrigo y luego se caló el sombrero. La nariz se le había puesto roja por el viento.

—Tal vez tenga ya bastante —dijo Guy—. Ese es el lado en el que está la rueda de repuesto.

—Si la hacemos estallar, nos dejará. No le gustará seguir allí con las ropas de viaje sucias.

—Bueno; en realidad no me importa llevarlo, pero me preocupa la manera como se inclina cuando tomamos las curvas.

Ya no había bosques. El camino se alejaba del río para continuar hacia arriba. El radiador hervía. El joven miraba con desconfianza el vapor y el agua herrumbrosa que salían de él. El motor marchaba con dificultad en primera velocidad. Con el pie de Guy sobre el acelerador, el coche subía, paraba, volvía a subir y subir, para llegar finalmente a un camino llano. El ruido forzado del motor cesó, y en la nueva quietud se oía el bullir del agua hirviente del radiador. Estábamos en la cumbre de la última cadena de colinas, sobre Spezia y el mar. El camino descendía en vueltas breves y bruscas. Nuestro huésped quedaba colgado en las curvas y, en una ocasión, casi arrancó la parte superior del techo del automóvil.

—No podemos decirle que no se aferre así al techo —dije a Guy—. Es el instinto de conservación.

—El gran instinto italiano.

—El más grande de los sentidos italianos.

Bajábamos dando vueltas en medio de una tierra blanca, que a nuestro paso empolvaba los olivos. Spezia se extendía abajo, a lo largo del mar. El camino se hizo llano en las afueras de la ciudad. Nuestro huésped metió la cabeza por la ventanilla.

—Quiero bajar —dijo.

—Pare —dije a Guy.

Nos detuvimos a un lado del camino. El joven descendió, se dirigió a la parte posterior del coche y desató su maleta.

—Me quedo aquí para que no tengan ninguna molestia por llevar pasajeros dijo—. Mi paquete.

Le entregué su paquete que metió en el bolsillo.

—¿Cuánto les debo?

—Nada.

—¿Por qué nada?

—No lo sé —dije.

—Entonces, gracias —dijo el joven. No "le agradezco", o "muchas gracias" o "mil gracias", lo que comúnmente se dice en Italia a un hombre cuando este le entrega a uno un horario de trenes o le da indicaciones respecto a una dirección. El joven dejó escapar la más baja de las formas de "gracias" y nos miró con prevención cuando Guy puso en marcha el automóvil. Lo saludé con un gesto de la mano, pero era demasiado digno para responder. Seguimos hacia Spezia.

—He ahí un joven que llegará lejos en Italia —dije a Guy.

Bueno —replicó este—. Hizo veinte kilómetros con nosotros.

Una comida en Spezia

Al llegar a Spezia buscarnos un sitio donde comer. La calle era ancha y las casas altas y amarillas. Seguimos la vía del ferrocarril hasta el centro de la ciudad. Sobre las paredes de las casas había retratos de un Mussolini con ojos saltones con "vivas" pintados a mano. Las V, escritas en pintura negra, chorreaban por el muro. Las calles laterales llevaban al puerto. La luz era brillante y la gente estaba fuera disfrutando del domingo. El pavimento de piedra había sido regado y se veían algunos trechos humedecidos entre el polvo. Nos acercamos a la acera para evitar un camión.

—Comamos algo sencillo —dijo Guy.

Detuvimos el coche en un lugar donde se veían los carteles de dos restaurantes. Bajamos y compré algunos periódicos. Los restaurantes estaban uno al lado del otro y una mujer que se hallaba ante la puerta de uno de ellos, nos sonrió. Cruzamos la calle y entramos.

Dentro estaba oscuro y en el fondo del salón había tres muchachas y una anciana sentadas ante una mesa. Frente a nosotros, en otra mesa, un marinero. Permanecía allí sentado; no comía ni bebía. Más atrás, un joven en un traje azul, que escribía en otra mesa. Tenía el cabello bien peinado y brillante y vestía a la moda. Era de agradable aspecto.

La luz entraba por la puerta y ventanas. En un escaparate había frutas y chuletas. Una de las muchachas acudió a atendernos y otra se quedó en la puerta. Notamos que no llevaban ropa interior bajo el vestido. La que nos atendía rodeó con el brazo el cuello de Guy, mientras mirábamos el menú. Eran tres en total y todas ellas se turnaban para ir a pararse en la puerta. La vieja que se hallaba en la mesa del fondo del salón, les hablaba de vez en cuando y ellas iban a sentarse nuevamente allí.

En el salón no había más puertas que la de la calle y la que conducía a la cocina. Una cortina colgaba de esta última. La muchacha que nos atendió salió de la cocina con los espaguetis. Los dejó sobre la mesa, trajo una botella de vino tinto y se sentó.

—Bueno —dije a Guy—. ¿No quería usted comer en algún lugar sencillo?

—Esto no es sencillo, sino complicado.

—¿Qué dicen? —preguntó la muchacha—. ¿Son alemanes?

—Alemanes del Sur —repliqué—. Los alemanes del Sur son gente cortés y encantadora.

—No entiendo —dijo ella.

—¿Qué debo hacer ahora? —preguntó Guy—. ¿Tengo que dejar que me abrace?

—Claro. Mussolini ha abolido los burdeles. Este es un restaurante.

La muchacha llevaba un vestido de una sola pieza. Se inclinó hacia adelante contra la mesa, y apretándose los senos con la mano, sonrió. Sonreía más agradablemente de un lado que de otro y volvió hacia nosotros su lado más agradable. El encanto del lado agradable había sido realzado por algún acontecimiento que había hundido el otro lado de su nariz, como si fuera cera caliente. La nariz, sin embargo, no parecía de cera caliente. Era muy fría y firme, aunque estaba achatada de un lado.

—¿Te gusto? —preguntó a Guy.

—Te adora —dije—. Pero no habla italiano.

—Ich spreche Deutsch —exclamó ella y le acarició el cabello.

—Háblele a la dama en su idioma nativo, Guy.

—¿De dónde vienes? —preguntó la dama.

—De Potsdam.

—¿Y se quedan aquí por un tiempo?

—¿En esta maravillosa Spezia? —pregunté.

—Dile que tenemos que irnos —dijo Guy—. Dile que estamos muy enfermos y que no tenemos dinero.

—Mi amigo es un misógino —declaré—, un viejo misógino alemán.

—Dile que lo amo.

Se lo dije.

—¿Quieres callarte? —dijo Guy—. Vayámonos de aquí —la dama le puso el otro brazo alrededor del cuello.

—Dile que es mío —insistió ella.

—¿Vamos a salir de aquí, o no?

—¿Están peleando? —preguntó la dama—. ¿Ustedes no se quieren?

—Somos alemanes —dije con orgullo—, viejos alemanes del Sur.

—Dile que es un muchacho hermoso —dijo la dama.

Guy tiene treinta y ocho años y está orgulloso porque en Francia lo toman por un vendedor ambulante.

—Usted es un muchacho hermoso —le dije.

—¿Quién dice eso? —exclamó—. ¿Ella o usted?

—Ella. Yo solo soy un intérprete. ¿No le acompaño a usted para eso?

—Me alegro de que haya sido ella. No me hubiera gustado tener que dejarlo a usted también aquí.

—¡Quién sabe! Spezia es una hermosa ciudad.

—Spezia —dijo la dama—. ¿Están hablando de Spezia?

—Hermoso lugar —declaré.

—Es mi patria —dijo ella—. Spezia es mi ciudad natal e Italia es mi país.

—Ella dice que Italia es su país.

—Dígale que lo parece —exclamó Guy.

—¿Qué tienen como postre? —pregunté.

—Fruta —dijo—. Tenemos bananas.

Frente a nosotros, el marinero no se había movido y nadie le prestaba atención.

—Queremos la cuenta —dije.

—¡Oh!, ¡no! Deben quedarse.

—Oye —exclamó el joven de buen aspecto desde la mesa donde estaba escribiendo—. Déjalos ir. No valen nada.

La dama me tomó la mano.

—¿No quiere quedarse? ¿No le vas a pedir que se quede?

—Tenemos que irnos —le repliqué—. Debemos llegar a Pisa o, si es posible, a Florencia, hoy mismo. Durante la noche podremos divertirnos en esas ciudades. Ahora es de día, y de día tenemos que viajar.

—Es muy hermoso descansar un poco.

—Es necesario viajar durante la luz del día.

—Oye —dijo el joven de buen aspecto—. No te molestes en hablar con esos. Te dije que no valen nada y sé lo que digo.

—Tráiganos la cuenta —dije.

Trajo la cuenta que le entregó la vieja y volvió a la mesa. Otra muchacha salió de la cocina. Atravesó todo el salón y se detuvo en la puerta.

—No te molestes por esos dos —dijo otra vez el joven de buen aspecto con voz cansada—. Ven a comer. No valen nada.

Pagamos la cuenta y nos pusimos de pie. Todas las muchachas, la vieja, y el joven de buen aspecto se sentaron a la misma mesa. El marinero ocultó la cara entre las manos. Nadie le había hablado mientras almorzábamos. La muchacha nos trajo el cambio que le dio la vieja y volvió a su lugar en la mesa. Dejamos una propina y salimos. Cuando estábamos en el automóvil dispuestos a partir, la muchacha salió a la puerta. Al arrancar la saludé con la mano y no contestó, pero se quedó mirándonos mientras nos alejábamos.

Después de la lluvia

Llovía mucho cuando pasamos por los suburbios de Génova, y aun cuando viajábamos muy lentamente detrás de los tranvías y los camiones, el barro salpicaba las aceras y la gente que andaba en ellas se refugiaba en los portales cuando nos acercábamos. En San Pier d'Arena, suburbio industrial de Génova, hay una calle amplia con tránsito doble como una avenida, y tuvimos que viajar por el centro de la calzada para evitar así salpicar a los hombres que volvían de su trabajo. A nuestra izquierda estaba el Mediterráneo. El mar estaba agitado, las olas estallaban y el viento lanzaba el agua pulverizada contra el coche. El lecho de un río —que cuando pasamos por él al llegar a Italia estaba seco y pedregoso— iba ahora lleno de agua turbia que corría en dirección a la ribera. Su agua pardusca oscurecía el mar, y las olas al chocar contra la corriente disminuían su violencia. La luz llegaba por encima del agua amarillenta y las crestas de las olas, batidas por el viento, azotaban el camino.

A nuestro lado pasó velozmente un gran automóvil y una sábana de agua lodosa se alzó entre sus ruedas y cayó sobre el radiador y el parabrisas. El limpia parabrisas automático se movía rápidamente y extendía la capa de lodo sobre el vidrio. Nos detuvimos y almorzamos en Sestri. No había calefacción en el restaurante y nos quedamos con el abrigo y el sombrero puestos. Desde dentro podíamos ver al coche cubierto de barro y detenido al lado de algunos botes que habían sido arrastrados hasta allí por el agua. En el restaurante hacía tanto frío que podía verse el vapor de la respiración.

La pasta asciuta era buena; el vino tenía gusto a alumbre y lo mezclamos con agua. El camarero nos trajo carne con papas fritas. Un hombre y una mujer se hallaban sentados en el extremo más alejado del restaurante. Ella era joven y estaba vestida de negro; él de edad madura. Durante toda la comida, ella arrojó su aliento al aire húmedo y frío. El hombre miraba el vapor y movía la cabeza. Comían sin hablar, y él le oprimía la mano por debajo de la mesa. Ella era bonita y ambos parecían tristes. A su lado había una maleta de viaje.

Habíamos comprado periódicos y leí en voz alta a Guy las crónicas de la lucha en Shanghai. Después de la comida, Guy se fue con el camarero en busca de un lugar que no existía en el restaurante, mientras yo limpiaba el parabrisas, los faroles y las chapas de la patente del automóvil, con un trapo. Guy volvió y nos fuimos. La gente del restaurante sospechaba de nosotros y el camarero no se apartó de Guy para estar seguro de que no robaba nada.

—Aunque no sé cómo podría haberlo hecho, ya que no soy plomero, estoy seguro de que esperaban que robara —dijo Guy.

Al llegar a la cima de un promontorio, ya fuera de la ciudad, el viento tomó al coche de costado y lo hizo tambalear.

—Afortunadamente el viento sopla desde el mar —exclamó Guy.

—Bueno —dije—. Por aquí se ahogó Shelley.

—No; fue en Viareggio —afirmó Guy—. ¿Recuerda usted para qué hemos venido a este país?

—Sí —dije—. Pero no lo hemos hecho todavía.

—Esta noche habremos terminado.

—Si podemos pasar Ventimiglia.

—Veremos. No me gusta viajar de noche por esta costa.

Era el principio de la tarde, y había salido el sol. Abajo se extendía el mar azul y las nubes blancas corrían hacia Savona. Al fondo, más allá del cabo, se unían las aguas pardas y azules. Frente a nosotros un buque de carga se alejaba de la costa.

—¿Se ve Génova todavía? —preguntó Guy.

—Sí.

—Aquel cabo la ocultará de nuestra vista.

—La veremos todavía un buen rato. Aún puede verse el cabo Portofino detrás de ella.

Por último perdimos de vista a Génova. Miré hacia atrás y solo pude ver el mar y debajo, en la bahía, la línea de la costa llena de botes de pesca y, arriba, sobre la colina, una aldea y los cabos al final de la costa.

—No se ve más —dije a Guy.

Había un cartel con una gran "S" pintada, y debajo la leyenda Svolta pericolosa. El camino trazó una curva sinuosa alrededor de un acantilado y el aire sopló con violencia y pasó por la abertura del parabrisas. El viento había secado el barro y las ruedas comenzaban a levantar el polvo del camino. Ya en la carretera pasamos a un fascista en bicicleta que llevaba un pesado revólver en una cartuchera fijada a la parte trasera del cinturón. Se mantuvo en medio del camino y tuvimos que hacernos a un lado para no atropellarlo. Al pasar por su lado nos miró. Delante había una barrera de ferrocarril y cuando llegábamos a ella, comenzó a bajar.

Mientras aguardábamos, el fascista llegó con su bicicleta. El tren pasó y Guy puso en marcha el motor.

—¡Alto! —exclamó el ciclista—. El número de la matrícula está sucio.

Salí del coche con un trapo en la mano. La había limpiado después de almorzar.

—Puede leerse —dije.

—¿Usted cree?

—Léala.

—No se puede leer. Está sucia.

Volví a limpiarla.

—¿Qué tal está ahora?

—Son veinticinco liras.

—¿Qué? —grité—. Podía leerse. Y si está sucia es solo debido al estado de los caminos.

—¿No le gustan los caminos italianos?

—Están sucios.

—Cincuenta liras —escupió en el camino—. Su coche está sucio y usted también.

—Bueno. Deme el recibo con su nombre.

Sacó la libreta de multas e hizo el recibo por duplicado; la hoja estaba perforada en un borde, de manera que una parte de ella podía ser entregada y la otra quedaba como constancia. Pero no había papel carbón para crear una copia.

—Deme las cincuenta liras.

Arrancó la hoja, escrita con lápiz, y me la entregó. La leí.

—Es por veinticinco liras.

—Fue un error —dijo. Y cambió el 25 por un 50.

—Y ahora, en el recibo suyo, escriba cincuenta en lugar de veinticinco.

Me obsequió con una hermosa sonrisa italiana y escribió algo en su libreta, manteniéndola de manera que no pudiera verla.

—Sigan —dijo—, antes de que se les ensucie de nuevo la chapa.

Viajamos durante dos horas hasta que oscureció y esa noche dormimos en Mentone. La ciudad parecía muy alegre, limpia, sana y hermosa. Habíamos viajado de Ventimiglia a Pisa y Florencia, a través de la Romania, hasta Rímini y de vuelta por Forli, Imola, Bolonia, Parma, Piacenza y Génova, nuevamente hasta Ventimiglia. El viaje había durado solo diez días. Como es natural en un viaje así no habíamos tenido oportunidad de ver cómo era el país, ni su gente.

COLINAS COMO ELEFANTES GRANDES

Del otro lado del valle del Ebro, las colinas eran largas y blancas. De este lado no había sombra ni árboles y la estación se alzaba al rayo del sol, entre dos líneas de rieles. Junto a la pared de la estación caía la sombra tibia del edificio y una cortina de cuentas de bambú colgaba en el vano de la puerta del bar, para que no entraran las moscas. Elnorteamericano y la muchacha que iba con él tomaron asiento en una mesa a la sombra, fuera del edificio. Hacía mucho calor y el expreso de Barcelona llegaría en cuarenta minutos. Se detenía dos minutos en este entronque y luego seguía hacia Madrid.

—¿Qué tomamos? —preguntó la muchacha. Se había quitado el sombrero y lo había puesto sobre la mesa.

—Hace calor —dijo el hombre.

—Tomemos cerveza.

—Dos cervezas —dijo el hombre hacia la cortina.

—¿Grandes? —preguntó una mujer desde el umbral.

—Sí. Dos grandes.

La mujer trajo dos tarros de cerveza y dos portavasos de fieltro. Puso en la mesa los portavasos y los tarros y miró al hombre y a la muchacha. La muchacha miraba la hilera de colinas. Eran blancas bajo el sol y el campo estaba pardo y seco.

—Parecen elefantes blancos —dijo.

—Nunca he visto uno —el hombre bebió su cerveza.

—No, claro que no.

—Nada de claro —dijo el hombre—. Bien podría haberlo visto.

La muchacha miró la cortina de cuentas.

—Tiene algo pintado —dijo—. ¿Qué dice?

—Anís del Toro. Es una bebida.

—¿Podríamos probarla?

—Oiga —llamó el hombre a través de la cortina.

La mujer salió del bar.

—Cuatro reales.

—Queremos dos de Anís del Toro.

—¿Con agua?

—¿Lo quieres con agua?

—No sé —dijo la muchacha—. ¿Sabe bien con agua?

—No sabe mal.

—¿Los quieren con agua? —preguntó la mujer.

—Sí, con agua.

—Sabe a orozuz —dijo la muchacha y dejó el vaso.

—Así pasa con todo.

—Sí—dijo la muchacha—. Todo sabe a orozuz. Especialmente las cosas que uno ha esperado tanto tiempo, como el ajenjo.

—Oh, basta ya.

—Tú empezaste —dijo la muchacha—. Yo me divertía. Pasaba un buen rato.

—Bien, tratemos de pasar un buen rato.

—De acuerdo. Yo trataba. Dije que las montañas parecían elefantes blancos. ¿No fue ocurrente?

—Fue ocurrente.

—Quise probar esta bebida. Eso es todo lo que hacemos, ¿no? ¿Mirar cosas y probar bebidas?

—Supongo.

La muchacha contempló las colinas.

—Son preciosas colinas —dijo—. En realidad no parecen elefantes blancos. Sólo me refería al color de su piel entre los árboles.

—¿Tomamos otro trago?

—De acuerdo.

El viento cálido empujaba contra la mesa la cortina de cuentas.

—La cerveza está buena y fresca —dijo el hombre.

—Es preciosa —dijo la muchacha.

—En realidad se trata de una operación muy sencilla, Jig —dijo el hombre—. En realidad no es una operación.

La muchacha miró el piso donde descansaban las patas de la mesa.

—Yo sé que no te va a afectar, Jig. En realidad no es nada. Sólo es para que entre el aire.

La muchacha no dijo nada.

—Yo iré contigo y estaré contigo todo el tiempo. Sólo dejan que entre el aire y luego todo es perfectamente natural.

—¿Y qué haremos después?

—Estaremos bien después. Igual que como estábamos.

—¿Qué te hace pensarlo?

—Eso es lo único que nos molesta. Es lo único que nos hace infelices.

La muchacha miró la cortina de cuentas, extendió la mano y tomó dos de las sartas.

—Y piensas que estaremos bien y seremos felices.

—Lo sé. No debes tener miedo. Conozco mucha gente que lo ha hecho.

—Yo también —dijo la muchacha—. Y después todos fueron tan felices.

—Bueno —dijo el hombre—, si no quieres no estás obligada. Yo no te obligaría si no quisieras. Pero sé que es perfectamente sencillo.

—¿Y tú de veras quieres?

—Pienso que es lo mejor. Pero no quiero que lo hagas si en realidad no quieres.

—Y si lo hago, ¿serás feliz y las cosas serán como eran y me querrás?

—Te quiero. Tú sabes que te quiero.

—Sí, pero si lo hago, ¿volverá a parecerte bonito que yo diga que las cosas son como elefantes blancos?

—Me encantará. Me encanta, pero en estos momentos no puedo disfrutarlo. Ya sabes cómo me pongo cuando me preocupo.

—Si lo hago, ¿nunca volverás a preocuparte?

—No me preocupará que lo hagas, porque es perfectamente sencillo.

—Entonces lo haré. Porque yo no me importo.

—¿Qué quieres decir?

—Yo no me importo.

—Bueno, pues a mí sí me importas.

—Ah, sí. Pero yo no me importo. Y lo haré y luego todo será magnífico.

—No quiero que lo hagas si te sientes así.

La muchacha se puso en pie y caminó hasta el extremo de la estación. Allá, del otro lado, había campos de grano y árboles a lo largo de las riberas del Ebro. Muy lejos, más allá del río, había montañas. La sombra de una nube cruzaba el campo de grano y la muchacha vio el río entre los árboles.

—Y podríamos tener todo esto —dijo—. Y podríamos tenerlo todo y cada día lo hacemos más imposible.

—¿Qué dijiste?

—Dije que podríamos tenerlo todo.

—Podemos tenerlo todo.

—No, no podemos.

—Podemos tener todo el mundo.

—No, no podemos.

—Podemos ir adondequiera.

—No, no podemos. Ya no es nuestro.

—Es nuestro.

—No, ya no. Y una vez que te lo quitan, nunca lo recobras.

—Pero no nos los han quitado.

—Ya veremos tarde o temprano.

—Vuelve a la sombra —dijo él—. No debes sentirte así.

—No me siento de ningún modo —dijo la muchacha—. Nada más sé cosas.

—No quiero que hagas nada que no quieras hacer…

—Ni que no sea por mi bien —dijo ella—. Ya sé. ¿Tomamos otra cerveza?

—Bueno. Pero tienes que darte cuenta…

—Me doy cuenta —dijo la muchacha.— ¿No podríamos callarnos un poco?

Se sentaron a la mesa y la muchacha miró las colinas en el lado seco del valle y el hombre la miró a ella y miró la mesa.

—Tienes que darte cuenta —dijo— que no quiero que lo hagas si tú no quieres. Estoy perfectamente dispuesto a dar el paso si algo significa para ti.

—¿No significa nada para ti? Hallaríamos manera.

—Claro que significa. Pero no quiero a nadie más que a ti. No quiero que nadie se interponga. Y sé que es perfectamente sencillo.

—Sí, sabes que es perfectamente sencillo.

—Está bien que digas eso, pero en verdad lo sé.

—¿Querrías hacer algo por mi?

—Yo haría cualquier cosa por ti.

—¿Querrías por favor por favor por favor por favor callarte la boca?

Él no dijo nada y miró las maletas arrimadas a la pared de la estación. Tenían etiquetas de todos los hoteles donde habían pasado la noche.

—Pero no quiero que lo hagas —dijo—, no me importa en absoluto.

—Voy a gritar —dijo la muchacha.

La mujer salió de la cortina con dos tarros de cerveza y los puso en los húmedos portavasos de fieltro.

—El tren llega en cinco minutos —dijo.

—¿Qué dijo? —preguntó la muchacha.

—Que el tren llega en cinco minutos.

La muchacha dirigió a la mujer una vívida sonrisa de agradecimiento.

—Iré llevando las maletas al otro lado de la estación —dijo el hombre. Ella le sonrió.

—De acuerdo. Ven luego a que terminemos la cerveza.

Él recogió las dos pesadas maletas y las llevó, rodeando la estación, hasta las otras vías. Miró a la distancia pero no vio el tren. De regresó cruzó por el bar, donde la gente en espera del tren se hallaba bebiendo. Tomó un anís en la barra y miró a la gente. Todos esperaban razonablemente el tren. Salió atravesando la cortina de cuentas. La muchacha estaba sentada y le sonrió.

—¿Te sientes mejor? —preguntó él.

—Me siento muy bien —dijo ella—. No me pasa nada. Me siento muy bien.

CINCUENTA DE LOS GRANDES

—¿Cómo te encuentras, Jack? —le pregunté.

—¿Has visto a ese Walcott?

—Sí, acabo de verlo en el gimnasio.

—Bueno; voy a necesitar mucha suerte con ese muchacho.

—No podrá vencerte, Jack —declaró Soldier.

—Me gustaría de veras que no pudiera hacerlo.

—No podría derrotarte ni con puños de hierro en las manos.

—Su guardia parece fácil de burlar —dije.

—Sí —declaró Jack—. En realidad no va a durar mucho. No duraría como yo o como tú, Jerry. Pero, por el momento está en muy buenas condiciones.

—Tú lo matarías solo con la izquierda.

—Tal vez —dijo Jack—. Quizá tenga oportunidad de voltearlo.

—Manéjalo como a Kid Lewis.

—Kid Lewis —exclamó Jack—. Ese judío…

Los tres: Jack Brennan, Soldier Bartlett y yo, estábamos en el bar de Hanley. Había allí un par de brutos sentados en una mesa próxima a la nuestra. Estaban bebiendo.

—¿Qué quieres decir con eso de judío, haragán irlandés?

—Eso: ¡judío!

—Judíos… —continuó el tipo—. ¡Estos irlandeses se pasan la vida hablando de los judíos!

—Vamos. Salgamos de aquí.

—Judíos… —siguió diciendo el matón—. ¿Y a ti quién te vio alguna vez pagando una copa a alguien? ¡Si tu mujer te cose los bolsillos todas las mañanas! ¡Estos irlandeses y su odio a los judíos! ¡Si Ted Lewis te hubiera podido hacer lamer el suelo!

—¿De veras? —exclamó Jack—. ¿Y tú quieres hacernos creer que vas por ahí tirando el dinero con todo el mundo?

Nos fuimos. Jack era así. Decía lo que quería, cuando quería decirlo.

Había comenzado su entrenamiento en la granja de Danny Hogan, en Nueva Jersey. El lugar era muy hermoso, pero a Jack no le gustaba demasiado. No le agradaba estar separado de su mujer y los chicos, y estaba molesto y triste la mayor parte del tiempo. Yo le gustaba y nos llevábamos muy bien; también le agradaba Hogan, pero después de un tiempo Soldier Bartlett empezó a atacarle los nervios. Un bromista se hace algo muy difícil de soportar en un campo de entrenamiento, si sus bromas no son muy buenas. Soldier gastaba bromas a Jack en todo momento. No eran muy graciosas, ni muy buenas y terminaron por molestarlo. Eran cosas como éstas: Jack terminaba de hacer sus ejercicios con la bolsa de arena y se estaba quitando los guantes:

—¿Quieres trabajar? —preguntaba a Soldier.

—Bueno. ¿Cómo quieres hacerme trabajar? —contestaba—. ¿Quieres que te trate tan rudamente como lo hará Walcott? ¿Quieres que te tumbe unas cuantas veces?

—Bueno —replicaba Jack. Pero, de todos modos no le gustaba lo que decía.

Una mañana estábamos todos en el camino. Habíamos hecho una buena carrera y volvíamos a la granja. Corríamos tres minutos y caminábamos uno; luego volvíamos a correr otros tres, y así sucesivamente. Jack no era en verdad lo que se dice un corredor veloz. Se movía con bastante rapidez en el ring, pero en el camino no resultaba demasiado rápido. Durante todo el tiempo Soldier le hacía bromas. Subimos la colina que llevaba a la granja.

—Bueno —dijo Jack—. Es mejor que te vuelvas a la ciudad, Soldier.

—¿Qué quieres decir?

—Que te vuelvas a la ciudad y te quedes allí.

—¿Qué pasa?

—Estoy cansado de oírte hablar.

—¿Sí? —preguntó Soldier extrañado.

—Sí —replicó Jack.

—Estarás hecho un desastre cuando Walcott termine contigo.

—Seguramente —contestó Jack—. Pero ahora estoy cansado de ti.

Soldier se fue aquella misma mañana. Lo acompañé al tren Parecía resentido.

—Estaba bromeando —dijo. En ese momento esperábamos en el andén—. ¡No tiene derecho a hacerme eso a mí!

—Está nervioso y amargado —dije—. Pero es un buen muchacho, Soldier.

—¡Demonio si lo es! Siempre ha sido un gran tipo.

—Bueno —dije—. Adiós.

El tren había entrado en la estación y Soldier subió con sus maletas.

—Adiós, Jerry. ¿Llegarás a la ciudad antes de la pelea?

—No lo creo.

—Te veré entonces el día del match.

Entró al pasillo. El guarda agitó los brazos y el tren se puso en marcha. Volví a la granja en la jardinera. Jack estaba en el patio escribiendo una carta a su mujer. Había llegado el correo y cogiendo los periódicos, fui al porche trasero y me senté a leer. Hogan salió y se dirigió hacia mí.

—¿Se disgustó con Soldier?

—No. Se limitó a decirle que se fuera a la ciudad.

—Me lo esperaba —dijo Hogan—. Nunca le gustó mucho Soldier.

—No. Hay mucha gente que no le gusta.

—Es un tipo bastante despreciativo.

—Bueno; a mí siempre me ha tratado bien.

—A mí también. No puedo quejarme. Pero es bastante despreciativo, de todos modos.

Hogan entró a la casa y yo me quedé en el porche leyendo los periódicos. Había comenzado el otoño y esa es una estación muy buena en Nueva Jersey, viviendo en las colinas. Después de haber leído los diarios me quedé sentado allí mirando el campo y el camino que bajaba entre los bosques, y los automóviles que rodaban sobre él, levantando nubes de polvo. Hacía un tiempo magnífico y la vista de que se gozaba desde allí era muy hermosa.

Hogan salió a la puerta y le dije:

—Oye, Hogan. ¿No hay nada para cazar por aquí?

—Solo gorriones.

—¿Has visto los periódicos? —le pregunté.

—¿Por qué? ¿Pasa algo?

—Sande ganó ayer tres carreras.

—Anoche me lo dijo por teléfono.

—Parece que sigues con atención las carreras.

—Me entero algunas veces.

—¿Y Jack? —pregunté—. ¿Todavía juega?

—¿Él? —preguntó—. ¿Es que le ves hacerlo alguna vez?

Justamente en ese momento apareció Jack en una esquina de la casa con una carta en las manos. Llevaba puesta una camiseta, un viejo par de pantalones y los zapatos de boxeador.

—¿Tienes un sello, Hogan? —preguntó.

—Dame la carta —dijo éste—: Yo la enviaré por ti.

—Dime, Jack —pregunté—. ¿No solías jugar a las carreras?

—Sí.

—Ya sabía yo que lo hacías. Te vi algunas veces en Sheepshead.

—¿Y por qué dejaste de jugar? —preguntó Hogan.

—Perdía dinero.

Jack se sentó en el porche a mi lado. Se recostó contra un poste y cerró los ojos al sol.

—¿Quieres una silla? —preguntó Hogan.

—No —dijo—. Estoy bien.

—Es un hermoso día —manifesté—. Y se está muy bien aquí en el campo.

—Preferiría estar en la ciudad con mi mujer.

—Bueno; solo te falta otra semana.

—Sí. Eso parece.

Nos quedamos allí sentados en el porche. Hogan entró en su oficina.

—¿Qué piensas respecto a mi estado? —preguntó Jack.

—Bueno. No puedo decírtelo aún. Tienes todavía una semana para ponerte en forma.

—No me engañes.

—Bueno. Pues no estás bien.

—No tengo sueño.

—Estarás bien en un par de días.

—No —dijo Jack—. Tengo insomnio.

—¿Qué piensas?

—Añoro a mi mujer.

—Hazla venir aquí.

——Estoy demasiado viejo para eso. Me perjudicaría.

—Haremos una larga caminata antes de acostarte y así estarás cansado.

—¿Cansado? —preguntó Jack—. Siempre estoy cansado.

Estuvo así toda la semana. Por la noche no dormía y a la mañana se levantaba sintiéndose de esa manera rara en que no se pueden cerrar las manos.

—Está más duro que una torta de asilo —exclamó Hogan—. Ya no sirve.

—Nunca he visto pelear a Walcott.

—Lo matará —exclamó Hogan—. Lo partirá en dos.

—Bueno —dije—. Todos pierden así tarde o temprano.

—No como va a perder él. Pensarán que no se ha entrenado. Dará mala reputación a mi casa.

—¿Has oído lo que dicen de él los cronistas?

—¿Acaso no lo he leído? Dicen que está malísimamente. Que no debería pelear.

—Bueno —dije—. Siempre se equivocan, ¿no es cierto?

—Sí —admitió Hogan—. Pero esta vez tienen razón.

—¿Qué diablos saben ellos si un hombre está bien o mal?

—No son tan tontos.

—Todo lo que hicieron fue acertar que Willard ganaría su pelea en Toledo. Pregúntale a ese Lardner, que tanto presume ahora, por qué eligió a Willard.

—Él no estaba allá en Toledo. No escribe más que sobre las grandes peleas.

—No me importa. ¿Y qué hacen ahora? No niego que podrán escribir, tal vez, pero, ¿qué hacen?, ¿cuándo aciertan?

—No creerás que Jack está en forma, ¿verdad?

—No; está terminado. Lo único que le falta es que Corbett diga que va a ganar, para que reciba una paliza.

—Bueno. Creo que Corbett va a decir que ganará.

—Con toda seguridad.

Esa noche Jack no durmió tampoco. El día siguiente era el de la víspera de la lucha. Después del desayuno salimos de nuevo, al porche.

—¿En qué piensas cuando no puedes dormir, Jack?

—Estoy preocupado —dijo—. Estoy preocupado acerca de la casa que tengo en Bronx y la de Florida. Me inquietan los chicos y mi mujer. A veces pienso en las peleas, me acuerdo de ese judío de Ted Lewis y empiezo a fastidiarme. He comprado algunas acciones; pienso en todo eso. ¿Por qué no me voy a preocupar?

—Bueno —dije—. Mañana por la noche todo habrá terminado.

—Sí, claro. Esa idea siempre ayuda bastante, ¿no? El pensar en eso siempre resulta tranquilizador. No hay duda.

Estuvo triste todo el día. No trabajamos nada y se conformó con moverse un poco para aflojar los músculos, boxeando con la sombra. Tampoco en eso nos parecía bueno. Luego saltó un poco a la cuerda, pero no podía sudar.

—Seria mejor que no hiciera nada —dijo Hogan, mientras lo mirábamos saltar—. ¿Será posible que no pueda volver a sudar en su vida?

—Sí. No suda nunca.

—¿Estará tan en los huesos que no puede sudar? ¿Nunca tuvo dificultad para rebajar el peso?

—No; no está demasiado flaco. Lo que pasa es que ya está acabado.

—Debería sudar —dijo Hogan.

Jack se acercó a nosotros saltando a la cuerda, la hacía girar hacia adelante y hacia atrás y luego, cada tres vueltas, cruzaba los brazos.

—Bueno —dijo Jack—, ¿qué es lo que estáis murmurando?

—Yo creo que no deberías trabajar más —dijo Hogan—. Estarás demasiado cansado.

—Y ¡qué malo sería eso!, ¿no es cierto? —dijo Jack continuó saltando haciendo sonar fuertemente la cuerda contra el suelo.

Esa tarde, John Collins fue a la granja. Jack estaba arriba en su habitación. John llegó en un automóvil desde la ciudad; le acompañaban dos amigos. El coche se detuvo y bajaron.

—¿Dónde está Jack? —preguntó John.

—En su cuarto descansando.

—¿Descansando?

—Sí —dije.

Miré a los dos que lo acompañaban.

—Son amigos de él —explicó John.

—Está muy mal —dije.

—¿Qué le pasa?

—No duerme.

—¡Demonio! —exclamó John—. Ese irlandés no duerme nada.

—No está bien —dije.

—¡Demonio! Nunca está bien. Lo tengo hace diez años y todavía no lo he visto nunca bien.

Los dos que estaban con él rieron.

—Te presento al señor Morgan y al señor Steinfelt —dijo John—. Este es el señor Doyle. Ha estado entrenando a Jack.

—Mucho gusto —dije.

—Vayamos a ver al muchacho —dijo John.

—Echémosle una mirada —dijo Steinfelt.

Fuimos arriba.

—¿Dónde está Hogan? —preguntó John.

—Está en el granero con un par de pupilos —dije.

—¿Tiene mucha gente aquí?

—Solo dos pensionistas.

—Bastante tranquilo, ¿no es cierto?

—Sí; bastante tranquilo —repliqué.

Estábamos frente a la habitación de Jack. John golpeó la puerta, pero no hubo respuesta.

—Tal vez esté durmiendo —sugirió Morgan.

—¿Para qué demonios duerme de día?

John abrió la puerta y entramos. Jack dormía en la cama, boca abajo, la cara sepultada en la almohada, que rodeaba con sus brazos.

—¡Eh! ¡Jack!

La cabeza de Jack se movió un poco en la almohada.

—¡Jack! —gritó John, inclinándose sobre él. Clavó un poco más la cara en la almohada. John lo tocó en la espalda y de pronto se sentó en la cama y nos miró. No se había afeitado y llevaba un viejo suéter.

—¿Por qué no me dejáis dormir? —preguntó a John.

—No te molestes. En realidad no quería despertarte.

—¡Oh, no! —dijo Jack—. Por supuesto.

—¿Conoces a Morgan y Steinfelt?

—Sí; mucho gusto —dijo Jack.

—¿Cómo te sientes, Jack? —le preguntó Morgan.

—Muy bien. ¿Cómo diablos me tendría que sentir?

—Tienes buen aspecto —terció Steinfelt.

—Sí, ¿no es cierto? —Y volviéndose a John exclamó:— Tú eres mi apoderado. Sacas una buena tajada, ¿eh? ¿Por qué no estabas aquí cuando llegaron los periodistas? ¿Querías que Jerry y yo habláramos con ellos?

—Tenía a Lew, peleando en Filadelfia.

—¿Y eso que me importa a mí? Tú eres mi manager. Sacas bastante dinero, ¿no es así? No era yo quien estaba en Filadelfia haciendo dinero para ti. ¿Por qué diablos no estabas aquí cuando te necesitaba?

—Por lo menos estaba Hogan.

—¡Hogan! —exclamó Jack—. Hogan es tan tonto como yo.

—Soldier Bartlett estaba trabajando un poco contigo, ¿no és así?

—Sí estaba aquí. Es cierto que estaba aquí.

Steinfelt aconsejó a John que dejara esa cuestión.

—Oye, Jerry —me dijo John—. Por favor, ve a buscar a Hogan y dile que lo quisiéramos ver aquí, dentro de media hora.

—Bueno —dije.

—¿Y por qué no puede quedarse? —preguntó Jack—. Quédate aquí.

Morgan y Steinfelt se miraron.

—Cálmate, Jack —pidió John.

—Es mejor que vaya a buscar a Hogan —declaré.

—Bueno; si quieres ir, hazlo. Pero recuerda que ninguno de estos tiene derecho a mandarte.

—Voy a buscar a Hogan.

Estaba en el gimnasio del granero. Tenía allí a un par de pupilos con los guantes puestos. Ninguno de ellos se animaba a golpear al otro, por miedo de que éste le devolviera el golpe.

—Eso es todo —dijo Hogan al verme entrar—. Pueden terminar con la carnicería. Vayan a tomar una ducha, caballeros, que Bruce les dará después un masaje.

Pasaron por sobre las cuerdas y salieron. Hogan vino hacia mí.

—Ha llegado John Collins con un par de amigos a ver a Jack —le informé.

—Ya los vi llegar en el automóvil.

—¿Quiénes son los que están con John?

—Son de los que vosotros llamáis vivos. ¿No los conoces?

—¡No.

—Se llaman Happy Steinfelt y Lew Morgan. Tienen un negocio de apuestas de carreras.

—He estado fuera mucho tiempo —me disculpé.

—¡Ah! Tienes razón —exclamó Hogan—. Ese Steinfelt trabaja con mucho dinero.

—Lo he oído nombrar.

—Es un tipo admirable. Entre los dos, hacen un buen par de pillos.

—Bueno —le informé—. Quieren vernos dentro de media hora.

—¿Quieres decir más bien que no quieren vernos hasta dentro de media hora?

—Eso es.

—Ven a la oficina. ¡Al diablo con esos pillos!

Después de unos treinta minutos Hogan y yo subimos. Golpeamos la puerta de la habitación de Jack. Entaban hablando dentro.

—Esperen un momento —dijo alguien.

—¡Iros al diablo con esos líos! —exclamó Hogan—. Cuando queráis verme, estaré en la oficina.

Oímos abrir la puerta. Salió Steinfelt.

—Ven, Hogan —dijo—. En este momento íbamos a tomar un trago.

—Bueno —dijo Hogan—; eso es otra cosa.

Entramos. Jack estaba sentado en la cama. John y Morgan en las sillas. Steinfelt se quedó de pie.

—¡Hola, Danny! —dijo John.

—¡Hola, Danny! —dijo Morgan. Se dieron la mano.

Jack no decía nada. Permanecía sentado en la cama. No estaba con los otros, estaba solo. Llevaba un viejo sweater azul, pantalones y los zapatos de boxeo. Necesitaba una afeitada. Steinfelt y Morgan eran tipos que vestían bien; John también. Jack tenía entre ellos el aspecto de un rudo irlandés.

Steinfelt sacó una botella. Hogan trajo unos vasos y todos nos pusimos a beber, pero Jack y yo solo tomamos un trago. Los otros, dos o tres cada uno.

—Sería mejor que guardáris algo para la vuelta —dijo Hogan.

—No te preocupes. Hemos traído bastante —declaró Morgan. Jack no había bebido más, estaba de pie, mirándolos y Morgan se había sentado en la cama, donde él estuvo antes.

—¿Quieres tomar otro trago, Jack? —preguntó John, alargándole la botella y un vaso.

—No —dijo—. Nunca me gustó el despertar de la bebida.

Todos rieron pero Jack no lo hizo.

Cuando se fueron, se hallaban de mejor humor. Jack estaba de pie en el porche cuando partieron en el automóvil. Lo saludaron agitando la mano.

—¡Hasta pronto! —gritó Jack.

Comimos. Jack no dijo nada durante todo el tiempo, excepto: "Pásame eso, por favor", o "Pásame aquello". Los dos pupilos de Hogan que se hallaban con nosotros en la mesa, eran dos buenos tipos. A. terminar de comer, fuimos al porche. Había oscurecido temprano.

—¿Vamos a caminar un poco, Jerry? —preguntó Jack.

—Bueno —dije.

Nos pusimos el abrigo y salimos. Había que hacer una buena caminata hasta llegar al camino principal y luego anduvimos por él, alrededor de tres kilómetros. Los automóviles llegaban constantemente y teníamos que hacernos a un lado para dejarlos pasar. Jack no decía nada. Después de que tuvimos que meternos en un seto para dejar pasar a un gran automóvil, exclamó:

—¡Al diablo con el paseo! Volvamos.

Tomamos un camino lateral y luego, cruzando el campo, nos dirigimos a casa de Hogan. Podíamos ver las luces de la casa en lo alto de la colina. Llegamos frente al edificio y allí, de pie en el hueco de la puerta, se hallaba Hogan.

—¿Qué tal el paseo? —preguntó.

—¡Oh, bien! —contestó Jack—. Dime, Hogan, ¿tienes un poco de licor?

—Claro. ¿Por qué?

—Mándanos un poco a la habitación. Esta noche voy a dormir.

—Tú eres el médico que ordena —dijo Hogan.

—Sube a la habitación conmigo, Jerry.

Hogar trajo un cuarto de litro y unos vasos.

—¿Quieres un poco de ginger—ale?

—¿Qué crees que quiero hacer, enfermarme?

—Era solo una pregunta —dijo Hogan.

—¿Quieres beber? —le preguntó Jack.

—No, gracias —dijo, y salió.

—¿Y tú Jerry?

—Tomaré un trago contigo, para hacerte compañía.

Sirvió un par de vasos.

—Ahora —dijo—, voy a beberlo lentamente.

——Ponle un poco de agua.

—Sí; supongo que así será mejor.

Bebimos sin decir una palabra, Jack empezó a servirme otro.

—No —dije—. No quiero más.

–Está bien—. Se sirvió otro vaso bastante abundante y le puso agua. Estaba achispándose un poco.

—Había un buen hato de tipos esta tarde —dijo—. No se arriesgan en absoluto esos dos…

Después de un corto silencio, agregó:

—Bueno, mirándolo bien, tienen razón… ¿Qué se gana arriesgándose? ¿No quieres otra, Jerry? —dijo—. Vamos, bebe conmigo.

—No lo necesito, Jack —respondí—, estoy perfectamente.

—Una más solamente —insistió sintiendo ya los efectos de la bebida.

—Bueno —consentí.

Jack me sirvió una copa y para él una dosis abundante.

—¿Sabes? —me dijo—. Me gusta bastante el alcohol. Si no hubiera boxeado habría bebido hasta hartarme.

—No lo dudo —respondí.

—Sí —se lamentó—. Me he perdido muchas cosas boxeando.

—Pero ganaste mucho dinero.

—¡Claro! Eso es lo que busco. Pero deseo mucho algunas cosas.

—¿A qué te refieres?

—¿No lo imaginas? —respondió—; mi mujer. Y el estar lejos del hogar durante tanto tiempo. No les hace bien a mis chicas. "¿Quién es vuestro padre?", les preguntan algunas de esas muchachas de la sociedad. "Nuestro padre es Jack Brennan." Y eso no las beneficia en nada.

—¡Demonio! —dije—. Pero hay alguna diferencia si tienen dinero.

—Bueno. En realidad les he ganado dinero.

Se sirvió otro vaso. La botella estaba casi terminada.

—Ponle un poco de agua.

Le puse agua.

—¿Sabes? —dijo—. No tienes idea de lo que añoro a mi mujer.

—Claro.

—No lo imaginas siquiera. No puedes hacerte una idea de lo que es eso.

—Es mejor estar aquí, en el campo, que en la ciudad.

—Para mí no. No importa donde esté, siempre es lo mismo. Nadie puede imaginarse el sacrificio que hago.

—Excepto tu mujer —dije.

—Ella lo sabe. Ella lo sabe muy bien. Puedes estar seguro de que lo sabe.

—Ponle un poco de agua.

—Jerry —dijo Jack—. No puedes tener una idea de lo que ocurre.

Ya estaba ebrio. Me miraba fijamente. Sus ojos estaban demasiado fijos.

—Dormirás bien —dije.

—Escucha, Jerry. ¿Quieres ganar dinero? Apuesta a Walcott.

—¿Cómo?

—Escucha, Jerry —Jack dejó el vaso—. No estoy borracho, ¿ves? ¿Sabes cuánto aposté a él? Cincuenta de a mil.

—Eso es mucho dinero.

—Cincuenta de a mil, y a dos por uno. Ganaré veinticinco mil dólares. Apuéstale a él, Jerry.

—Parece que no sería mal negocio.

—¿Cómo podría noquearlo? —exclamó—. No puedo ganarle de ninguna manera. Entonces, ¿por qué no ganar dinero?

—Pon un poco de agua en eso —dije.

—Después de esta pelea me retiraré. Voy a terminar con el boxeo. ¿Si puedo apostar, por qué no tratar de ganar dinero?

—Claro.

—No he dormido en una semana —dijo—. Me paso las noches despierto y preocupado. No puedo dormir, Jerry. No puedes hacerte una idea siquiera, de lo que es no poder dormir.

—Debe ser muy malo.

—No te imaginas lo malo que es, Jerry, cuando no se puede dormir.

—Ponle un poco de agua.

Bueno. Alrededor de las once Jack había terminado y lo acosté en la cama. Por fin dormiría. Lo ayudé a quitarse la ropa y lo metí entre las sábanas.

—Dormirás muy bien, Jack.

—Seguramente —dijo—, ahora dormiré.

—Buenas noches, Jack.

—Buenas noches, Jerry. Eres el único amigo que tengo.

—¡Oh! ¡Qué diablos!

—Eres el único amigo que tengo. El único amigo.

—Duerme.

—Está bien, dormiré.

Abajo, Hogan estaba en su escritorio leyendo los diarios y cuando entré me miró.

—¿Has hecho dormir a tu amigo? —me preguntó.

—Está borracho.

—Le sentará mejor que no dormir.

—Claro.

—Has pasado un mal rato explicándoles eso a los periodistas —dijo Hogan.

—Bueno, yo también me voy a la cama.

—Buenas noches —dijo Hogan.

Por la mañana, bajé alrededor de las ocho y me desayuné. Hogan y sus pupilos estaban en el granero haciendo ejercicios y fui a verlos.

—¡Uno! ¡Dos! ¡Tres! ¡Cuatro! —contaba Hogan—. ¡Hola, Jerry! ¿Se ha levantado Jack?

—No; todavía está durmiendo.

Volví a mi habitación y preparé las cosas para partir a la ciudad. Cerca de las nueve y media oí moverse a Jack en el cuarto de al lado. Cuando lo oí bajar, salí tras él. Estaba sentado a la mesa con el desayuno. Hogan había entrado y estaba de pie a su lado.

—¿Cómo te encuentras, Jack? —le pregunté.

—No tan mal.

—¿Dormiste bien?

—Muy bien. Tengo la boca espesa y la lengua hinchada, pero ni me duele la cabeza.

—Era un buen licor —dijo Hogan.

—Ponlo en la cuenta —advirtió Jack.

—¿A qué hora quieres ir a la ciudad? —preguntó Hogan.

—Antes del almuerzo. Tornaré el tren de las once.

—Siéntate, Jerry —dijo Jack. Hogan salió.

Me senté. Jack comía una manzana. Encontró una semilla y la escupió en la cucharilla, dejándola luego en el plato.

—Creo que estaba bastante borracho, anoche —dijo. —Bebiste bastante.

—Me imagino que dije demasiadas cosas.

—No tanto.

—¿Dónde está Hogan? —preguntó. Había terminado la manzana.

—Está afuera, frente a su oficina.

—¿Qué dije acerca de las apuestas sobre la pelea? —Tenía la cucharilla en la mano y golpeaba con ella la fruta.

La muchacha vino con un plato de jamón con huevos y se llevó la manzana.

—Tráeme otro vaso de leche —pidió Jack. La muchacha salió.

—Dijiste que habías apostado cincuenta de a mil a Walcott.

—Eso es —dijo.

—Es mucho dinero.

–Estoy bastante tranquilo con esa apuesta.

—¿No crees que podría pasar algo?

—No —dijo—. Él tiene unos deseos enormes de ganar el título. Apostarán fuerte a su favor.

—Nunca puede decirse lo que va a pasar.

—No. Él quiere el título, porque además significa mucho dinero y puede seguir peleando.

—Cincuenta de a mil, es mucho.

—Pero es un negocio. Yo no puedo ganar. Tú sabes muy bien que, de todos modos, no puedo ganar.

—Mientras estés en el ring tendrás oportunidad de hacerlo.

—No. Estoy terminado. Y esto no es nada más que un negocio.

—¿Qué tal te sientes?

—Muy bien. Necesitaba dormir.

—Verás como estarás bien.

—Les voy a dar un buen espectáculo —dijo Jack.

Después del desayuno puso una conferencia a su esposa. Estaba dentro de la cabina telefónica.

—Es la primera vez que la llama, desde que está aquí —dijo Hogan.

—Le escribe todos los días.

—Claro. Una carta cuesta solo unos centavos.

Hogan nos despidió y Bruce, el masajista negro, nos llevó al tren en la jardinera.

—Adiós, señor Brennan —dijo Bruce cuando estábamos en el tren—. Espero que pueda voltearlo.

—Adiós —dijo Jack, dando a Bruce dos dólares. El negro había trabajado bastante con él y pareció un poco desilusionado al recibir el dinero. Jack vio que yo lo miraba.

—Estaba todo en la cuenta —explicó—. Hogan me cobró los masajes.

En el tren, mientras íbamos a la ciudad, Jack no hablaba. Estaba sentado en un extremo del asiento con el billete en la cinta del sombrero y miraba por la ventanilla. Una vez se volvió y me habló.

—Dije a mi mujer que había tomado una habitación en el Selby para esta noche. Está a la vuelta del Madison Square Garden. Podré ir a casa mañana por la mañana.

—Es una buena idea —declaré—. ¿Tu esposa nunca te ha visto pelear?

—No. Nunca me ha visto pelear.

Pensé que suponía que le iban a dar una buena paliza, ya que no quería ir en seguida de la pelea a su casa. Una vez en la ciudad, tomamos un taxímetro para ir al Selby. Un muchacho cargó nuestras maletas y se dirigió al mostrador.

—¿Cuánto cuestan las habitaciones?

—Solo tenemos cuartos dobles —dijo el empleado—. Puedo darle uno bueno por diez dólares.

—Es demasiado.

—Tenemos un cuarto doble por siete dólares.

—¿Con baño?

—Naturalmente.

—Podrías quedarte conmigo, Jerry —dijo.

—¡Oh! —exclamé—. Pensaba dormir en casa de mi cuñado.

—No tendrás que pagarlo. Solo quiero aprovechar el dinero.

—¿Quiere firmar, por favor? —preguntó el empleado. Miró los nombres—. Número 238. Señor Brennan.

Nos dirigimos al ascensor. Era una habitación bonita y grande con dos camas y una puerta que daba al baño.

—Es bastante buena —dijo Jack.

El muchacho que nos había acompañado corrió las cortinas y entró las maletas. Jack no hizo movimiento alguno, de modo que tuve que darle una moneda de veinticinco centavos. Nos lavamos y dijo que sería mejor que saliéramos a comer algo.

Almorzamos en casa de Jimmy Hanley donde había muchos conocidos. Cuando estábamos en la mitad de la comida llegó John y se sentó con nosotros. Jack apenas habló.

—¿Cómo estás de peso, Jack? —preguntó. Estaba devorando un abundante almuerzo.

—Estoy en peso con la ropa puesta —dijo. Nunca se había preocupado mucho de eso. Tenía naturalmente el peso de un medio mediano y jamás engordó. Además, había perdido algunos kilos en casa de Hogan.

—Bueno; eso es algo de lo que nunca has tenido que preocuparte —manifestó John.

—Así es.

Después del almuerzo fuimos a pesarlo al Madison Square Garden. El match iba a realizarse por la noche. Los boxeadores debían tener un peso aproximado a los sesenta y seis kilos y medio. Jack subió a la balanza con una toalla sobre los hombros y la barra no se movió. Walcott acababa de pesarse en ella y estaba de pie, cerca, con un grupo de personas a su alrededor.

—Veamos cuánto pesas, Jack —dijo Freedman, el manager de Walcott.

—Bueno; entonces pésenlo a él también. —Jack señaló a Walcott con la cabeza.

—Deja esa toalla —dijo Freedman.

—¿Cuánto marca? —preguntó Jack a los muchachos que atendían la balanza.

—Sesenta y cinco kilos y medio —dijo el más gordo de los dos.

—Estás bien en peso, Jack —declaró Freedman.

—Pésenlo a él —ordenó Jack.

Walcott se acercó. Era rubio, ancho de espaldas y tenía los brazos de un peso pesado; pero sus piernas no eran gruesas. Jack era casi inedia cabeza más alto que él.

—¡Hola, Jack! —exclamó. Tenía la cara llena de marcas.

—¡Hola! —dijo Jack—. ¿Cómo te sientes?

—Bien —contestó. Dejó caer la toalla que tenía sobre los hombros y subió a la balanza. Tenía las espaldas más anchas que había visto en mi vida.

—Sesenta y siete kilos seiscientos.

Walcott bajó y sonrió a Jack.

—Bueno —dijo John—; Jack te da dos kilos de ventaja.

—Cuando vuelva será más —declaró Walcott—. Ahora voy a comer.

Volvimos y Jack se vistió.

—Parece bastante duro el muchacho —dijo.

—Parece como si le hubieran pegado mucho.

—No debe ser difícil de tumbar.

—¿Adónde vas? —preguntó John, cuando Jack estuvo vestido.

—Vuelvo al hotel ¿Te ocuparás tú de todo?

—Sí —contestó aquél—. Vete tranquilo.

—Voy a echarme un rato.

—Pasaré a buscarte a las siete menos cuarto para ir a comer.

—Bueno.

Una vez en el hotel, Jack se quitó los zapatos y el abrigo y se tendió en la cama. Yo escribí una carta. Lo miré varias veces, pero no dormía. Estaba allí, completamente quieto, pero a cada momento abría los ojos. Finalmente se sentó en la cama.

—¿Vamos a jugar a los naipes, Jerry? — preguntó.

—Bueno —dije.

Se dirigió a su maleta, y sacó las cartas. Jugamos y me ganó tres dólares. John golpeó la puerta y entró.

—¿Quieres jugar a las cartas? —le preguntó.

John puso su sombrero sobre la mesa. Estaba muy mojado y también tenía mojado el abrigo.

—¿Llueve? —preguntó Jack.

—¡Diluvia! —exclamó John—. El taxímetro quedó atascado en la calle y tuve que bajarme y caminar.

—Vamos a jugar.

—Tenemos que comer.

—No —dijo Jack—. No quiero comer todavía.

De modo que jugamos una media hora y Jack le ganó un dólar y medio.

—Bueno; vamos a comer —dijo Jack. Fue a la ventana y miró afuera.

—¿Todavía llueve?

—Sí.

—Comamos en el hotel —propuso John.

—Bueno —aceptó Jack—. Vamos a jugar para ver quién paga la comida.

Después de un rato, Jack se levantó y dijo:

—Tú pagas, John.

Bajamos y comimos en el gran salón del hotel.

Después de comer, subimos y Jack jugó con John, ganándole otros dos dólares y medio. Jack se sentía muy bien. John había traído una maleta donde estaban todas las cosas. Jack se quitó la camisa y el cuello; se puso una camisa y sobre ella un sweater, para no resfriarse a la salida y colocó el pantalón de boxeo y el albornoz en una maleta.

—¿Estás listo? —preguntó John—. Voy a pedir un taxímetro.

Pronto sonó el teléfono y anunciaron que el coche esperaba.

Bajamos en el ascensor, cruzamos el salón, entramos en el taxímetro y partimos hacia el Madison Square Garden. Llovía mucho, pero había mucha gente en la calle. El Garden estaba completamente vendido. Cuando nos dirigimos al vestuario pude ver lo lleno que estaba. Parecía como si tuviéramos que recorrer casi medio kilómetro antes de llegar al ring, completamente oscuro. Solo se veían las luces del cuadrilátero.

—¡Qué bueno que con esta lluvia no se les haya ocurrido hacer la pelea en el estadio descubierto! —dijo John.

—Han conseguido llenarlo por completo —exclamó Jack.

—Esta es una pelea que hubiera atraído más gente de la que puede contener el Garden —aseguró el manager de Jack.

—Hay que contar siempre con la lluvia.

John llegó hasta la puerta del vestuario y metió la cabeza dentro. Jack estaba sentado allí, con el albornoz puesto; tenía los brazos cruzados y la mirada fija en el suelo. Los segundos estaban detrás de John y miraban por sobre su hombro. Jack levantó la vista.

—¿Ha entrado? —preguntó.

—Acaba de bajar —anunció John.

Salimos. Walcott estaba entrando en el ring. La multitud lo aclamaba. Pasó por entre las cuerdas, juntó los puños y sonrió. Luego saludó a la multitud levantando un brazo y después el otro, a cada uno de los lados del cuadrilátero. Luego se dirigió a su rincón. Jack es irlandés y los irlandeses logran siempre en Nueva York una buena acogida. No tanta como un judío o un italiano, pero siempre se los recibe bien. Jack trepó al ring y se agachó para pasar por entre las cuerdas. Walcott se levantó de su rincón y bajó la cuerda inferior para ayudarlo a entrar al cuadrilátero. La multitud creyó que aquello era maravilloso. Walcott puso la mano en el hombro de Jack y así permanecieron un segundo.

—¿De modo que piensas ser uno de esos campeones populares? —preguntó Jack—. ¡Quita esa maldita mano de mi hombro!

—Cálmate —murmuró Walcott.

Aquello había resultado magnífico para los espectadores. Los muchachos se portaban como caballeros antes de la lucha y parecía que se deseaban buena suerte. Solly Freedman llegó a nuestro rincón mientras Jack se vendaba las manos, y John se dirigió al banco de Walcott. Jack pasó el pulgar por la hendidura de la venda y terminó de envolverse la mono con todo cuidado. La pasó alrededor de la muñeca, y por dos veces sobre los nudillos.

—¡Eh! —exclamó Freedman—. ¿Dónde conseguiste toda esa venda?

—Tócala —dijo Jack—. ¿Es suave, no es cierto? —y en voz baja—: ¡No seas bruto!

Freedman permaneció allí todo el tiempo que tardó Jack en vendarse la otra mano. Uno de sus segundos le trajo los guantes. Yo se los puse y los até con cuidado.

—Oye, Freedman —preguntó Jack—, ¿de qué nacionalidad es Walcott?

—No sé —declaró Solly—. Creo que una especie de danés.

—Es bohemio —dijo el muchacho que había traído los guantes.

El árbitro los llamó al centro del cuadrilátero y Jack se alejó. Walcott iba sonriendo. Se acercaron ambos y el juez puso un brazo sobre el hombro de cada uno de ellos.

—¡Hola, hombre popular! —murmuró Jack a Walcott.

—Cálmate.

—¿Para qué te haces llamar Walcott? 0151preguntó Jack—. ¿No sabes que era un negro?

—¡Escuchen! —anunció el árbitro, y repitió las instrucciones de siempre. Walcott le interrumpió. Tomó el brazo de Jack y preguntó:

—¿Puedo golpear cuando él me agarre así?

—¡Quítame las manos de encima! —exclamó Jack—. Ahora no están tomando ninguna película.

Ambos volvieron a sus rincones. Le quité el albornoz a Jack y él se inclinó sobre las cuerdas, flexionó las rodillas un par de veces y restregó la suela de los zapatos contra la resina. Sonó la campana y Jack se volvió rápidamente dirigiéndose al centro del cuadrilátero. Walcott le salió al encuentro, se tocaron los guantes y tan pronto como éste bajó las manos, Jack le colocó dos golpes de izquierda consecutivos en la cara. Nadie boxeó nunca mejor que Jack. Walcott estaba detrás de él, adelantando siempre, con la barbilla clavada en el pecho. Era un hooker y tenia la guardia bastante baja. Todo lo que sabía era entrar en clinch y golpear. Pero cada vez que se lanzaba al cuerpo a cuerpo Jack le colocaba la izquierda en la cara. Era algo automático. Apenas levantaba la mano ya estaba en la cara de Walcott. Tres o cuatro veces tiró algunos golpes con la derecha, pero Walcott los atajaba con el hombro o le pasaban sobre la cabeza. Era como todos los hookers, que solo temen a los que son de su misma clase. Se cubría siempre donde los golpes podían hacerle daño y no le preocupaba lo más mínimo aquella izquierda en la cara.

Después de cuatro asaltos, Jack lo había lastimado y sangraba abundantemente. Tenía la cara llena de cortes; pero cada vez que se acercaba, golpeaba tan fuerte que dejaba dos marcas rojas debajo de las costillas de Jack. Cada vez que se acercaba, Jack le trababa los brazos, soltaba una mano y tiraba un uppercut. Pero en cuanto podía usar sus manos, Walcott golpeaba a Jack en el cuerpo y los impactos podían oírse hasta afuera, en la calle. Era un buen pegador.

Y así transcurrieron tres "rounds" más. No hablaban una palabra. Se limitaban a golpearse todo el tiempo. Nosotros trabajábamos bastante a Jack entre asalto y asalto. No parecía estar muy bien, pero en realidad nunca trabajaba mucho en el ring. No se movía excesivamente tampoco, y su mano izquierda seguía aplicando aquellos golpes automáticos. Era como si se hallase conectada a la cara de Walcott y solo tuviera que desear pegar el golpe para darlo todas las veces que quería. Boxeando de cerca, Jack conservaba siempre la calma y no perdía mucho ímpetu. Conocía todo lo que debe saberse en la lucha cuerpo a cuerpo, y se libraba con ventaja del clinch. Mientras estaban peleando cerca de nuestro rincón lo vi trabar a Walcott, librar su derecha y subir con un violento uppercut que le alcanzó la nariz con el revés del guante. Walcott sangraba malamente y apoyó la cara en el hombro de Jack para descansar un poco. Jack alzó el hombro rápidamente y lo alcanzó en la nariz. Luego bajó la derecha y lanzó otro violento uppercut.

Walcott estaba enojado como el diablo. Al terminar el quinto "roundÆ odiaba el coraje de Jack. Jack, en cambio, no estaba molesto; o por lo menos no lo estaba más que siempre. A la larga lograba que los que combatían con él terminaran por odiar el boxeo. Por eso había odiado él mismo a Ted Lewis. Nunca pudo acobardarle. Ted Lewis tenía siempre dos o tres tretas sucias que Jack había aprendido a contrarrestar. Jack peleaba con una limpieza de iglesia durante todo el tiempo que estaba en el ring o por lo menos hasta que se sentía fuerte. Esta vez trataba muy rudamente a Walcott. Lo más curioso era que Jack parecía uno de esos luchadores que utilizan el limpio estilo clásico del boxeo. Es que, en verdad, tenía todas las condiciones para ello.

Al terminar el séptimo "round", Jack dijo:

—La izquierda está empezando a pesarme.

Desde este momento empezó a recibir el castigo. Al principio no lo mostraba pero en lugar de librar la lucha a su antojo, era Walcott quien dirigía las acciones y a cambio de librarse bien de los golpes, estaba comenzando a verse en líos. Ya no podía mantenerlo alejado con los golpes de izquierda. Parecía el mismo de siempre, pero en vez de esquivar los golpes de Walcott, los recibía. Recibía un terrible castigo en el cuerpo.

—¿Qué "round" es éste? —preguntó.

—El undécimo.

—No me había dado cuenta. Las piernas no me responden.

Walcott lo había estado golpeando durante mucho tiempo, y empezaba a sentir verdaderamente los impactos. En adelante, empezó a pisar terreno firme. Era en realidad una verdadera máquina de pegar golpes. Jack se limitaba ahora a bloquear, y no demostraba el terrible castigo que estaba soportando. Al terminar el "round" le trabajé las piernas. Los músculos temblaban bajo mis manos mientras los friccionaba. Se sentía muy mal.

—¿Cómo va la cosa? —preguntó a John, volviendo hacia él la cara completamente hinchada.

—Es una buena pelea.

—Creo que podré aguantar —murmuró—. No quiero que este chambón me voltee.

Las cosas no iban como él había pensado. Sabía que no podría derrotar a Walcott y que ya no era un hombre fuerte, pero estaba portándose muy bien. Su dinero estaba asegurado y ahora solo deseaba terminar bien aquella lucha para quedar satisfecho de sí mismo. Pero no quería que lo "noquearan".

Al sonar la campana lo empujamos hacia el centro del ring. Caminaba lentamente. Walcott le salió al encuentro. Jack le tocó la cara con la izquierda y Walcott pasando por debajo de su brazo comenzó a golpearlo en el cuerpo. Jack trató de trabarlo, pero era lo mismo que tratar de parar una sierra eléctrica. Jack tomó distancia y erró el golpe de derecha. Walcott lo alcanzó con un soberbio directo de izquierda y Jack cayó. Con las manos y las rodillas en el suelo nos miró. El árbitro comenzó a contar; Jack nos miraba y sacudía la cabeza. Al llegar a ocho, John le hizo un gesto. No podía oírse nada debido a los gritos de la multitud. Se levantó. El árbitro mantenía alejado con un brazo a Walcott mientras contaba los segundos.

Cuando Jack estuvo de pie, Walcott avanzó hacia él.

—¡Con cuidado Jimmy! —le oí decir a Solly Freedman.

Walcott se detuvo y miró a Jack. Éste le lanzó un golpe de izquierda. Walcott se limitó a mover la cabeza. Con algunas fintas arrinconó a Jack contra las cuerdas, midió bien la distancia, colocó una izquierda muy débil en la cabeza y luego lanzó un terrible golpe de derecha al cuerpo de Jack con toda la fuerza de que era capaz, y tan bajo como le fue posible. El golpe debió haber tocado a unos diez centímetros debajo del cinturón. Pareció que los ojos de Jack iban a escapársele de la cara, pero de pronto los párpados, al cerrarse, los detuvieron. Abrió la boca y dejó caer la mandíbula.

El árbitro detuvo a Walcott. Jack dió un paso adelante. Si caía perdía cincuenta mil dólares. Caminaba como si todas las vísceras se le fueran a caer al suelo.

—No fue un golpe bajo —murmuró—. Fue solo un accidente.

Los espectadores aullaban de tal manera que apenas podíamos oírle.

—Estoy bien —dijo Jack. Estaba justamente frente a nosotros. El árbitro lo miró moviendo la cabeza.

—¡Vamos, polaco hijo de perra! —gritó Jack a Walcott.

John estaba apoyado sobre las cuerdas. Tenía la toalla lista para arrojarla. Jack se hallaba de pie a poca distancia de las togas. Dió un paso adelante. Vi brotar el sudor de su rostro como si alguien lo estuviese empujando desde dentro, y una gota grande se detuvo un instante en la punta de la nariz y cayó al suelo.

—¡Vamos, pelea! —gritó a Walcott.

El árbitro miró a John y luego hizo una seña a Walcott para que continuara.

El rubio avanzó. No sabía qué hacer. Nunca imaginó que Jack pudiera aguantar ese golpe. Jack colocó un izquierdo a la cara. La multitud aullaba y rugía. Estaban justamente frente a nosotros. Walcott golpeó dos veces. La cara de Jack era lo peor que había visto nunca; su mirada era espantosa. Estaba concentrando toda su energía hasta el último resto de sus fuerzas y todo eso le salía a la cara. Concentraba su pensamiento en el lugar donde estaba reventando de dolor. Se detuvo un segundo, apretó la mandíbula y comenzó a golpear. Su cara era horrible. Golpeaba con las dos manos, de abajo a arriba. Walcott se cubrió y los impactos comenzaron a lloverle en la cabeza. De pronto lanzó un violento swing de izquierda que alcanzó a Walcott en la ingle y su derecha sonó un instante después en el mismo lugar donde el otro lo había golpeado, bien abajo del cinturón. Walcott cayó y se agarró al suelo. Luego rodó de lado y quedó allí, encogido.

El árbitro tomó a Jack de un brazo y lo arrastró a su rincón. John saltó al cuadrilátero. El aullido del público continuaba. El árbitro estaba hablando con los jueces y luego el voceador entró al ring y anunció con el megáfono.

—¡Gana Walcott, por foul!

El árbitro hablaba con John y decía:

—¿Qué puedo hacer? Jack no quiso aceptar el foul a su favor cuando Walcott lo hizo. Y ahora, que está groggy él mismo comete foul.

—De todos modos, ha perdido —declaró John.

Jack se sentó en su rincón. Le quité los guantes y se apoyó en el banco con ambas manos. Al lograr un apoyo, su rostro no pareció tan horrible.

—Ve y diles que lo lamentas —le dijo John al oído—. Hará buen efecto.

Jack se puso de pie y el sudor comenzó a chorrearle de nuevo por la cara. Le puse el albornoz sobre los hombros y tomándolo con una mano se dirigió al otro lado del ring. Habían levantado a Walcott y lo estaban friccionando. A su alrededor se veía mucha gente. Nadie habló a Jack. Se inclinó sobre Walcott.

—Lo lamento —dijo—. No quería cometer foul.

Walcott no dijo nada. Se sentía demasiado mal.

—Bueno. Ahora eres campeón —le dijo Jack—. Espero que te diviertas de lo lindo con eso.

—Déjalo tranquilo —dijo Solly Freedman.

—¡Hola, Solly! —dijo Jack—. Lamento haber cometido foul con tu pupilo.

Freedman lo miró sin decir palabra.

Jack fue hacia su rincón con ese andar tan peculiar en él y lo ayudamos a pasar por entre las cuerdas, al lado de las mesas de los periodistas y luego hacia el fondo, debajo de las tribunas. Pasó a través de toda la multitud envuelto en su albornoz, en dirección al vestuario. Walcott había sido el favorito. Así se apuesta el dinero en el Madison Square Garden.

Una vez dentro del vestuario, Jack se echó y cerró los ojos.

—Tenemos que ir al hotel y conseguir un médico —dijo John.

—Estoy reventado por dentro —dijo Jack.

—Lo siento muchísimo —declaró John.

—Está bien –murmuró.

Estaba allí tendido, con los ojos cerrados.

—Ciertamente trataron de hacer una buena traición —admitió John.

—Tus amigos, Morgan y Steinfelt. Tienes buenos amigos, ¿eh?

Estaba allí, tendido. Tenía los ojos abiertos y su rostro conservaba aún aquella mirada horrible.

—Es curioso lo rápidamente que se puede pensar cuando hay tanto dinero en juego —dijo Jack.

—Eres magnífico, muchacho —declaró John.

—¡Bah! —dijo—. No tiene importancia.

EL MÉDICO Y SU MUJER

Dick Boulton llegó del campamento indio con objeto de cortar troncos para el padre de Nick. Trajo a su hijo Eddy y a otro indio llamado Billy Tabeshaw. Después de atravesar el monte, entraron por la puerta trasera. Eddy venía con una larga sierra, que aleteaba sobre el hombro del muchacho y emitía sonidos musicales mientras él caminaba. Billy Tabeshaw traía dos grandes palancas con ganchos y Dick llevaba tres hachas bajo el brazo.

Dick se volvió para cerrar la puerta. Los otros continuaron hacia la orilla del lago. Allí estaban los troncos embarrancados en la arena.

Eran los troncos que se desprendían de las grandes maderadas que el buque Magic remolcaba por el lago, rumbo al aserradero. La corriente los arrastraba hasta la playa, y allí, tarde o temprano, los tripulantes del Magic los veían cuando recorrían la costa en bote. Entonces clavaban un perno de hierro con argolla en el extremo de cada tronco y luego los arrastraban hacia el lago para formar una nueva jangada. Aunque a veces los madereros no iban a recogerlos, pues por unos pocos troncos no valía la pena mandar a la tripulación. Si nadie los retiraba, quedaban anegados y se pudrían en la playa.

Como el padre de Nick conocía esa circunstancia, contrataba indios del campamento para cortar los troncos con una sierra y partirlos con la cuña. Así conseguía leña para la chimenea. Dick Boulton pasó frente al chalet, camino de la orilla. Había cuatro grandes troncos de haya casi sepultados en la arena. Eddy levantó la sierra por uno de los mangos y la colocó en la cruz de un árbol. Dick dejó las tres hachas en el desembarcadero. Boulton era mestizo, pero muchos de los quinteros de los alrededores del lago lo tomaban por blanco. Por lo general, aunque era muy holgazán, resultaba sumamente eficaz una vez se disponía a trabajar. Sacando del bolsillo un trozo de tabaco, Dick empezó a mascar y habló en ojibwa con Eddy y Billy Tabeshaw.

Estos enterraron las puntas de sus ganchos en uno de los troncos y se apoyaron en la palanca para aflojarlo. Volcaron todo el peso de sus cuerpos, hasta que el tronco se separó de la arena. Dick Boulton se volvió hacia el padre de Nick.

—Bueno, doc —dijo—; alégrese, pues ha robado un hermoso pedazo de madera.

—No diga eso, Dick —replicó el médico—. Al fin y al cabo, solo es madera traída por el agua.

Eddy y Billy Tabeshaw levantaron el tronco y lo hicieron rodar hasta el agua.

—¡Métanlo bien! —gritó Boulton.

—¿Para qué hacen eso? —preguntó el doctor.

—Para lavarlo, sacarle la arena y trabajar mejor con la sierra. Quiero ver de quién es ese tronco —explicó Dick.

El tronco flotaba en el agua. Eddy y Billy Tabeshaw se apoyaron en sus herramientas. Ambos sudaban. El sol era muy fuerte. Dick se arrodilló en la arena y miró la marca del martillo del rascador, en un extremo del tronco.

—Es de White y McNally —dijo, poniéndose de pie y sacudiéndose los pantalones.

El médico mostró cierta contrariedad.

—Entonces será mejor que no lo corten, Dick —dijo enseguida.

—Puede estar tranquilo, doc —expresó Dick—. No se enfade. No me interesa saber a quién se lo roba. Ya sabe que no me ocupo de eso.

—Si cree que esos troncos son robados, déjelos allí y vuelva al campamento con sus herramientas —el rostro del médico se enrojeció.

—No se haga el gallito, doc —dijo Dick, y lanzó un salivazo mezclado con tabaco que se deslizó sobre el leño y desapareció en el agua—. Tanto usted como yo sabemos que son robados. Para mí es lo mismo.

—Muy bien. Si le parece que los troncos son robados, recoja sus herramientas y hágase trasladar.

—Escuche, doc…

—Si vuelve a llamarme doc, le haré saltar los dientes de un golpe.

—¡Oh! ¡No, doc! ¡No! ¡Tenga cuidado con lo que hace! ¡Se lo advierto!

Dick Boulton miró al médico. Dick era un hombre alto y corpulento, y conocía bien su propia fuerza. Le gustaban las peleas, ya que allí se encontraba en su ambiente y era feliz. Eddy y Billy Tabeshaw, apoyados en sus palancas, observaron al médico, que se mordió el labio inferior, y clavó la mirada en Dick Boulton. Después dio media vuelta y se fue hacia el chalet, en la colina. A pesar de que no le vieron la cara, se dieron cuenta de que estaba encolerizado. Todos lo siguieron con la vista hasta que llegó y entró en el chalet.

Dick dijo unas palabras en ojibwa. Eddy se echó a reír, pero Billy Tabeshaw se quedó muy serio.

No entendía nada de inglés, pero sudó durante toda la discusión. Parecía un chino, con su gordura y su bigote raleado. Luego recogió las dos palancas, sin decir nada. Dick tomó las hachas y Eddy sacó la sierra del árbol. Los tres emprendieron el regreso, pasando frente al chalet, y saliendo por donde habían entrado. Dick dejó la puerta abierta, y Billy Tabeshaw volvió para cerrarla cuidadosamente. Después se perdieron en el monte.

En el chalet, el doctor, sentado en la cama, vio un montón de boletines médicos en el suelo, junto al escritorio. Y le irritó más comprobar que las fajas estaban todavía intactas.

—¿Vas a volver a trabajar, querido? —le preguntó su mujer, que estaba acostada en la habitación de al lado, con las persianas cerradas.

—¡No!

—¿Ha ocurrido alguna cosa?

—Tuve una discusión con Dick Boulton.

—¡Oh! —exclamó la mujer—. Supongo que no habrás perdido los estribos, ¿eh, Henry?

—No —contestó su marido.

—No olvides que «aquel que domina su espíritu vale más que el que toma una ciudad» —dijo su esposa, que era sectaria del eddysmo. Su Biblia, su ejemplar de Ciencia y Salud y su Quarterly (publicación trimestral) estaban sobre la mesa, al lado de la cama.

Él no respondió nada. Estaba sentado en la cama, limpiando la escopeta. Apretó la recámara, que estaba llena de pesadas cápsulas amarillas, y la sacó de nuevo. Entonces se desparramaron sobre el lecho.

—Henry —llamó su mujer. Y, después de esperar un momento, repitió—: ¡Henry!

—Sí, oigo.

—No has dicho nada que haya molestado a Boulton, ¿verdad?

—No —contestó él.

—¿Y por qué vino la discusión, querido?

—Por una estupidez.

—Dímelo, Henry. No trates de ocultarme nada. ¿Por qué se pelearon?

—Pues… Dick me debe una suma de dinero desde que le curé la pulmonía a su india, y pienso que creó un conflicto para que yo me viera obligado a despedirlo. Así no me tendrá que pagar la cuenta con su trabajo.

La mujer se quedó silenciosa. El médico limpió la escopeta frotándola con un trapo. Después apretó las cápsulas hacia adentro, contra el resorte de la recámara. Se quedó sentado con el arma en las rodillas. Era su favorita. Entonces oyó la voz de su esposa, desde la otra habitación:

—Querido; creo, con franqueza, que no lo ha hecho para no tener que pagarte.

—¿No?

—No. No puedo creer que alguien haga algo semejante voluntariamente.

El médico se puso de pie y colocó la escopeta en el rincón, detrás del aparador.

—¿Vas a salir, querido?

—Me parece que me voy a pasear un rato.

—Si ves a Nick, querido, ¿quieres decirle que su mamá desea verlo?

El médico salió a la galería. La puerta de mampara se cerró estrepitosamente tras él y oyó que su mujer contuvo una exclamación de asombro.

—Perdóname —dijo junto a la ventana con las persianas corridas.

—No es nada, querido.

Luego salió y caminó por el sendero, entre los bosques de abetos. Allí estaba fresco, a pesar de que era un día terriblemente caluroso. Encontró a Nick leyendo al pie de un árbol.

—Tu madre quiere que vayas a verla —dijo el médico.

—Quiero ir contigo —manifestó Nick.

Su padre lo miró.

—Muy bien. Vamos. Dame el libro. Lo llevaré en el bolsillo.

—Ya sé dónde hay ardillas negras, papá.

—Muy bien. Entonces llévame a verlas.

EL PADRE

Ahora, al mirarlo, creo que mi padre nació para ser un tipo gordo, uno de esos gordinflones corrientes que se ven por todos lados. Claro está que nunca estuvo así, excepto al final, y entonces no tuvo la culpa, pues solo efectuaba carreras de obstáculos y le convenía pesar más. Recuerdo el tiempo en que se ponía la chaqueta encima de un par de suéteres, y luego otro enorme suéter, antes de salir a correr conmigo bajo el fuerte sol de la mañana. A veces, en las primeras horas del día, ensayaba con uno de los animales de Razzo, después de llegar de Turín a las cuatro de la madrugada y llevarlo en coche a los establos. Cuando el rocío lo cubría todo y el sol empezaba a salir, yo lo ayudaba a quitarse las botas y él se ponía un par de zapatos de goma y todos aquellos suéteres, y entonces nos íbamos.

—Vamos, muchacho —me decía, paseándose de un lado a otro frente al vestuario de los jockeys—; ya es hora.

Solíamos ir al trote por el terreno cercado hasta la puerta. De allí nos dirigíamos a uno de esos caminos que salen de San Siro con árboles a los lados. Yo le pasaba al llegar al camino, pues corría bastante bien. De vez en cuando miraba hacia atrás y lo veía siguiéndome al trote. Después de un rato miraba otra vez y veía que empezaba a sudar. Sin embargo, el sudor no le impedía continuar la carrera con los ojos fijos en mi espalda, y cuando yo lo miraba sonreía diciéndome: "¿Mucho sudor?" Mi padre tenía una sonrisa contagiosa. Corríamos a toda velocidad hacia las montañas, hasta que mi padre gritaba: "¡Eh, Joe!", y yo lo veía sentado bajo un árbol, con la toalla que llevaba en la cintura atada al cuello.

Entonces retrocedía y me sentaba a su lado. Él sacaba una cuerda de su bolsillo y comenzaba a saltar con ella, mientras el sudor le llenaba el rostro. Continuaba saltando con la cuerda entre el polvo y bajo el sol. La soga hacía "clop, clop, clop", y el sol calentaba cada vez más, y él recorría parte del camino efectuando sus ejercicios. ¡Ah! Era un placer ver saltar a mi padre con la cuerda. Podía manejarla con rapidez o con lentitud. ¡Vaya! Y había que ver a los italianos que nos observaban al pasar rumbo a la ciudad caminando al lado de los grandes bueyes que arrastraban el carro. No hay duda de que al mirar al viejo pensaban que estaba chiflado. Saltaba con tanta velocidad que se detenían a contemplarlo, y después de un instante empujaban a los bueyes con la garrocha, azuzándolos con gritos, y se ponían de nuevo en marcha.

Le quería aún más cuando me sentaba a contemplar sus ejercicios. Los llevaba a cabo de un modo rítmico y terminaba con un salto regular que le llenaba la cara de sudor como si fuese agua. Después colgaba la cuerda de un árbol y venía a sentarse conmigo. Se recostaba contra el árbol y se envolvía el cuello con la toalla y uno de los suéteres.

—Te aseguro que no hay cosa peor que quemar grasas, Joe —decía mientras cerraba los ojos y respiraba larga y profundamente—; no es lo mismo hacer estos ejercicios a mi edad que cuando uno es joven.

Luego se levantaba y antes de enfriarse volvíamos al trote a los establos. De ese modo evitaba la obesidad, que le había preocupado siempre. Era una obsesión. Casi todos los jockeys pueden montar cualquier caballo. El jinete pierde más o menos un kilo cada vez que corre, pero eso no le hacía ningún efecto a mi padre, que para rebajar peso debía realizar muchos más ejercicios.

Recuerdo que una vez, en San Siro, un pequeño italiano llamado Rogeli, que montaba los caballos de Buzoni, atravesó el potrero rumbo al bar con el propósito de tomar algo fresco. Al caminar se golpeaba ligeramente las botas con el látigo. Acababa de pesarse. Mi padre hizo lo mismo y salió tras él con la silla bajo el brazo. Daba la impresión de estar cansado y que las prendas de seda le estaban pequeñas. Se detuvo para mirar al joven Rogeli, que estaba junto al bar al aire libre, fresco y con su cara de inocente. Yo le dije: "¿Qué pasa, papá?"; porque pensé que, a lo mejor, Rogeli lo había golpeado o algo por el estilo. Sin apartar la vista de Rogeli, él me contestó: "¡Oh! ¡Que se vaya al diablo!", y continuó su camino hacia el vestuario.

Bueno; quizá todo hubiera ido muy bien si nos hubiésemos quedado en Milán para correr allí y en Turín, pues aunque no había nunca carreras fáciles, por lo menos eran dos sitios para tentar suerte.

—Pianola, Joe —dijo mi padre cuando desmontó en el establo del ganado después de la carrera de obstáculos que, según los italianos, era una carrera del demonio—. Es una cosa fácil. Lo que hace peligrosas las carreras de obstáculos, Joe, es el modo de correr. Aquí eso no cuenta y los obstáculos tampoco son difíciles. Pero el inconveniente reside siempre en el modo de correr, nada más.

San Siro era el mejor hipódromo que había visto en mi vida, pero mi padre decía que hacía una vida de perro, yendo y viniendo de Mirafiore a San Siro y cabalgando casi todos los días de la semana, además del viaje en tren cada dos noches.

Yo también estaba loco por las carreras. Se experimenta una rara sensación cuando los caballos aparecen en la pista y se dirigen a la raya de largada, y los jockeys van bien firmes en sus monturas, a veces soltando un poco los frenos para que los animales corran un rato. Después, cuando llegaban a la barrera, yo me encontraba peor que nunca. De un modo especial en San Siro, por las características del terreno y el panorama de las montañas que se levantaba a lo lejos. Además del gordo starteritaliano con su enorme látigo, y los jinetes que buscaban donde colocarse. Y después, al sonar la campana, la barrera se levantaba de golpe y todos salían en tropel, distanciándose después poco a poco. Todo el mundo sabe cómo salen los competidores, ¿verdad? Si uno está arriba, en la tribuna, con un par de gemelos, lo único que ve son los animales hocicando, hasta que se oye la campana, que parece sonar por mil años, y en seguida los vuelve a ver doblando la curva. Para mí no había nada que se pudiese comparar con aquello.

Pero mi padre dijo un día, en los vestuarios, mientras se ponía la ropa de calle:

—A esos no se les puede llamar caballos, Joe. En París los liquidarían por el precio del cuero y sus cascos.

Aquel fue el día en que ganó el premio "Commercio" con Lontorna, logrando destacarse del resto en los últimos cien metros igual que si estuviera sacando el corcho de una botella.

Casi inmediatamente después del premio "Commercio" abandonamos Italia. Mi padre, Holbrook y un italiano gordo con sombrero de paja, que se secaba continuamente la cara con el pañuelo, discutían en francés en una mesa de la Gallería. Ambos protestaban por algo contra mi padre, hasta que, al final, él se calló la boca y permaneció sentado mirando a Holbrook.

Los otros prosiguieron reclamando. Primero hablaba uno y después el otro y el italiano gordo interrumpía siempre a Holbrook.

— ¿Quieres salir y comprarme el Sportsman, Joe? —dijo mi padre, dándome un par de soldi sin dejar de mirar a Holbrook.

Entonces salí de la Gallería y compré el periódico frente al Scala. Luego regresé y me detuve a cierta distancia, porque no quería entrometerme. Mi padre se encontraba recostado en la silla, mirando la taza de café y jugueteando con la cuchara. Holbrook y su corpulento acompañante estaban de pie. El italiano se secaba el rostro y sacudía la cabeza. Yo me acerqué, y mi padre procedió entonces como si estuviese solo, como si los otros no hubiesen estado junto a la mesa, preguntándome:

—¿Quieres tomar un helado, Joe?

Holbrook lo miró y pronunció con lentitud y cierto énfasis:

—¡Hijo de perra! —y él y el italiano gordo se alejaron entre las mesas.

Mi padre se quedó sentado y ensayó una sonrisa, pero su cara palideció con un gesto del demonio. Yo tuve miedo y experimenté una desagradable situación porque advertí que algo había ocurrido y me resultaba imposible comprender que alguien llamara hijo de perra a mi padre y se fuera tan tranquilamente. Mi padre abrió el Sportsman y estudió los hándicaps durante un momento. Finalmente, dijo:

—Hay que aguantar muchas cosas en este mundo, Joe.

Tres días después nos fuimos de Milán para siempre, en el tren de Turín a París. Con anterioridad, realizamos frente a la caballeriza de Turner el remate de todo lo que no pudimos llevar en el baúl y en la valija.

Llegamos a París en las primeras horas de la mañana. Entramos en una estación larga y sucia que era la Gare de Lyon, según me dijo mi padre. París era una ciudad enorme comparada con Milán. En Milán parecía que todo el mundo y todos los tranvías llevasen rumbo fijo y que existiese un orden completo, pero en París era una confusión constante que nunca se solucionaba. Sin embargo, empezó a gustarme. Sin olvidar que tiene los mejores hipódromos del mundo. Parece como si esa fuera la razón de todo el movimiento y toda la agitación, y lo único que uno puede imaginarse es que no hay día en que los autobuses no vayan a alguno de los hipódromos en actividad, a veces desde los lugares más distantes. En realidad, nunca llegué a conocer bien la capital, ya que solo la recorría con mi padre dos o tres veces por semana, y él se detenía siempre en el "Café de la Paix", al lado de la Ópera, con el resto de la pandilla de Maisons, y creo que aquel es uno de los sectores más bulliciosos de París. Pero me pregunto: Es raro que una ciudad grande como París no tenga una Gallería, ¿verdad?

Fuimos a vivir a la pensión que una tal señora Mayers tenía en Maisons—Lafitte, donde residían casi todos, excepto la gavilla. Esta prefirió hacerlo en Chantilly. Maisons es el sitio más agradable para vivir que he visto en mi vida. La ciudad no vale mucho, pero hay un lago y un hermoso bosque donde pasaba casi todo el día con otro muchacho. Mi padre fabricó una honda que nos sirvió para cazar muchas cosas, la mejor de las cuales fue una urraca. Una vez, el joven Dick Atkinson tuvo buena puntería con un conejo. Lo pusimos bajo un árbol y nos sentamos junto al animal. Dick había llevado algunos cigarrillos. Pero, de repente, el conejo dio un salto y se escapó entre la maleza, y por más que lo buscamos no pudimos encontrarlo. Bueno, nos divertíamos mucho en Maisons. La señora Meyers me daba de comer por la mañana y yo permanecía fuera de casa el resto del día. Pronto aprendí a hablar francés. Es un idioma fácil.

Apenas llegamos a Maisons, mi padre escribió a Milán pidiendo su licencia, y este asunto lo trajo muy preocupado. A menudo se encontraba con sus amigos en el "Café de París" de Maisons. Iban muchos tipos que conoció cuando corría en París, antes de la guerra, y que ahora vivían en Maisons. Además, hay tiempo de sobra para visitar el café, pues el trabajo de una caballeriza, es decir el de los jockeys, termina por completo a las nueve de la mañana. Sacan a galopar la primera manada de caballos a las cinco y media y el segundo grupo a las ocho. Eso significa que tienen que acostarse y levantarse muy temprano. Y si un jinete está a cargo de los caballos de una persona determinada, entonces no puede salir a emborracharse, pues el cuidador lo vigila siempre si es muy joven, y si no es un muchacho él mismo se fijará en lo que hace. En general, cuando un jockey no tiene que trabajar pasa el tiempo en el "Café de París" con la otra gente. Se sientan dos o tres horas frente a algo de beber, como vermut o agua de Seltz, charlando, contando cuentos y jugando al billar, casi igual que en un club o en la Gallería de Milán. Solo que, en realidad, no es como en la Gallería, porque allí todos entran y salen sin cesar y las mesas siempre están ocupadas.

Mi padre consiguió por fin la licencia. Se la mandaron sin decir nada y pudo correr un par de veces. Fue a Amiens, en el Norte, y a sitios semejantes, pero no consiguió ningún contrato. Todos le tenían simpatía. Cada vez que yo entraba en el café por la mañana lo encontraba bebiendo con alguien, pues mi padre no era tacaño como la mayor parte de jinetes que ganaron el primer dólar corriendo en la Feria Mundial de Saint—Louis, en 1904. Eso es lo que decía siempre mi padre cuando bromeaba con George Burns. Pero parecía que todo el mundo evitaba darle caballos para correr.

Todos los días íbamos con el auto desde Maisons a cualquier parte en donde hubiese carreras, y eso era lo más divertido. Me gustaba cuando veía los caballos que regresaban de Deauville, y también en verano. Sin embargo, eso significó el fin de mis paseos por el bosque, ya que entonces nos dirigíamos a Enghien, o a Tremblay, o a Saint—Cloud, y los observábamos desde la tribuna de los cuidadores y jockeys. No hay duda que aprendí mucho de carreras de tanto salir con esa gente, y cada vez me gustaba más.

Recuerdo lo que ocurrió un día en Saint—Cloud. Iba a efectuarse una carrera de doscientos mil francos de premio, con siete anotados. Kzar era el gran favorito. Yo fui al potrero a ver los caballos y nunca me quedé tan asombrado como en aquella ocasión. Este Kzar era un gran bayo hecho a medida para correr. Nunca vi un caballo que se le pareciera. Desfilaba por los potreros con la cabeza gacha, y cuando pasó a mi lado experimenté una sensación de vacío, de tan hermoso que era. No hubo nunca caballo más favorecido por la naturaleza. Resultaba el perfecto modelo del caballo de carreras. Marchaba por el potrero con calma y cuidado y se movía con soltura como si supiera lo que tenía que hacer, sin saltar ni encabritarse como esos caballos que van a disputar el premio "drogados" y levantan protestas en los espectadores. Había tanta gente que solo pude ver de nuevo las patas amarillentas. Mi padre se abrió camino, y yo tras él, hacia el vestuario de los jinetes, situado entre los árboles. Allí también había gran cantidad de público, pero el hombre del sombrero hongo que cuidaba la entrada nos dejó pasar en seguida.

Dentro todos estaban vistiéndose, unos poniéndose las chaquetillas y otros las botas, en medio de gran olor a sudor y a embrocación. Afuera, la muchedumbre seguía observando.

Mi padre fue a sentarse junto a George Gardner, que se estaba poniendo los pantalones de montar, y le preguntó:

—¿Qué se sabe, George? —empleando un tono de voz normal como si no hubiera necesidad de hacerlo en secreto y ninguno de los dos poseyera información alguna.

—No va a ganar —contestó el jinete en voz muy baja al agacharse para abrocharse los pantalones.

—¿Quién, entonces? —preguntó mi padre, inclinándose más con objeto de que nadie lo pudiera oír.

—Kiscubbin —respondió George—; y si así ocurre, guárdame un par de boletos.

Mi padre dijo algo con tono normal y George le contestó:

—Nunca se te ocurra apostar al que yo te aconseje —bromeando.

Después salimos, abriéndonos paso entre la multitud que nos miraba, y fuimos a la machine mutuel de 100 francos. Pero me di cuenta de que se trataba de algo importante, pues George era el jinete de Kzar. En el trayecto, observamos uno de los tableros amarillos con las cotizaciones iniciales. Kzar pagaba solo 5 por 10; seguía Cefisidote con 3 a 1, y Kircübbin ocupaba el quinto lugar en la nómina con 8 a 1. Mi padre apostó cinco mil ganadores a favor de Kircübbin y agregó mil a place. Después nos dirigimos a la tribuna para ver la carrera desde una buena localidad.

Estábamos apretados entre la muchedumbre. Primero apareció un hombre que vestía levita y sombrero de copa gris, con el látigo doblado en la mano, y después llegaron, uno tras otro, los caballos, con el jinete encima y un peón de la caballeriza al lado, llevándolos de la brida. El primero en salir fue el gran bayo Kzar. A primera vista no parecía tan grande, pero uno se convencía al observar la longitud de sus patas, el tamaño del cuerpo y el modo de andar. ¡Ah!, nunca vi un caballo semejante. Lo montaba George Gardner y ambos pasaron lentamente, detrás del tipo viejo de sombrero de copa, remedo del dueño de un circo que presentaba los números en la pista. Después de Kzar, que avanzaba con los reflejos del sol en su pelo suave y amarillento, seguía un animal negro de buen aspecto y cabeza muy bonita, montado por Tommy Archibald. Después venía un grupo de cinco caballos más, todos en lenta procesión junto a la tribuna y las básculas. Mi padre dijo que el negro era Kircúbbin y entonces lo miré con atención. Verdaderamente, era un hermoso ejemplar, pero no tenía nada que hacer al lado de Kzar.

Todo el mundo aplaudió cuando pasó Kzar. Era, sin duda, un caballo maravilloso. El desfile continuó hasta el otro lado y pasó por la pelouse, dirigiéndose luego al extremo más próximo del hipódromo. El dueño del circo fue soltando en forma sucesiva a los corredores para que pudiesen ir al galope hasta el poste de llegada y dejaran libre la visual a los espectadores. Pero la campana sonó antes y vimos que los contrincantes salían en tropel y alcanzaban en seguida la primera curva como si se tratara de caballitos de juguete. Yo observaba el desarrollo de la prueba con los gemelos. Kzar corría atrasado. Uno de los bayos marchaba delante. Dieron la primera vuelta a todo galope, y cuando pasaron por donde estábamos, Kzar continuaba lejos del primero, que se imponía con facilidad. Era Kircúbbin. ¡Caramba! Es terrible verlos pasar frente a uno y después observar cómo se alejan y se hacen cada vez más pequeños, hasta que en la curva se agrupan de nuevo y vuelven a enfilar la recta. A uno le dan ganas de gritar y maldecir, y el malestar sigue aumentando. Finalmente, doblaron la última curva y tomaron la recta. Kircubbin se mantenía bastante distanciado del resto. Todo el mundo estaba sorprendido y repetía Kzar en voz baja y con disgusto. Los caballos se acercaban a toda velocidad. Una cabeza amarilla se destacó como un rayo del pelotón, casi en mis gemelos, y la gente empezó a gritar Kzar como si hubiera enloquecido. Kzar se acercaba ligerísimo. Nunca vi correr así a ningún caballo. Kircubbin, por su parte, corría de un modo normal, y su jinete lo castigaba sin cesar. Por último, quedaron juntos en cabeza, y Kzar pareció duplicar la velocidad con sus grandes saltos y la cabeza que se estiraba… pero pasaron frente al poste de llegada juntos y el primer número que colocaron en el tablero fue el 2, lo cual significó que Kircubbin había ganado.

Un extraño temblor recorrió todo mi cuerpo y al mismo tiempo experimenté una sensación muy rara. Después nos encontramos apretujados entre la gente que bajaba para colocarse frente al tablero en donde indicarían cuánto ganaba Kircubbin. Debo decir con franqueza que durante la carrera me olvidé de lo que había apostado mi padre a favor de Kircubbin. ¡Maldición! Quería con todas mis ansias que ganase Kzar. Pero después que hubo pasado todo me alegré al saber que habíamos acertado.

—Ha sido una carrera magnífica, ¿no es cierto, papá? —le pregunté.

Él me miró con sorpresa. Tenía el sombrero casi en la nuca.

—Este George Gardner es extraordinario —dijo—. Hacía falta un gran jinete para evitar que ganase Kzar.

Yo sabía, por supuesto, que el resultado había asombrado a toda la concurrencia. Pero mi padre dijo aquello con placer, aunque yo no le vi la gracia, ni siquiera cuando colocaron los números en el tablero y sonó la campana de pago de apuestas. Entonces vimos que Kircübbin daba 67,50 por 10. Por todas partes la gente decía:

—¡Pobre Kzar ¡Qué lástima! ¡Pobre Kzar!

Y yo pensé: "Me gustaría ser jockey y haberlo montado yo en vez de ese hijo de perra." Y me causó gracia pensar que George Gardner era un hijo de perra, porque siempre me había resultado simpático, y, además, nos dijo quién iba a ganar, pero de cualquier modo creo que era un verdadero hijo de perra.

Mi padre ganó mucho dinero aquel día y empezó a visitar París con más frecuencia. Cuando había carreras en Tremblay, se hacía dejar en la ciudad al regresar a Maisons Lafitte, y él y yo nos sentábamos en la terraza del "Café de la Paix" y observábamos a los transeúntes. Era un lugar delicioso. Pasaba mucha gente y gran cantidad de vendedores ambulantes nos ofrecían sus productos. Me gustaba con locura sentarme allí con él. Mi padre bromeaba con los muchachos que vendían graciosos conejos que saltaban cuando se les apretaba una protuberancia. Hablaba en francés con la misma facilidad que en inglés, y todos aquellos individuos lo conocían porque resultaba fácil conocer a un jinete. Siempre nos sentábamos a la misma mesa y se habían acostumbrados a vernos. Algunos hombres vendían libretas de matrimonio. Pasaban mujeres ofreciendo huevos de goma que al apretarlos dejaban salir un gallo. Un viejo harapiento recorría las mesas mostrando tarjetas postales de París que nadie le compraba, por supuesto. Entonces volvía a pasar enseñando el revés de las mismas, con escenas pornográficas, y muchas personas metían la mano en el bolsillo y reservadamente sacaban dinero para comprarlas.

¡Ah! Me acuerdo de la gente rara que solía pasar por allí. Las mujeres que a la hora de la cena buscaban a alguien que las invitase, hablaban siempre con mi padre, que les hacía bromas en francés. Después me acariciaban la cabeza y proseguían su camino. Una vez, una mujer norteamericana se sentó con su hija a la mesa contigua a la que ocupábamos. Tomaban helados. Yo no aparté la vista de la chica, que era muy bonita. En una ocasión le sonreí y ella me respondió del mismo modo, pero no ocurrió nada más. Cada día buscaba a las dos mujeres, pero no las volví a ver. Quisiera saber si la madre me habría permitido que llevase a su hija a Auteuil o Tremblay. La verdad es que estaba decidido a hablar con ella. Aunque, de cualquier manera, creo que no hubiese valido la pena, pues ahora, al pensar en aquello, recuerdo haber resuelto hablarle más o menos así: "Perdóneme, pero ¿no le gustaría que yo le recomendara una apuesta para las carreras de hoy en Enghien?"; y, después de todo, tal vez me hubiese tomado por un espía de caballeriza en vez de un admirador con el deseo de ofrecerle un dato valioso.

Nos sentábamos en el "Café de la Paix", mi padre y yo, y casi siempre discutíamos con el camarero porque mi padre tomaba whisky, que costaba cinco francos, y aquello significaba una buena propina cuando contaba los platillos. Mi padre bebía más que nunca, pero había dejado de correr y decía que el whisky evitaba el aumento de peso. Sin embargo, yo advertía que engordaba lo mismo. Se alejó de sus viejos amigotes de Maisons y, al parecer, lo único que le gustaba era sentarse conmigo en el bulevar. Pero todos los días perdía dinero en el hipódromo. Cuando le iba mal, lo invadía cierta tristeza después de la última carrera, hasta que llegábamos a nuestra mesa y tomaba su primer whisky. Entonces mejoraba su estado de ánimo.

A veces interrumpía la lectura del Paris—Sport para decirme:

—¿Dónde está tu novia, Joe? —refiriéndose en broma a lo que yo le había contado acerca de la muchacha que había visto aquel día en la mesa contigua. Me ruborizaba, pero me gustaban esas bromas. Experimentaba una sensación agradable al pensar en ella.

—No dejes de estar alerta, Joe —me decía—. Ya volverá.

Me preguntaba cosas y algunas de mis respuestas le hacían reír. Después empezó a hablarme de cuando corría en Egipto, o en Saint Moritz, en el hielo, antes de la muerte de mi madre, y de las carreras realizadas en el sur de Francia durante la guerra, con el solo objeto de conservar la raza, y en las que no había premios, ni apuestas, ni público, ni nada. Eran carreras como las de ahora. Podía pasar horas escuchando a mi padre, especialmente cuando él tomaba un par de copas. Me habló de su infancia, en Kentucky, cuando iba a cazar coatíes, y de la buena época en los Estados Unidos, antes de la crisis, y agregó:

—Joe, cuando ganemos una apuesta más o menos decente volverás a los Estados Unidos para ir a la escuela.

—¿Y qué necesidad tengo de ir a la escuela allá si hay crisis? —le pregunté.

—Eso es diferente —concluyó. Después llamó al camarero, pagó el montón de platillos, tomamos un taxi hasta la Gare St. Lazare y regresamos a Maisons—Lafitte en tren.

Un día, en Auteuil, después de una carrera de obstáculos de venta, mi padre compró el ganador por 30.000 francos. Tuvo que ofrecer un poco para conseguirlo, pero al final la caballeriza accedió y mi padre recibió su permiso y sus colores en una semana. ¡Cáspita! Sentí un gran orgullo cuando mi padre se convirtió en propietario. Arregló con Charles Drake todo lo referente al establo y dejó de viajar a París. Empezó a correr y sudar de nuevo. Él y yo constituíamos todo el personal del caballo, que se llamaba Gilford. Era producto irlandés y buen saltador. A mi padre le pareció una buena inversión, y él mismo lo adiestraba y lo montaba. Yo estaba orgulloso de todo y hasta comparé a Gilford con Kzar, era un fuerte bayo saltador, con mucha velocidad en el llano, si lo exigían; de excelente aspecto.

¡Ah! ¡Cómo me gustaba verlo! La primera vez que corrió con mi padre, llegó tercero en una carrera de vallas de 2500 metros, y después que el jinete hubo desmontado, bañado en sudor y muy contento, y fue a pasearse, yo me sentí tan orgulloso del animal como si se hubiese tratado de la primera carrera en que obtenía buena colocación final. En realidad, cuando un tipo deja las pistas por mucho tiempo, a uno le parece que en su vida ha corrido. Todo era distinto ahora. En Milán, mi padre no se emocionaba nunca, ni siquiera al ganar carreras de mucha importancia, pero la situación fue distinta cuando se convirtió en propietario. La víspera de cada carrera yo no podía dormir y advertí que él también estaba excitado, aunque no lo demostraba. Hay gran diferencia entre ser jockey de los caballos que uno mismo posee o de los que pertenecen a otro. Es tan grande como la que existe entre el día y la noche.

Un lluvioso domingo, Gilford y mi padre actuaron por segunda vez en Auteuil, en el Prix du Marat, carrera de obstáculos de 4500 metros. Apenas salió, subí a la tribuna con los gemelos nuevos que él me había comprado con este fin. Los contrincantes se dirigieron al extremo opuesto del hipódromo. En la barrera hubo cierta dificultad, ya que un animal provocó un alboroto al encabritarse y embestirla. Sin embargo, distinguí la chaquetilla negra con una cruz blanca y la gorra oscura de mi padre, sentado sobre Gilford y acariciándolo con la mano. Después salieron en un salto, perdiéndose de vista entre los árboles. La campana empezó a sonar como loca y los postigos de las oficinas del pari mutuel se sacudieron igual que matracas. ¡Demonio, qué excitado estaba! Me dio miedo mirarlos, pero dirigí los gemelos hacia el otro lado de la arboleda. Salieron por allí, con la vieja chaquetilla negra en tercer término, y al saltar parecían pájaros flotando en el aire. Volvieron a desaparecer antes de bajar por la colina, con rapidez y sin esfuerzo aparente, y pasaron la valla en pelotón, alejándose de nosotros sin perder la unidad. Sus lomos muy juntos daban la impresión de formar un puente a través de la pista. Luego saltaron la doble zanja y uno cayó. No vi quién, pero el caballo se levantó en seguida y siguió galopando solo, mientras el resto, sin deshacer el pelotón, dobló la larga curva izquierda y entró en la recta. Pasaron la pared de piedra y continuaron en tropel hacia el enorme charco, justo frente a las tribunas. Los vi venir y alenté a mi padre cuando pasó llevando casi un largo de ventaja, ágil como un mono. Al llegar al tupido seto que ocultaba el charco, se oyó un estrépito. Dos caballos salieron por mi lado y siguieron corriendo. Otros tres quedaron amontonados allí. Mi padre no apareció por ningún lado. Uno de los animales se arrodilló, y como no había soltado la brida, el jockey pudo montar de nuevo y continuar la prueba. El segundo caballo se incorporó por sus propios medios, sacudiendo la cabeza y galopando con las riendas sueltas, mientras su jinete se apoyaba en la baranda haciendo eses. En cuanto a Gilford, se levantó después de zafarse de su jockey y empezó a correr a tres patas, con la derecha delantera encogida. Mi padre quedó tendido boca arriba en el césped, con la cabeza cubierta de sangre. Al bajar de la tribuna corriendo atropellé a un montón de gente. Llegué por fin a la baranda, pero un policía me impidió seguir. Dos grandes camilleros pasaron en busca de mi padre. Al otro lado de la pista, vi tres caballos que salían de la arboleda y saltaban la valla.

Mi padre había muerto cuando lo trajeron. Mientras el médico le auscultaba el corazón con un aparato colocado en sus oídos, escuché el disparo del arma de fuego que mató a Gilford en la pista. Cuando llevaron el cadáver de mi padre a la enfermería me colgué de la camilla y empecé a llorar desconsoladamente. ¡Estaba tan pálido! ¡Tan muerto! ¡Oh! ¡Qué horrible! Y no pude dejar de pensar en la inutilidad del sacrificio de Gilford. Tal vez no fuera grave la herida de la pata. No sé. ¡Quería tanto a mi padre!

Entraron dos tipos. Uno me dio una palmada en el hombro, a modo de pésame, y después fue a ver a mi padre, tapándolo con una de las sábanas de la camilla. El otro habló por teléfono, en francés, pidiendo una ambulancia para trasladar el difunto a Maisons. No pude contener las lágrimas y lloré hasta sofocarme. George Gardner se sentó a mi lado y me abrazó, diciéndome:

—Vamos, Joe, muchacho. Levántate y salgamos a esperar la ambulancia.

Me levanté del suelo y salí con George, tratando de evitar los sollozos. Él me secó la cara con su pañuelo. Mientras esperábamos que pasase toda la gente, dos tipos se detuvieron cerca de nosotros. Cuando acabó de contar un montón de boletos de mutuel, uno de ellos dijo:

—Bueno; le llegó la hora a Butler.

—Me importa un comino —respondió su compañero—. ¡Maldición! Cayó vencido por sus propias armas, el sinvergüenza.

—Ya lo creo —asintió el primero antes de hacer pedazos los boletos.

George Gardner me miró para saber si yo había oído algo y al comprobarlo dijo:

—No hagas caso de lo que dicen esos vagos, Joe. Tu padre era un tipo estupendo.

Pero no sé. Creo que cuando empiezan a hablar no dejan títere con cabeza.

UN LUGAR LIMPIO Y BIEN ILUMINADO

Era tarde y todos habían salido del café con excepción de un anciano que estaba sentado a la sombra que hacían las hojas del árbol, iluminado por la luz eléctrica. De día la calle estaba polvorienta, pero por la noche el rocío asentaba el polvo y al viejo le gustaba sentarse allí, tarde, porque aunque era sordo y por la noche reinaba la quietud, él notaba la diferencia. Los dos camareros del café notaban que el anciano estaba un poco ebrio; aunque era un buen cliente sabían que si tomaba demasiado se iría sin pagar, de modo que lo vigilaban.

—La semana pasada trató de suicidarse —dijo uno de ellos.

—¿Por qué?

—Estaba desesperado.

—¿Por qué?

—Por nada.

—¿Cómo sabes que era por nada?

—Porque tiene muchísimo dinero.

Estaban sentados uno al lado del otro en una mesa próxima a la pared, cerca de la puerta del café, y miraban hacia la terraza donde las mesas estaban vacías, excepto la del viejo sentado a la sombra de las hojas, que el viento movía ligeramente. Una muchacha y un soldado pasaron por la calle. La luz del farol brilló sobre el número de cobre que llevaba el hombre en el cuello de la chaqueta. La muchacha iba descubierta y caminaba apresuradamente a su lado.

—Los guardias civiles lo recogerán —dijo uno de los camareros.

—¿Y qué importa si consigue lo que busca?

—Sería mejor que se fuera ahora. Los guardias han pasado hace cinco minutos y volverán.

El viejo sentado a la sombra golpeó su platillo con el vaso. El camarero joven se le acercó.

—¿Qué desea?

El viejo lo miró.

—Otro coñac —dijo.

—Se emborrachará usted —dijo el camarero. El viejo lo miró. El camarero se fue.

—Se quedará toda la noche —dijo a su colega—. Tengo sueño y nunca puedo irme a la cama antes de las tres de la mañana. Debería haberse suicidado la semana pasada.

El camarero tomó la botella de coñac y otro platillo del mostrador que se hallaba en la parte interior del café y se encaminó a la mesa del viejo. Puso el platillo sobre la mesa y llenó la copa de coñac.

—Debía haberse suicidado usted la semana pasada —dijo al viejo sordo. El anciano hizo un movimiento con el dedo.

—Un poco más —murmuró.

El camarero terminó de llenar la copa hasta que el coñac desbordó y se deslizó por el pie de la copa hasta llegar al primer platillo.

—Gracias —dijo el viejo.

El camarero volvió con la botella al interior del café y se sentó nuevamente a la mesa con su colega.

—Ya está borracho —dijo.

—Se emborracha todas las noches.

—¿Por qué quería suicidarse?

—¿Cómo puedo saberlo?

—¿Cómo lo hizo?

—Se colgó de una cuerda.

—¿Quién lo bajó?

—Su sobrina.

—¿Por qué lo hizo?

—Por temor de que se condenara su alma.

—¿Cuánto dinero tiene?

—Muchísimo.

—Debe tener ochenta años.

—Sí, yo también diría que tiene ochenta.

—Me gustaría que se fuera a su casa. Nunca puedo acostarme antes de las tres. ¿Qué hora es esa para irse a la cama?

—Se queda porque le gusta.

—Él está solo. Yo no. Tengo una mujer que me espera en la cama.

—Él también tuvo una mujer.

—Ahora una mujer no le serviría de nada.

—No puedes asegurarlo. Podría estar mejor si tuviera una mujer.

—Su sobrina lo cuida.

—Lo sé. Dijiste que le había cortado la soga.

—No me gustaría ser tan viejo. Un viejo es una cosa asquerosa.

—No siempre. Este hombre es limpio. Bebe sin derramarse el líquido encima. Aun ahora que está borracho, míralo.

—No quiero mirarlo. Quisiera que se fuera a su casa. No tiene ninguna consideración con los que trabajan.

El viejo miró desde su copa hacia la calle y luego a los camareros.

—Otro coñac —dijo, señalando su copa. Se le acercó el camarero que tenía prisa por irse.

—¡Terminó! —dijo, hablando con esa omisión de la sintaxis que la gente estúpida emplea al hablar con los beodos o los extranjeros—. No más esta noche. Cerramos.

—Otro —dijo el viejo.

—¡No! ¡Terminó! —limpió el borde de la mesa con su servilleta y movió la cabeza de lado a lado.

El viejo se puso de pie, contó lentamente los platillos, sacó del bolsillo un monedero de cuero y pagó las bebidas, dejando media peseta de propina.

El camarero lo miraba mientras salía a la calle. El viejo caminaba un poco tambaleante, aunque con dignidad.

—¿Por qué no lo dejaste que se quedara a beber? —preguntó el camarero que no tenía prisa. Estaban bajando las puertas metálicas—. Todavía no son las dos y media.

—Quiero irme a casa.

—¿Qué significa una hora?

—Mucho más para mí que para él.

—Una hora no tiene importancia.

—Hablas como un viejo. Bien puede comprar una botella y bebérsela en su casa.

—No es lo mismo.

—No; no lo es —admitió el camarero que tenía esposa—. No quería ser injusto. Sólo tenía prisa.

—¿Y tú? ¿No tienes miedo de llegar a tu casa antes de la hora de costumbre?

—¿Estás tratando de insultarme?

—No, hombre, sólo quería hacerte una broma.

—No —el camarero que tenía prisa se irguió después de haber asegurado la puerta metálica—. Tengo confianza. Soy todo confianza.

—Tienes juventud, confianza y un trabajo —dijo el camarero de más edad—. Lo tienes todo.

—¿Y a ti, qué te falta?

—Todo; menos el trabajo.

—Tienes todo lo que tengo yo.

—No. Nunca he tenido confianza y ya no soy joven.

—Vamos. Deja de decir tonterías y cierra.

—Soy de aquellos a quienes les gusta quedarse hasta tarde en el café —dijo el camarero de más edad—, con todos aquellos que no desean irse a la cama; con todos los que necesitan luz por la noche.

—Yo quiero irme a casa y a la cama.

—Somos muy diferentes —dijo el camarero de más edad. Se estaba vistiendo para irse a su casa—. No es sólo una cuestión de juventud y confianza, aunque esas cosas son muy hermosas. Todas las noches me resisto a cerrar porque puede haber alguien que necesite el café.

—¡Hombre! Hay bodegas abiertas toda la noche.

—No entiendes. Este es un café limpio y agradable. Está bien iluminado. La luz es muy buena y también, ahora, las hojas hacen sombra.

—Buenas noches —dijo el camarero más joven.

—Buenas noches —dijo el otro. Continuó la conversación consigo mismo mientras apagaba las luces. Es la luz, por supuesto, pero es necesario que el lugar esté limpio y sea agradable. No quieres música. Definitivamente no quieres música. Tampoco puedes estar frente a una barra con dignidad aunque eso sea todo lo que proveemos a estas horas. ¿Qué temía? No era temor, no era miedo. Era una nada que conocía demasiado bien. Era una completa nada y un hombre también era nada. Era sólo eso y todo lo que se necesitaba era luz y una cierta limpieza y orden. Algunos vivieron en eso y nunca lo sintieron pero él sabía que todo eso era nada y pues nada y nada y pues nada. Nada nuestra que estás en nada, nada sea tu nombre nada tu reino nada tu voluntad así en nada como en nada. Danos este nada nuestro pan de cada nada y nada nuestros nada como también nosotros nada a nuestros nada y no nos nada en la nada mas líbranos de nada; pues nada. Ave nada llena de nada, nada está contigo. Sonrió y estaba frente a una barra con una cafetera a presión brillante.

—¿Qué le sirvo?— preguntó el cantinero.

—Nada.

—Otro loco más —dijo el cantinero y le dio la espalda.

—Una copita —dijo el camarero.

El cantinero se la sirvió.

—La luz es bien brillante y agradable pero la barra está opaca —dijo el camarero.

El cantinero lo miró fijamente pero no respondió. Era demasiado tarde para comenzar una conversación.

—¿Quiere otra copita? —preguntó el cantinero.

—No, gracias —dijo el camarero, y salió. Le disgustaban los bares y las bodegas. Un café limpio, bien iluminado, era algo muy distinto. Ahora, sin pensar más, volvería a su cuarto. Yacería en la cama y, finalmente, con la luz del día, se dormiría. Después de todo, se dijo, probablemente sólo sea insomnio. Muchos deben sufrir de lo mismo.

LA BREVE VIDA FELIZ DE FRANCIS MACOMBER

Era hora de comer y estaban sentados bajo la doble lona verde de la tienda comedor, fingiendo que no había pasado nada.

—¿Quieren jugo de lima o limonada? —preguntó Macomber.

—Yo tomaré un gimlet —le dijo Robert Wilson.

—Yo también tomaré un gimlet. Necesito tomar algo —dijo la mujer de Macomber.

—Supongo que es lo mejor —coincidió Macomber—. Dígale que prepare tres gimlets.

El criado ya había comenzado a prepararlos, sacando las botellas de las bolsas de lona isotérmicas, empapadas de humedad en el viento que soplaba a través de los árboles que sombreaban las tiendas.

—¿Qué debería darles? —preguntó Macomber.

—Una libra sería más que suficiente —le dijo Wilson—. No querrá malcriarlos.

—¿El capataz lo repartirá?

—Desde luego.

Media hora antes, Francis Macomber había sido triunfalmente transportado hasta su tienda, desde los límites del campamento, a hombros y brazos del cocinero, los criados, el despellejador y los porteadores. Los porteadores de armas no habían tomado parte en el desfile. Cuando los muchachos nativos lo depositaron en el suelo a la puerta de su tienda, Macomber les estrechó a todos la mano, recibió sus felicitaciones y luego entró y se sentó en la cama hasta que llegó su mujer. Cuando ella entró no le dijo nada, él salió de la tienda enseguida para lavarse la cara y las manos en la jofaina portátil que había fuera y dirigirse luego a la tienda comedor, donde se sentó en una cómoda silla de lona a la brisa y a la sombra.

—Ya ha conseguido su león —le dijo Robert Wilson—, y un león condenadamente bueno.

La señora Macomber se volvió rauda hacia Wilson. Era una mujer extremadamente guapa y bien conservada, poseía la belleza y posición social que cinco años atrás le habían permitido exigir cinco mil dólares para promocionar, con fotografías, un producto de belleza que nunca había utilizado. Llevaba once años casada con Francis Macomber.

—Era un buen león, ¿verdad? —dijo Francis Macomber. Ahora su esposa lo miraba. Miraba a los dos hombres como si nunca los hubiera visto.

A uno, Wilson, el cazador profesional, sabía que no lo había visto antes de emprender el safari. Era de estatura mediana y pelo pajizo, bigotillo de pelos cortos y tiesos, la cara muy roja y unos ojos extremadamente azules con unas arruguillas blancas en las comisuras que se hacían más profundas cuando sonreía. Ahora él le sonreía, y ella apartó la mirada de su cara y la dirigió a la caída de sus hombros bajo la chaqueta holgada que llevaba, con cuatro grandes cartuchos en las presillas donde debería haber habido el bolsillo izquierdo, a sus manos grandes y morenas, a sus pantalones viejos, sus botas muy sucias, y luego volvió a su cara roja. Se fijó en que el rojo recocido de su cara quedaba delimitado por una línea blanca que señalaba la frontera de su sombrero Stetson, que ahora colgaba de uno de los colgadores del palo de la tienda.

—Bueno, por el león —dijo Robert Wilson. Volvió a sonreír a la señora Macomber, y esta, sin sonreír, miró con curiosidad a su marido.

Francis Macomber era muy alto, muy bien formado si no te importaba que tuviera los huesos tan largos, atezado, con el pelo rapado como un galeote, labios bastante finos, y se le consideraba un hombre apuesto. Llevaba la misma clase de ropas de safari que Wilson, solo que las suyas eran nuevas. Tenía treinta y cinco años, se mantenía muy en forma, era buen deportista, poseía varios récords de pesca mayor, y acababa de demostrarse a sí mismo, a la vista de todo el mundo, que era un cobarde.

—Por el león —dijo—. Nunca podré agradecerle lo que hizo.

Margaret, su esposa, apartó la mirada de él y la dirigió a Wilson.

—No hablemos del león —dijo ella.

Wilson le dirigió una mirada sin sonreír y ahora fue ella quien le sonrió.

—Ha sido un día muy raro —dijo—. ¿No debería llevar el sombrero puesto aunque estemos debajo de una lona? Me lo dijo usted, por si no lo recuerda.

—Puede que me lo ponga —dijo Wilson.

—Sabe que tiene la cara muy roja, señor Wilson —le dijo ella, y volvió a sonreír.

—La bebida —dijo Wilson.

—No lo creo —dijo ella—. Francis bebe mucho, pero la cara nunca se le pone roja.

—Hoy está roja —dijo Macomber intentando hacer un chiste.

—No —dijo Margaret—. La mía es la que está hoy roja. Pero la del señor Wilson lo está siempre.

—Debe de ser una cuestión racial —dijo Wilson—. Y digo yo, ¿qué les parece si dejamos de hablar de mi belleza?

—Pero si acabo de empezar.

—Pues vamos a dejarlo —dijo Wilson.

—La conversación va a ser difícil —dijo Margaret.

—No seas tonta, Margot —dijo su marido.

—De difícil nada —dijo Wilson—. Ha conseguido un león magnífico.

Margot los miró a los dos, y ambos se dieron cuenta de que estaba a punto de llorar. Wilson hacía ya rato que se lo veía venir, y le aterraba. Pero Macomber ya había superado ese terror.

—Ojalá no hubiera ocurrido. Oh, ojalá no hubiera ocurrido —dijo ella, y se dirigió a su tienda. No emitió ningún sonido, pero los dos vieron que le temblaban los hombros bajo la camisa de color rosa, resistente al sol.

—Las mujeres se disgustan —le dijo Wilson al hombre alto—. En realidad no ha sido nada. Los nervios demasiado tensos, y una cosa y otra…

—No —dijo Macomber—. Supongo que ahora llevaré esa cruz el resto de mi vida.

—Tonterías. Tomemos una copa de este matagigantes —dijo Wilson—. Olvídelo todo. No ha sido nada.

—Lo intentaremos —dijo Macomber—. De todos modos, nunca olvidaré lo que hizo por mí.

—Nada —dijo Wilson—. Tonterías.

De modo que se quedaron sentados a la sombra. Habían instalado el campamento bajo unas acacias de ancha copa, y detrás de ellos había un precipicio salpicado de rocas, delante una extensión de hierba que iba hasta la orilla de un arroyo lleno de rocas, y más allá un bosque. Tomaron sus bebidas de lima, enfriadas al punto, y evitaron mirarse a los ojos mientras los criados preparaban la mesa para comer. Wilson se dio cuenta de que todos los criados ya estaban al corriente, y cuando vio al criado personal de Macomber mirando a su amo lleno de curiosidad mientras ponía los platos en la mesa le espetó unas palabras en swahili. El chico apartó la mirada. Estaba pálido.

—¿Qué le estaba diciendo? —preguntó Macomber.

—Nada. Le he dicho que se espabilara o me encargaría de que le dieran quince de los buenos.

—¿Quince qué? ¿Azotes?

—Es ilegal —dijo Wilson—. Se supone que debemos multarlos.

—¿Y usted aún los azota?

—Oh, sí. Si decidieran quejarse armarían un follón de mil demonios. Pero no se quejan. Lo prefieran a las multas.

—¡Qué raro! —dijo Macomber.

—No, la verdad es que no es raro —dijo Wilson—. Usted, ¿preferiría perder el sueldo o que le dieran unos buenos azotes?

Pero enseguida se avergonzó de haberle hecho aquella pregunta, y antes de que Macomber pudiera contestar añadió:

—A todos nos dan una paliza todos los días, sabe, de uno u otro modo.

Eso tampoco lo arregló. Dios mío, se dijo. Qué diplomático soy.

—Sí, a todos nos dan una paliza —dijo Macomber, todavía sin mirarlo—. Siento muchísimo lo del león. No tiene por qué salir de aquí, ¿verdad? Quiero decir que nadie tiene por qué enterarse, ¿no cree?

—¿Quiere decir si lo contaré en el Mathaiga Club? —ahora Wilson lo miraba fríamente. No se esperaba eso. Así que además de un maldito cobarde es un maldito pendejo, se dijo. Me caía bastante bien hasta hoy. Pero con los norteamericanos nunca se sabe.

—No —dijo Wilson—. Soy un cazador profesional. Nunca hablamos de nuestros clientes. Puede estar tranquilo por lo que a eso respecta. Además, se supone que es de mal tono pedirnos que no hablemos.

Acababa de decidir que lo más fácil sería romper cualquier asomo de amistad. Comería solo, y durante las comidas podría leer. Todos comerían solos. Durante el safari mantendría con ellos esa relación más formal —¿cómo lo llamaban los franceses?, distinguida consideración— y sería muchísimo más fácil que tener que pasar por toda esa basura emocional. Lo insultaría y romperían limpiamente la amistad. Luego podría leer algún libro a la hora de comer y seguiría bebiéndose el whisky de los Macomber. Esa era la frase adecuada para cuando un safari iba mal. Te topabas con otro cazador y le preguntabas: «¿Cómo va todo?», y él te contestaba: «Oh, todavía sigo bebiéndome su whisky», y sabías que todo se había ido al garete.

—Lo siento —dijo Macomber, y lo miró con esa cara de estadounidense que seguiría siendo adolescente hasta que alcanzara la mediana edad, y Wilson observó su pelo cortado a cepillo, su mirada apenas furtiva, la buena nariz, sus finos labios y la apuesta barbilla—. Siento mucho no haberme dado cuenta. Hay muchas cosas que ignoro.

Qué podía hacer, pues, se dijo Wilson. Estaba a punto de acabar con aquella relación de una manera rápida y limpia, pero el miserable se ponía a disculparse después de haberlo insultado.

—No se preocupe por lo que yo pueda decir —replicó Wilson—. Tengo que ganarme la vida. Ya sabe que en África ninguna mujer falla cuando dispara a su león y ningún hombre blanco sale huyendo.

—Pues yo salí corriendo como un conejo —dijo Macomber. Bueno, qué demonios había que hacer con un hombre que hablaba así, se preguntó Wilson.

Wilson miró a Macomber con sus ojos azules y apagados de quien sabe manejar una ametralladora y el otro le devolvió una sonrisa. Tenía una agradable sonrisa si no te fijabas en cómo lo delataban los ojos cuando estaba ofendido.

—A lo mejor puedo arreglarlo cuando cacemos búfalos —dijo Macomber—. Cazaremos búfalos, ¿verdad?

—Por la mañana, si quiere —le dijo Wilson. Tal vez se había equivocado. Desde luego, así era como había que tomárselo. No se sabía nunca con estos norteamericanos. Ahora ya volvía a estar del lado de Macomber. Si conseguía olvidarse de esa mañana. Pero, claro, no podía. Aquella había sido una mala mañana con ganas.

—Aquí viene la memsahib —dijo. Volvía de su tienda, parecía haberse refrescado y se veía alegre y encantadora. Su cara era un óvalo perfecto, tan perfecto que esperabas que fuera estúpida. Pero no lo era, se dijo Wilson, no, no era estúpida.

—¿Cómo está el guapo señor Wilson de cara roja? ¿Te encuentras mejor, Francis, tesoro?

—Oh, mucho mejor —dijo Francis.

—Ya no quiero pensar más en eso —dijo Margaret, sentándose a la mesa—. ¿Qué más da que Francis sea bueno o no matando leones? No es su oficio. Es el oficio del señor Wilson. El señor Wilson impresiona bastante matando cualquier cosa. Usted mata cualquier cosa, ¿verdad?

—Oh, lo que sea —dijo Wilson—. Sencillamente, lo que sea.

Son las más duras del mundo; las más duras, las más crueles, las más depredadoras y las más atractivas, y sus hombres se han ablandado o se han quedado con los nervios destrozados mientras ellas se endurecían. ¿O es que solo escogen a los hombres que pueden manejar? Aunque a la edad en que se casan eso no pueden saberlo, se dijo Wilson. Dio gracias por haber aprobado ya la asignatura de las mujeres norteamericanas, porque aquella era muy atractiva.

—Iremos a cazar búfalos por la mañana —le dijo a Margaret.

—Yo iré —dijo ella.

—No, no irá.

—Oh, sí, iré. ¿Puedo, Francis?

—¿Por qué no te quedas en el campamento?

—Por nada del mundo —dijo ella—. No me perdería algo como lo de hoy por nada del mundo.

Cuando Margaret se fue a llorar, estaba pensando Wilson, parecía una mujer estupenda de verdad. Parecía comprender, darse cuenta de las cosas, que se apenaba por él y por ella y que sabía cuál era realmente la situación. Está fuera veinte minutos y ahora vuelve recubierta de esa crueldad femenina norteamericana. No hay quién pueda con ellas. Desde luego, no hay quién pueda con ellas

—Mañana montaremos otro numerito para ti —dijo Francis Macomber.

—Usted no viene —dijo Wilson.

—Está usted muy equivocado —le contestó ella—. Y tengo muchísimas ganas de verlo actuar de nuevo. Esta mañana ha estado fabuloso, si es que es fabuloso volarle la cabeza a un animal.

—Aquí está la comida —dijo Wilson—. Estás alegre, ¿verdad?

—¿Por qué no? No he venido aquí a bostezar.

—Bueno, no ha sido aburrido —dijo Wilson. Desde donde estaba podía ver las rocas del río y la orilla elevada del otro lado, con los árboles, y se acordó de lo ocurrido por la mañana.

—Oh, no —dijo ella—. Ha sido encantador. Y mañana. No sabe lo impaciente que estoy por salir mañana.

—Lo que le ofrece es alce africano —dijo Wilson.

—Son aquellos animales que parecen vacas y saltan como liebres, ¿verdad?

—Supongo que es una manera de describirlos —dijo Wilson. —La carne es muy buena —dijo Macomber.

—¿Lo has matado tú? —preguntó Margaret.

—Sí.

—No son peligrosos, ¿verdad?

—Solo si te caen encima —dijo Wilson.

—Me alegra saberlo.

—¿Por qué no dejas de joder un poco, Margot? —dijo Macomber, cortando el filete de alce africano y colocando un poco de puré de papa, salsa y zanahoria en el tenedor vuelto del revés que atravesaba el trozo de carne.

—Supongo que podré —dijo ella—, ya que lo has expresado tan finamente.

—Esta noche brindaremos con champán por el león —dijo Wilson—. A mediodía hace demasiado calor.

—Oh, el león —dijo Margot—. ¡Se me había olvidado el león!

Así que, se dijo Robert Wilson, lo que pasa es que ella le está tomando el pelo, ¿no? ¿O quizá es la manera que tiene de montar el numerito? ¿Cómo ha de comportarse una mujer cuando descubre que su marido es un maldito cobarde? Es condenadamente cruel, pero todas son crueles. Son las que mandan, desde luego, y para mandar a veces hay que ser cruel. Sin embargo, ya estoy hasta las narices de su maldito terrorismo.

—Tome un poco más de alce —le dijo a Margaret cortésmente.

Al caer la tarde Wilson y Macomber salieron en el vehículo con el conductor nativo y dos porteadores de armas. La señora Macomber se quedó en el campamento. Hacía demasiado calor para salir, dijo, ya los acompañaría por la mañana temprano. Cuando se alejaban, Wilson la vio de pie debajo del gran árbol, y le pareció más atractiva que hermosa, con su ropa de un caqui levemente rosado, el pelo negro echado para atrás y recogido en una trenza en la nuca, su cutis tan lozano, se dijo, como si estuviera en Inglaterra. Los saludó con la mano cuando el coche se alejó a través de la llanura pantanosa de altas hierbas y giró para cruzar entre los árboles y adentrarse en las pequeñas colinas cubiertas de sabana.

En la sabana encontraron un rebaño de impalas, y salieron del coche y acecharon a un viejo macho de cuernos largos y de gran envergadura, y Macomber lo mató con un meritorio disparo que derribó al animal a unos doscientos metros de distancia y puso al rebaño en desenfrenada huida, los animales saltando y encaramándose en las grupas de los que iban delante, con unos saltos en los que estiraban las largas piernas de una manera tan increíble que parecía que flotaran, como en los saltos que a veces se dan en sueños.

—Ha sido un buen disparo —dijo Wilson—. Son un objetivo pequeño.

—¿La cabeza vale la pena? —preguntó Macomber.

—Es excelente —le dijo Wilson—. Si dispara así no tendrá ningún problema.

—¿Cree que mañana encontraremos algún búfalo?

—Es muy posible. Salen a pacer a primera hora de la mañana, y con suerte podemos pillarlos en campo abierto.

—Me gustaría poder borrar lo del león —dijo Macomber—. No es muy agradable que tu esposa te vea hacer algo así.

Wilson pensó que aún más desagradable era hacerlo, con esposa o sin esposa, o hablar de ello tras haberlo hecho. Pero lo que dijo fue:

—Yo no pensaría más en eso. Cualquiera puede asustarse al ver un león por primera vez. Asunto concluido.

Pero aquella noche, después de la cena y un whisky con soda junto al fuego antes de irse a la cama, mientras Francis Macomber estaba echado en la cama y escuchaba los ruidos de la noche, no todo había concluido. Ni había concluido ni estaba empezando. Estaba ahí exactamente como había ocurrido, con algunas partes indeleblemente subrayadas, y él se sentía triste y avergonzado. Pero más que vergüenza sentía un miedo frío y hueco en su interior. El miedo seguía allí como un hueco frío y viscoso, y en el lugar que antes ocupaba su seguridad en sí mismo se abría un vacío, y eso le provocaba náuseas. Y ahora seguía con él.

Había comenzado la noche antes, cuando se despertó y oyó al león rugiendo en algún lugar inconcreto, río arriba. Era un sonido grave, rematado por una especie de gruñido mezclado con tos que parecía proceder de delante de su tienda, y cuando Francis Macomber se despertó en plena noche para oírlo tuvo miedo. Oía a su esposa respirando plácidamente, dormida. No había nadie a quien poder decirle que tenía miedo, con quien compartir el miedo, y echado, solo, ignoraba ese proverbio somalí que dice que un hombre valiente siempre le tiene miedo a un león tres veces; la primera vez que ve su rastro, la primera vez que lo oye rugir y la primera vez que se enfrenta a él. Por la mañana, mientras desayunaba a la luz de un farol en la tienda comedor, antes de que el sol saliera, el león volvió a rugir y Francis pensó que estaba en los limites del campamento.

—Parece un viejo —dijo Robert Wilson, levantando la mirada de sus arenques ahumados y su café—. Escuche cómo tose.

—¿Está muy cerca?

—Más o menos a un kilómetro y medio río arriba.

—¿Lo veremos?

—Echaremos un vistazo.

—¿Llega tan lejos su rugido? Se oye como si estuviera en el campamento.

—Se le puede oír desde muy lejos —dijo Robert Wilson—. Es curioso lo lejos que puede llegar. Esperemos que sea un gato que valga la pena cazar. Los criados dijeron que había uno muy grande por aquí.

—Si le disparo, ¿dónde debo apuntar para detenerlo? —preguntó Macomber.

—Entre los hombros —dijo Wilson—. En el cuello si cree que podrá darle. Busque el hueso. Derríbelo.

—Espero darle en el lugar adecuado —dijo Macomber.

—Usted dispara muy bien —le dijo Wilson—. Tómese su tiempo. Asegure el tiro. El primero es el que cuenta.

—¿A qué distancia estará?

—No se sabe. En eso el león también dice la suya. No dispare hasta que esté lo bastante cerca para asegurar el tiro.

—¿A menos de cien metros? —preguntó Macomber. Wilson lo miró rápidamente.

—Cien metros está bien. Puede que tenga que ser un poco menos. No se arriesgue a disparar a más distancia. Cien metros es una distancia razonable. A esa distancia le dará siempre que quiera. Ahí viene la memsahib.

—Buenos días —dijo Margaret—. ¿Vamos a buscar al león?

—En cuanto acabe de desayunar —dijo Wilson—. ¿Cómo se siente?

—De maravilla —dijo ella—. Estoy muy emocionada.

—Iré a supervisar que todo esté a punto.

Wilson se marchó. Cuando se iba, el león volvió a rugir.

—Viejo gruñón —dijo Wilson—. Te haremos callar.

—¿Qué pasa, Francis? —le preguntó su mujer.

—Nada —dijo Macomber.

—Sí, algo te pasa —dijo ella—. ¿Por qué estás tan alterado?

—No me pasa nada —dijo él.

—Dímelo —dijo ella mirándolo—. ¿No te encuentras bien?

—Son esos condenados rugidos —dijo—. Lleva así toda la noche, ¿sabes?

—¿Por qué no me has despertado? —dijo ella—. Me habría encantado oírlo.

—Tengo que matar a ese maldito animal —dijo Macomber, abatido.

—Bueno, para eso estás aquí, ¿no?

—Sí. Pero estoy nervioso. Oír esos rugidos me pone los nervios de punta.

—Bueno, pues como dijo Wilson, mátalo y acaba con esos rugidos.

—Sí, cariño —dijo Francis Macomber—. Es fácil de decir, ¿verdad?

—No tendrás miedo, ¿verdad?

—Claro que no. Pero estoy nervioso después de oírlo rugir toda la noche.

—Dispararás de maravilla y lo matarás —dijo ella—. Sé que lo harás. Estoy terriblemente ansiosa por verlo.

—Acaba tu desayuno y nos pondremos en marcha.

—Aún no es de día —dijo ella—. Es una hora ridícula.

Justo en ese momento el león rugió con un gemido cavernoso, repentinamente gutural, una vibración ascendente que pareció sacudir el aire y acabó en un suspiro y en un gruñido intenso y cavernoso.

—Suena casi como si estuviera aquí —dijo la mujer de Macomber.

—Dios mío —dijo Macomber—. Odio ese condenado ruido.

—Es de lo más impresionante.

—Impresionante. Es aterrador.

Robert Wilson apareció sonriente con su Gibbs de calibre 505, feo, chato y de boca sorprendentemente grande.

—Vamos —dijo—. Su porteador de armas ya tiene el Springfield y el rifle de gran calibre. Todo está en el coche. ¿Lleva la munición?

—Sí.

—Estoy lista —dijo la mujer de Macomber.

—Hay que hacer que deje de armar tanto jaleo —dijo Wilson—. Siéntese delante. La memsahib puede ir detrás conmigo.

Subieron al coche, y en el gris de la primera luz del día remontaron el río entre los árboles. Macomber abrió la recámara de su rifle y vio las balas con sus casquillos metálicos, echó el cerrojo y puso el seguro. Vio que le temblaba la mano. Se metió la mano en el bolsillo y tocó los cartuchos, y pasó los dedos por los cartuchos que llevaba en las presillas de la pechera de la chaqueta. Se volvió hacia Wilson, sentado en la parte de atrás del vehículo, sin puerta y cuadrado, junto a su mujer, los dos sonriendo de la emoción, y Wilson se inclinó hacia delante y le susurró:

—Fíjese en cómo bajan los pajarracos. Eso significa que el muchachón ha abandonado a su presa.

En la otra ribera del río Macomber vio, por encima de los árboles, buitres dando vueltas y bajando en picado.

—Es probable que se acerque a beber por aquí —le susurró Wilson— antes de echarse un rato. Mantenga los ojos abiertos.

Conducían lentamente por la elevada ribera del río, que en aquel lugar caía en picado hasta el lecho lleno de rocas, y avanzaron serpenteando entre los árboles. Macomber estaba atento a la otra orilla cuando notó que Wilson lo agarraba del brazo. El coche se detuvo.

—Ahí está —oyó decir en un susurro—. Vaya hacia delante y a la derecha. Baje y mátelo. Es un león maravilloso.

Entonces Macomber vio al león. Estaba de pie, casi de lado, con la gran cabeza levantada y vuelta hacia ellos. La brisa de primera hora de la mañana que soplaba hacia ellos le revolvía la oscura melena, y el león parecía enorme, perfilado sobre la orilla del río a la luz gris de la mañana, los hombros pesados, su cuerpo, en forma de tonel, formando una curva suave.

—¿A qué distancia está? —preguntó Macomber, levantando el rifle.

—A unos setenta y cinco metros. Baje y mátelo.

—¿Por qué no le disparo desde donde estoy?

—No se dispara desde el coche —oyó que Wilson le decía al oído—. Baje. No va a quedarse ahí todo el día.

Macomber salió por la abertura curva que había al lado del asiento delantero, primero puso el pie en el estribo y luego en el suelo. El león permanecía allí, mirando majestuosa y fríamente hacia ese objeto que sus ojos solo le mostraban en silueta, y que abultaba como un superrinoceronte. No le llegaba olor de hombre, y contemplaba el objeto moviendo su gran cabeza de un lado a otro. A continuación, mientras seguía contemplando el objeto, sin temor, pero vacilando antes de bajar a beber a la orilla con un cosa así delante de él, vio la figura de un hombre separarse del objeto; volvió su pesada cabeza para alejarse hacia el resguardo de los árboles cuando oyó un estampido, casi un chasquido, y sintió el impacto de una sólida bala del 30—06 que le perforó el flanco y le desgarró el estómago, causándole una náusea repentina y caliente. Echó a trotar, pesado, con sus grandes patas, balanceando el vientre herido a través de los árboles en dirección a las hierbas altas, donde podría protegerse, y el estampido se repitió y lo oyó pasar desgarrando el aire. Hubo otro estampido y sintió el golpe en las costillas inferiores y cómo la bala lo penetraba, la sangre caliente y espumosa en la boca, y galopó hacia las hierbas altas, donde podría acurrucarse y no ser visto y atraer a esa cosa que provocaba esos estampidos lo bastante cerca para dar un salto y coger al hombre que la esgrimía.

Cuando Macomber salió del coche no pensaba en lo que el león sentiría. Solo sabía que las manos le temblaban, y mientras se alejaba del coche le parecía casi imposible conseguir mover las piernas. Tenía los muslos agarrotados, pero sentía el pálpito de los músculos. Levantó el rifle, apuntó a la inserción de la cabeza del león entre los hombros y apretó el gatillo. No pasó nada, y eso que apretó hasta que pensó que se le iba a romper el dedo. Entonces se dio cuenta de que no había quitado el seguro, y cuando bajó el rifle para quitarlo avanzó otro paso helado, y el león, al ver cómo su silueta se separaba de la silueta del coche, se volvió e inició un trotecillo, y, cuando Macomber disparó, oyó un golpe sordo que significaba que la bala había dado en el blanco; pero el león seguía moviéndose. Macomber volvió a disparar y todos vieron que la bala levantó una salpicadura de tierra, y el león siguió trotando. Volvió a disparar, acordándose de que debía apuntar más abajo, y todos oyeron el impacto de la bala en el blanco, y el león pasó a galopar y ya estaba en medio de las hierbas altas antes de que Macomber hubiera tenido tiempo de cargar el rifle.

Macomber comenzó a sentir náuseas, le temblaban las manos que sostenían el Springfield, aún en posición de disparo, y su esposa y Robert Wilson estaban a su lado. Y también los dos porteadores de armas, hablando entre ellos en wakamba.

—Le he dado —dijo Macomber—. Le he dado dos veces.

—Le dio en las tripas y luego un poco más adelante —dijo Wilson sin entusiasmo.

Los porteadores de armas parecían muy serios. Ahora callaban.

—Puede que lo haya matado —prosiguió Wilson—. Tendremos que esperar un poco antes de ir a averiguarlo.

—¿A qué se refiere?

—Esperaremos a que se desangre un poco antes de ir a buscarlo.

—Oh —dijo Macomber.

—Es un león de primera —dijo Wilson con alegría—. Aunque se ha metido en un mal sitio.

—¿Por qué es un mal sitio?

—Porque no podrá verlo hasta que lo tenga encima.

—Ah —dijo Macomber.

—Vamos —dijo Wilson—. La memsahib puede quedarse en el coche. Le echaremos un vistazo al rastro de sangre.

—Quédate aquí, Margot —le dijo Macomber a su mujer. Tenía la boca muy seca y le costaba mucho hablar.

—¿Por qué? —preguntó ella.

—Porque lo dice Wilson.

—Vamos a echar un vistazo —dijo Wilson—. Quédese aquí. Incluso lo verá mejor desde aquí.

—Muy bien.

Wilson le habló en swahili al conductor. Este asintió y dijo:

—Sí, bwana.

A continuación bajaron la empinada orilla y cruzaron el río, trepando por encima de las rocas y sorteándolas, y subieron a la otra ribera, ayudándose de algunas raíces que sobresalían, y siguieron la ribera hasta llegar al lugar por donde había trotado el león cuando Macomber le disparó por primera vez. Había sangre oscura en la hierba corta que los porteadores de armas señalaron con unos tallos, y el reguero se escurría hasta los árboles de la ribera.

—¿Qué hacemos? —preguntó Macomber.

—No tenemos muchas opciones —dijo Wilson—. No podemos traer el coche. La orilla es demasiado empinada. Dejaremos que se canse un poco y luego usted y yo iremos a buscarlo.

—¿No podríamos prender fuego a la hierba? —preguntó Macomber.

—Demasiado verde.

—¿No podemos enviar batidores?

Wilson lo miró de arriba abajo.

—Claro que podemos —dijo—. Pero es casi un asesinato. Verá, sabemos que el león está herido. A un león que no está herido se le puede empujar. Irá avanzando, huyendo del ruido. Pero un león herido está dispuesto a atacar. No se le ve hasta tenerlo encima. Él se quedará totalmente pegado al suelo en un escondrijo en el que se diría que no cabe ni una liebre. No parece muy acertado enviar a los criados a este tipo de espectáculo. Alguien podría resultar malherido.

—¿Y los porteadores de armas?

—Oh, ellos vendrán con nosotros. Es su shauri. Han firmado un contrato para eso, ¿sabe? Aunque tampoco se les ve muy contentos, ¿no cree?

—No quiero meterme ahí —dijo Macomber. Le salió antes de saber lo que decía.

—Ni yo —dijo Wilson alegremente—. Aunque la verdad es que no tengo elección.

Entonces, como si no se le hubiera ocurrido hasta ese momento, miró a Macomber y de repente se dio cuenta de que temblaba y de que su expresión era lastimosa.

—Naturalmente, no tiene por qué hacerlo —dijo—. Para eso me ha contratado, sabe. Por eso soy tan caro.

—¿Quiere decir que irá solo? ¿Por qué no lo dejamos allí?

Robert Wilson, que hasta ese momento solo se había preocupado del león y del problema que presentaba, y que no había pensado en Macomber excepto para darse cuenta de que estaba hablando demasiado, súbitamente se sintió como el que abre la puerta equivocada de una habitación de hotel y ve algo vergonzoso.

—¿A qué se refiere?

—¿Por qué no lo dejamos allí?

—¿Quiere decir que finjamos que no le hemos dado?

—No. Simplemente dejarlo ahí.

—Eso no se hace.

—¿Por qué?

—Para empezar, seguro que está sufriendo. Además, otros podrían tropezarse con él.

—Entiendo.

—Pero usted se puede quedar al margen.

—Me gustaría ir —dijo Macomber—. Es solo que estoy asustado.

—Yo iré delante —dijo Wilson— y Kongoni irá el último. Manténgase detrás de mí y ligeramente a un lado. Muy probablemente lo oiremos gruñir. Si lo vemos, dispararemos los dos. No se preocupe por nada. Lo cubriré. De hecho, sería mejor que no viniera. Sería mucho mejor. ¿Por qué no se va con la memsahib mientras yo me encargo de todo?

—No, quiero ir.

—Muy bien —dijo Wilson—. Pero no venga si no quiere. Ahora este es mi shauri, ¿sabe?

—Quiero ir —dijo Macomber.

Se sentaron bajo un árbol y fumaron.

—¿Quiere volver y hablar con la memsahib mientras esperamos? —preguntó Wilson.

—No.

—Iré yo y le diré que tenga paciencia.

—Bueno —dijo Macomber. Se quedó allí sentado, con las axilas sudadas, la boca seca, sintiendo un vacío en el estómago, queriendo reunir el valor para decirle a Wilson que liquidara el león sin él. No podía saber que Wilson estaba furioso por no haberse dado cuenta antes del estado en que se encontraba y no haberle mandado con su mujer. Mientras estaba allí sentado apareció Wilson.

—He traído el rifle de gran calibre —dijo—. Cójalo. Creo que ya le hemos dado tiempo. Vamos.

Macomber cogió el rifle de gran calibre y Wilson dijo:

—Manténgase unos cinco metros detrás de mí y a la derecha y haga exactamente lo que le diga.

A continuación habló en swahili con los dos porteadores de armas, que ponían cara de funeral.

—Vamos —dijo.

—¿Podría beber un sorbo de agua? —preguntó Macomber.

Wilson le dijo algo al porteador de más edad, que llevaba una cantimplora en el cinturón, y el hombre se la quitó, desenroscó el tapón y se la entregó a Macomber, que la cogió pensando que parecía muy pesada y notando la envoltura de fieltro peluda y barata. La levantó para beber y miró delante de él, las hierbas altas y los árboles de copas aplanadas que había detrás. Soplaba brisa en dirección a ellos, y la hierba se ondulaba suavemente al viento. Miró al porteador y se dio cuenta de que también él sentía miedo.

A unos treinta metros de donde comenzaban las hierbas altas yacía el león, aplastado contra el suelo. Tenía las orejas gachas y el único movimiento que se permitía era sacudir arriba y abajo su larga cola de pelo negro. Se había puesto en guardia nada más llegar a ese escondite; sentía náuseas a causa de la herida en el vientre, y la herida de los pulmones lo había debilitado, haciendo aflorar una fina espuma roja en la boca cada vez que respiraba. Tenía los flancos mojados y calientes, y las moscas se arremolinaban en torno a los pequeños orificios que las balas habían abierto en su pellejo pardo; sus grandes ojos amarillos, entrecerrados con odio, miraban en línea recta, y solo parpadeaban cuando le llegaba el dolor, al respirar, y sus garras se clavaban en la tierra blanda y recocida. Todo él, dolor, náusea, odio y todas las fuerzas que le restaban, se tensaban en una concentración absoluta para cuando hubiera que atacar. Oía hablar a los hombres y esperaba, haciendo acopio de todas sus fuerzas para acometer en cuanto los hombres se adentraran en la hierba. Cuando oía las voces la cola se le tensaba y la sacudía arriba y abajo, y, cuando se acercaron al límite de las hierbas emitió su medio gruñido mezclado con tos y atacó.

Kongoni, el porteador de más edad, en cabeza siguiendo el rastro de sangre; Wilson, que vigilaba las hierbas atento a cualquier movimiento, el rifle de gran calibre a punto; el segundo porteador, mirando delante y escuchando; Macomber, cerca de Wilson con el rifle montado; acababan de adentrarse en la hierba cuando Macomber oyó el medio gruñido mezclado con tos ahogado de sangre y vio el movimiento que silbaba entre las hierbas. Cuando se dio cuenta estaba corriendo; corriendo desaforadamente, presa del pánico en campo abierto, corriendo hacia el río.

Oyó el ¡patapum! del rifle de gran calibre de Wilson, seguido de un segundo ¡patapum!, y al volverse vio al león, que ahora tenía un aspecto horrible y al que parecía faltarle la mitad de la cabeza, arrastrándose hacia Wilson en el límite de las altas hierbas, mientras el hombre de cara roja manipulaba el cerrojo de su rifle feo y chato y apuntaba cuidadosamente. Otro ¡patapum! salía de la boca, y la mole reptante, pesada y amarilla del león se quedaba rígida, la enorme cabeza mutilada se deslizaba hacia delante, y Macomber, solo en el claro al que había llegado corriendo, empuñando un rifle cargado mientras dos negros y un blanco lo miraban con desprecio, supo que el león estaba muerto. Se acercó a Wilson, cuya estatura parecía toda ella un puro reproche, y Wilson lo miró y le dijo:

—¿Quiere sacar fotos?

—No —dijo Macomber.

No dijeron nada más hasta llegar al coche. Entonces Wilson dijo:

—Un león de primera. Los criados lo despellejarán. Nosotros nos podemos quedar a la sombra.

La esposa de Macomber no le había dirigido la mirada, ni él a ella, y Macomber se había sentado junto a ella en el asiento de atrás, mientras Wilson iba delante. En una ocasión le cogió la mano sin dirigirle la vista, y ella la apartó. Al mirar hacia el otro lado del río, donde los porteadores de armas desollaban al león, se dio cuenta de que ella lo había visto todo. Mientras estaban allí sentados, su mujer extendió el brazo y puso la mano en el hombro de Wilson. Este se volvió y ella se inclinó hacia delante por encima del asiento y lo besó en la boca.

—Oh, vaya —dijo Wilson, poniéndose más rojo aún de lo que era su color natural.

—El señor Robert Wilson —dijo ella—. El guapo señor Wilson de cara roja.

A continuación volvió a sentarse al lado de Macomber y miró hacia el otro lado del río, donde yacía el león con las patas delanteras desnudas y levantadas, a la vista los blancos músculos y los tendones, y la barriga blanca e hinchada, mientras los negros le iban arrancando la piel. Al final los porteadores cargaron la piel, húmeda y pesada, y se subieron a la parte de atrás del coche, enrollándola antes de subir, y partieron. Nadie dijo nada más hasta que estuvieron de regreso en el campamento.

Esa era la historia del león. Macomber no sabía lo que el león había sentido antes de echar a correr, ni cuando atacó, ni cuando la increíble descarga de un 505 con una velocidad de salida de dos toneladas le dio en el morro, ni lo que lo impulsó a seguir avanzando cuando el segundo estampido le destrozó las patas traseras y continuó arrastrándose hacia ese objeto que retumbaba y explotaba y lo había destruido. Wilson sí sabía algo de lo que sentía el león, y lo había expresado diciendo: «Un león de primera», pero Macomber tampoco sabía cuáles eran los sentimientos de Wilson acerca de todo eso. Tampoco sabía lo que sentía su esposa, más allá de que no quería saber nada de él.

Su mujer ya se había enfadado con él otras veces, pero nunca duraba. Él era muy rico, y sería mucho más rico, y sabía que ella no le abandonaría nunca. Era una de las pocas cosas que sabía de verdad. Sabía eso, de motos —eso fue antes—, de coches, de cazar patos, de pesca, salmón, trucha y alta mar, de sexo en los libros, muchos libros, demasiados libros, de todos los deportes de pista, de perros, no mucho de caballos, de no perder el dinero que tenía, de casi todas las demás cosas que tenían que ver con su mundo, y que su mujer no lo dejaría. Su mujer había sido una gran belleza, y seguía siendo una gran belleza en África, pero en su país ya no era una belleza tan llamativa como para dejarlo y encontrar algo mejor, y ella lo sabía y él lo sabía. A ella se le había pasado la oportunidad de dejarlo y él lo sabía. Si él hubiese sido mejor con las mujeres probablemente a ella habría comenzado a preocuparle que él pudiera encontrar una nueva y bella esposa; pero ella lo conocía demasiado bien y sabía que no tenía que preocuparse. Además, él siempre había sido muy tolerante, cosa que parecería la mejor de sus virtudes de no ser la más siniestra.

Con todo, se les consideraba una pareja relativamente feliz, una de esas parejas de las que siempre se rumorea que se van a separar pero nunca ocurre, y, tal como lo expresó un columnista de sociedad, añadían más que una pizca de aventura a su tan envidiado e imperecedero romance mediante un safari en lo que se conocía como el «África más oscura». Hasta que Martin Johnson la iluminó en tantas pantallas cinematográficas, donde perseguían al viejo Simba el león, al búfalo, a Tembo el elefante y coleccionaban especímenes para el Museo de Historia Natural. El mismo columnista había informado que habían estado a punto tres veces en el pasado, y era cierto. Pero siempre se reconciliaban. Su unión poseía una base sólida. Margot era demasiado hermosa para que Macomber se divorciara, y él tenía demasiado dinero para que ella lo dejara.

Eran ya las tres de la mañana, y Francis Macomber, que había dormido un rato después de dejar de pensar en el león, se despertó y volvió a dormirse, y de repente volvió a despertarse, asustado por un sueño en el que tenía encima la cabeza ensangrentada del león, y mientras escuchaba el fuerte latido de su corazón se dio cuenta de que su mujer no estaba en el otro catre de la tienda. Con esa idea se quedó despierto dos horas.

Transcurrido ese tiempo su mujer entró en la tienda, levantó la mosquitera y se instaló confortablemente en su catre.

—¿Dónde has estado? —preguntó Macomber en la oscuridad.

—Hola —dijo ella—. ¿Estás despierto?

—¿Dónde has estado?

—Salí a tomar un poco el aire.

—Y un cuerno.

—¿Qué quieres que diga, cariño?

—¿Dónde has estado?

—Salí a tomar un poco el aire.

—No sabía que ahora tenía ese nombre. Eres una zorra.

—Bueno, y tú un cobarde.

—Muy bien —dijo él—. ¿Y qué?

—Por mí, nada. Pero, por favor, no hablemos, cariño, porque tengo mucho sueño.

—Crees que voy a tragármelo todo.

—Sé que lo harás, cariño.

—Bueno, pues no.

—Por favor, cariño, no hablemos. Tengo mucho sueño.

—Esto no se iba a repetir. Me prometiste que se había acabado.

—Bueno, pues resulta que no se ha acabado —dijo ella dulcemente.

—Me dijiste que si hacíamos este viaje eso no se repetiría. Me lo prometiste.

—Sí, cariño. Esa era mi intención. Pero ayer el viaje se fue al garete. No tenemos por qué hablar de eso, ¿verdad?

—En cuanto has tenido la oportunidad la has aprovechado, ¿verdad?

—Por favor, no hablemos. Tengo tanto sueño, cariño.

—Pues pienso hablar.

—Pues no te preocupes por mí, porque yo tengo intención de dormir —y eso hizo.

Antes de que amaneciera estaban los tres a la mesa, desayunando, y Francis Macomber descubrió que, de todos los hombres a los que había odiado, Robert Wilson era el que más odiaba.

—¿Ha dormido bien? —preguntó Wilson con su voz ronca, llenando una pipa.

—¿Y usted?

—De primera —le dijo el cazador profesional.

Pendejo, pensó Macomber, pendejo insolente.

Así que ella lo despertó al entrar, se dijo Wilson, mirándolos a los dos con sus ojos azules e inexpresivos. Bueno, ¿por qué no la pone en su sitio? ¿Qué cree que soy, un maldito santo de yeso? Que la ponga en su sitio. Es culpa de él.

—¿Cree que encontraremos algún búfalo? —preguntó Margot, apartando un plato de albaricoques.

—Es posible —dijo Wilson, y le sonrió—. ¿Por qué no se queda en el campamento?

—Por nada del mundo —le dijo ella.

—¿Por qué no le ordena que se quede en el campamento? —le dijo Wilson a Macomber.

—Ordéneselo usted —le dijo fríamente Macomber.

—Dejémonos de dar órdenes —dijo Margot, y volviéndose hacia Macomber— y de tonterías, Francis —lo dijo en una voz bastante amable.

—¿Está preparado? —preguntó Macomber.

—Cuando quiera —le dijo Wilson—. ¿Quiere que la memsahib venga?

—¿Importa algo lo que yo quiera?

Al diablo, se dijo Robert Wilson. Al diablo una y mil veces. Así que esas tenemos. Bueno, pues como quieran.

—Tanto da —dijo.

—¿Está seguro de que no le gustaría quedarse solo en el campamento con ella y dejar que vaya yo solo a cazar el búfalo? —preguntó Macomber.

—Eso no lo puede hacer —dijo Wilson—. Si yo fuera usted no diría tonterías.

—No digo tonterías. Estoy disgustado.

—Una mala palabra, disgustado.

—Francis, ¿quieres hacer el favor de hablar con sensatez? —dijo su esposa.

—Hablo con toda la maldita sensatez del mundo —dijo Macomber—. ¿Ha probado alguna vez una comida tan inmunda como esta?

—¿Estaba mala la comida? —preguntó Wilson sin inmutarse.

—No tan mal como todo lo demás.

—Me gustaría que se calmara un poco, hombre —dijo Wilson sin alterarse—. Uno de los criados que sirve la mesa entiende un poco de inglés.

—Que se vaya al infierno.

Wilson se puso en pie y se alejó dando bocanadas a su pipa. Le dijo unas palabras en swahili a uno de los porteadores de armas que estaba esperándolo. Macomber y su mujer se quedaron sentados a la mesa. Él miraba fijamente la taza de café.

—Si armas una escena te dejo, cariño —dijo Margot sin alterarse.

—No lo harás.

—Ponme a prueba.

—No me dejarás.

—No —dijo ella—. No te dejaré si te comportas.

—¿Comportarme? Hay que ver. Comportarme.

—Sí. Compórtate.

—¿Por qué no pruebas a comportarte tú?

—Llevo mucho tiempo intentándolo. Muchísimo.

—Odio a ese cerdo de cara roja —dijo Macomber—. Odio su sola presencia.

—Pues es muy simpático.

—Oh, cállate —casi gritó Macomber.

Justo en ese momento apareció el coche. Se paró delante de la tienda comedor y salieron el conductor y los dos porteadores de armas. Wilson se acercó y se quedó mirando al marido y su mujer sentados a la mesa.

—¿Vamos a cazar? —preguntó.

—Sí —dijo Macomber poniéndose en pie—. Sí.

—Más vale que cojan un suéter. Hará frío en el coche —dijo Wilson.

—Cogeré mi chaqueta de piel —dijo Margot.

—La tiene el criado —dijo Wilson.

Se subió delante con el conductor, y Francis Macomber y su mujer se sentaron detrás sin hablar.

Espero que a este idiota no se le ocurra pegarme un tiro en la nuca, pensó Wilson. En un safari las mujeres son un fastidio.

El coche rechinaba al cruzar el río por un vado lleno de rocas a la luz gris de la mañana, y subió la otra empinada orilla en ángulo. Allí Wilson había ordenado abrir un paso a golpe de pala el día antes para que pudieran alcanzar aquella zona ondulada y boscosa que parecía un parque.

Era una buena mañana, pensó Wilson. Había un denso rocío, y cuando las ruedas aplastaban las hierbas y las matas a él le llegaba el olor de las frondas aplastadas. Era un aroma como a verbena, y le gustaba el olor tempranero del rocío, los helechos aplastados y el aspecto de los troncos de los árboles, negros entre la neblina matinal, a medida que el coche se abría paso por esa vegetación sin caminos, parecida a la de un parque. Había apartado de su mente a los dos que iban detrás y estaba pensando en los búfalos. Los búfalos que él perseguía se pasaban las horas de sol en un pantano de densa vegetación donde era imposible disparar, pero por la noche pacían en una zona de campo abierto, y si podían interponerse entre ellos y el pantano con el coche, Macomber tendría muchas posibilidades de disparar en un terreno abierto. No quería cazar búfalos ni ninguna otra cosa con Macomber en una zona de vegetación densa. La verdad es que no quería cazar ni búfalos ni ninguna otra cosa con Macomber en ninguna parte, pero era un cazador profesional, y en su vida había cazado con gente rara de verdad. Si hoy conseguían un búfalo ya solo les quedaría el rinoceronte, y el pobre hombre ya habría pasado por esa peligrosa prueba y todo volvería a estar en orden. Podría romper con la mujer y Macomber también lo superaría. Al parecer había pasado por aquello muchas veces. Pobre desgraciado. Debía de tener algún método para superarlo. Bueno, al fin y al cabo la culpa era de ese pobre idiota.

Él, Robert Wilson, llevaba un catre de dos plazas para acomodar cualquier fruta madura que le cayera del cielo. Había cazado para cierta clientela internacional, libertina, deportista, en la que las mujeres parecían no quedar del todo satisfechas con el safari hasta que compartían ese catre con el cazador profesional. Él las despreciaba cuando las tenía lejos, aunque algunas le habían gustado bastante en el momento y se ganaba la vida con ellas; sus normas eran también las de él desde el momento en que lo contrataban.

Obedecía las normas de quienes lo contrataban excepto en lo que se refería a la caza. En la caza él tenía sus propias normas, y los demás o se atenían a ellas o se buscaban a otro. También sabía que todos lo respetaban por eso. Aunque ese Macomber era un tipo raro. Ciertamente lo era. Y la mujer. Bueno, la mujer. Sí, la mujer. Mmm, la mujer. Bueno, eso lo dejaría en el aire. Se volvió. Macomber estaba apesadumbrado y furioso. Margot le sonrió. Hoy parecía más joven, más inocente y lozana, con una belleza no tan profesional. Dios sabe qué hay en su corazón, pensó Wilson. La noche anterior no había hablado mucho. Además, era un placer contemplarla.

El coche ascendió una ligera pendiente y prosiguió entre los árboles. A continuación se adentró en un claro que era como una pradera cubierta de hierba, manteniéndose al abrigo de los árboles de la linde. El conductor iba despacio y Wilson observaba atentamente la extensión de la pradera hasta donde se perdía en el horizonte. Hizo parar el coche y estudió la planicie con sus binoculares. Luego le hizo señas al conductor para que siguiera y el coche avanzó con lentitud, evitando los socavones dejados por los jabalíes y esquivando montículos de barro construidos por las hormigas. A continuación, observando el campo abierto, Wilson se volvió de repente y dijo:

—¡Dios mío, ahí están!

Y Macomber, mirando hacia donde le señalaban mientras el coche avanzaba a saltos y Wilson le hablaba rápidamente en swahili al conductor, vio tres enormes animales negros que parecían casi cilíndricos de tan largos y gruesos, como grandes tanques negros, que galopaban por el otro extremo de la pradera abierta. Galopaban con el cuello y el cuerpo rígidos, y pudo ver los cuernos negros, abiertos y curvados hacia arriba mientras avanzaban con la cabeza adelantada; no movían la cabeza.

—Son tres búfalos viejos —dijo Wilson—. Les cortaremos el paso antes de que lleguen al pantano.

El coche iba a más de setenta kilómetros por hora a campo abierto, y mientras Macomber miraba los búfalos estos se hacían más y más grandes, hasta que llegó a distinguir el aspecto gris, costroso y sin vello de un toro enorme, el cuello que formaba parte de sus hombros, y el negro brillante de sus cuernos. Galopaba un poco rezagado del resto, que iban en hilera con su paso firme y veloz; y luego el coche dio un bandazo como si se hubiera subido a una carretera, los animales se aproximaron y vio la veloz enormidad del toro, y el polvo sobre su piel de escaso pelo, la amplia protuberancia del cuerno y el hocico de fosas nasales anchas y dilatadas, y ya levantaba el rifle cuando Wilson le gritó: «¡Desde el coche no, idiota!», y no tuvo miedo, solo odió a Wilson. Hubo un frenazo y el coche derrapó, clavándose de lado en el suelo hasta quedar casi parado, y Wilson salió por un lado y él por el otro, trastabillando al tocar con los pies el suelo porque el coche aún estaba en marcha. Enseguida disparó al toro mientras este seguía galopando, oyó cómo las balas lo impactaban, vació el rifle mientras el animal se alejaba a paso firme, y al final recordó que debía dirigir sus disparos entre los hombros, y cuando intentaba recargar torpemente vio que el toro estaba en el suelo. Había caído de rodillas y sacudía la cabeza. Al ver que los otros dos seguían galopando le disparó al líder y le dio. Volvió a disparar y falló, y oyó el alto carauang del rifle de Wilson y vio cómo el líder se desplomaba de narices.

—Dele al otro —dijo Wilson—. ¡Ahora dispare usted!

Pero el otro toro seguía galopando al mismo ritmo y Macomber falló, levantó una salpicadura de polvo, y Wilson falló y el polvo formó una nube y Wilson gritó: «¡Vamos, está demasiado lejos!», y lo cogió del brazo y ya volvían a entrar al coche, Macomber y Wilson agarrados a los laterales y avanzando a toda velocidad, dando bandazos por encima del terreno irregular, acercándose al toro que seguía con su galope constante, veloz, de cuello grueso y línea recta.

Estaban detrás de él y Macomber cargaba el rifle, tiraba los casquillos al suelo, se le encasquilló el arma, la desencasquilló, y ya estaban casi encima del toro cuando Wilson gritó: «¡Para!» y el coche patinó y casi vuelcan y Macomber cayó hacia delante sobre sus pies, cargó el rifle y disparó lo más adelante que pudo apuntar a la espalda negra, redondeada y al galope, apuntó y volvió a disparar, y otra vez, y otra, y no falló ni una vez, pero las balas no parecían afectar al animal. Entonces disparó Wilson, el estampido lo dejó sordo, y vio que el toro se tambaleaba. Macomber volvió a disparar, apuntando cuidadosamente, y el animal cayó de rodillas.

—Muy bien —dijo Wilson—. Buen trabajo. Este es el tercero.

Macomber se sintió ebrio de euforia.

—¿Cuántas veces ha disparado? —preguntó.

—Solo tres —dijo Wilson—. Usted mató al primer toro. El más grande. Yo lo he ayudado a acabar con los otros dos. Temía que se metieran en la espesura. Usted los mató. Yo solo le he echado una mano. Ha disparado condenadamente bien.

—Subamos al coche —dijo Macomber—. Tengo sed.

—Primero vamos a rematar a ese búfalo —le dijo Wilson. El búfalo estaba de rodillas y sacudía furiosamente la cabeza, bramando con rabia desde sus ojos hundidos a medida que se le acercaban.

—Ojo que no se levante —dijo Wilson. Y añadió—: Póngase un poco de lado y dele en el cuello, justo detrás de la oreja.

Macomber apuntó cuidadosamente al centro de ese cuello enorme y zarandeado por la rabia y disparó. La cabeza se desplomó hacia delante.

—Ya está —dijo Wilson—. Le ha dado en el espinazo. Son unos animales impresionantes, ¿verdad?

—Vamos a echar un trago —dijo Macomber. En su vida se había sentido tan bien.

En el coche, la mujer de Macomber estaba pálida.

—Eres maravilloso, cariño —le dijo a Macomber—. Menuda persecución.

—¿Ha sido duro? —preguntó Wilson.

—Ha sido espantoso. Nunca había estado tan asustada en mi vida.

—Echemos un trago —dijo Macomber.

—Desde luego —dijo Wilson—. Déselo a la memsahib.

Margot bebió del whisky que había en la petaca y se estremeció un poco al tragar. Le entregó la petaca a Macomber, que se la pasó a Wilson.

—Ha sido de lo más emocionante —dijo Margot—. Me ha dado un terrible dolor de cabeza. No sabía que se permitía disparar desde el coche.

—Nadie ha disparado desde el coche —dijo Wilson fríamente.

—Me refería a perseguirlos con un coche.

—Normalmente no se hace —dijo Wilson—. Aunque tal como lo hemos hecho me ha parecido bastante deportivo. Nos hemos arriesgado más conduciendo por esta planicie llena de baches que si hubiéramos cazado a pie. Los búfalos podrían habernos atacado cada vez que disparábamos de haber querido. Les hemos dado todas las oportunidades. De todos modos no se lo mencione a nadie. Es ilegal, si a eso se refería.

—A mí me ha parecido muy injusto —dijo Margot— perseguir a esos grandes animales indefensos en coche.

—¿Ah, sí? —dijo Wilson.

—¿Qué pasaría si se enteraran en Nairobi?

—Que para empezar perdería mi licencia. Y otras cosas desagradables —dijo Wilson, echando un trago de la petaca—. Me quedaría sin trabajo.

—¿En serio?

—Sí, en serio.

—Bueno —dijo Macomber, y sonrió por primera vez en todo el día—. Ahora ella lo puede chantajear a usted.

—Siempre sabes decir las cosas con tanta delicadeza, Francis —dijo Margot Macomber.

Wilson los miró a los dos. Si un cabrón se casa con una zorra, pensaba, ¿qué clase de animales serán los hijos? Lo que dijo fue:

—Hemos perdido a uno de los porteadores. ¿Se han dado cuenta?

—Dios mío, no —dijo Macomber.

—Ahí viene —dijo Wilson—. Se encuentra bien. Debe de haberse caído cuando dejamos atrás el primer búfalo.

Vieron acercarse al porteador de mediana edad, tocado con su gorro de punto, su túnica caqui, sus pantalones cortos y sus sandalias de goma. Cojeaba, y se le veía sombrío y disgustado. Cuando llegó se dirigió a Wilson, y todos vieron el cambio que sufrió la cara del cazador.

—¿Qué ha dicho? —preguntó Margot.

—Dice que el primer toro se ha levantado y se ha metido en la espesura —Wilson habló con voz totalmente inexpresiva.

—Oh —dijo Macomber, pálido.

—Entonces va a ser como lo del león —dijo Margot, llena de expectación.

—Ni de casualidad va a ser como lo del león —le dijo Wilson—. ¿Quiere otro trago, Macomber?

—Sí, gracias —dijo Macomber. Pensó que volvería a experimentar la misma sensación que con el león, pero no fue así. Por primera vez en su vida sintió que no tenía miedo. En lugar de miedo lo invadía una auténtica euforia.

—Vamos a echarle un vistazo a ese segundo búfalo —dijo Wilson—. Le diré al conductor que ponga el coche en la sombra.

—¿Qué van a hacer? —preguntó Margaret Macomber.

—Echarle un vistazo al búfalo —dijo Wilson.

—Yo también voy.

—Vamos.

Los tres se acercaron a la negra mole del segundo búfalo, la cabeza echada hacia delante, sobre la hierba, los cuernos enormes y separados.

—Es una cabeza magnífica —dijo Wilson—. Debe de tener más de un metro de envergadura.

Macomber lo miraba encantado.

—A mí me parece algo repugnante —dijo Margot—. ¿Podemos ir a la sombra?

—Claro —dijo Wilson—. Mire —le dijo a Macomber, y señaló—: ¿Ve aquella espesura?

—Sí.

—Ahí es donde se ha metido el primer toro. El porteador dice que cuando él se cayó del coche el toro estaba en el suelo. Se quedó mirando cómo perseguíamos a toda velocidad a los otros dos búfalos. Cuando se volvió se encontró con el búfalo en pie y mirándolo. El porteador corrió como un demonio y el toro se fue lentamente hacia esos matorrales.

—¿Podemos ir a por él ahora? —dijo Macomber, impaciente. Wilson lo estudió lentamente.

Este sí es raro, se dijo. Ayer estaba hecho un flan y hoy se comería el mundo.

—No, démosle un rato.

—Por favor, vamos a la sombra —dijo Margot. Tenía la cara blanca y parecía enferma.

Se dirigieron al coche, que estaba bajo un solitario árbol de copa ancha, y se metieron en él.

—Lo más probable es que esté muerto ahí dentro —observó Wilson—. Dentro de un rato iremos a echar un vistazo.

Macomber sintió una felicidad desmedida e irracional que nunca había experimentado.

—Dios mío, menuda persecución —dijo—. Nunca había sentido nada igual. ¿No ha sido maravilloso, Margot?

—A mí me ha parecido horroroso.

—¿Por qué?

—Me ha parecido horroroso —dijo con amargura—. Detestable.

—¿Sabe?, no creo que nunca vuelva a tener miedo de nada —le dijo Macomber a Wilson—. Algo me pasó después de ver el búfalo y comenzar a perseguirlo. Como cuando revienta un dique. Ha sido pura emoción.

—Te depura el hígado —dijo Wilson—. A la gente le pasan cosas muy raras.

La cara de Macomber resplandecía.

—Algo me ha pasado —dijo—. Me siento completamente distinto.

Su esposa no dijo nada y lo miró con extrañeza. Estaba sentada en el extremo del asiento y Macomber se inclinaba hacia delante mientras hablaba con Wilson, que estaba de lado, hablando por encima del respaldo del asiento delantero.

—¿Sabe?, me gustaría probar con otro león —dijo Macomber—. Ahora ya no me dan miedo. Después de todo, ¿qué pueden hacerte?

—Exactamente —dijo Wilson—. Lo peor que pueden hacer es matarte. ¿Cómo es ese fragmento? Shakespeare. Es buenísimo. A ver si me acuerdo. Oh, es buenísimo. Durante una época solía repetírmelo. Vamos a ver. «A fe mía que no me importa; un hombre solo puede morir una vez; le debemos a Dios una muerte y tanto da cómo se la paguemos; el que muere este año, el que viene ya se ha librado.» Buenísimo, ¿eh?

Se avergonzó de haber revelado aquellas palabras que habían guiado su vida, pero había visto alcanzar la mayoría de edad a algunos hombres, y era algo que siempre lo conmovía. Era totalmente distinto a cumplir los veintiún años.

Había hecho falta un momento singular en la cacería, una acción precipitada que no había dado opción a pensárselo de antemano, para provocar aquello en Macomber, pero tanto daba cómo había sucedido, lo cierto era que había sucedido. Míralo ahora, se dijo Wilson. Lo que pasa es que algunos siguen siendo unos críos durante mucho tiempo, pensó Wilson. Algunos toda la vida. Siguen pareciendo unos muchachos cuando cumplen los cincuenta. El gran niño—hombre norteamericano. Qué gente tan extraña. Pero ahora ese Macomber le caía bien. Un tipo bien raro. Probablemente eso también significaba que dejaría de ser cornudo. Bueno, eso sí que estaría bien. Eso estaría de primera. El tipo probablemente ha estado toda la vida asustado. No sabe cómo empezó. Pero ya lo ha superado. Con el búfalo no ha tenido tiempo de estar asustado. Eso… y también estaba furioso. Y el coche. Los coches te hacen sentir más como en casa. Ahora está que se come el mundo. En la guerra había visto a gente a la que le pasaba algo parecido. Te cambiaba más eso que perder la virginidad. Se te iba el miedo como si te lo hubieran extirpado. Y en su lugar surgía otra cosa. Lo más importante de un hombre. Lo que lo hacía hombre. Las mujeres también lo sabían. Adiós al maldito miedo.

Desde la otra punta del asiento Margaret Macomber los miró a los dos. En Wilson no había ningún cambio. Vio a Wilson tal como lo había visto el día antes, cuando comprendió por primera vez cuál era su gran talento. Pero ahora veía el cambio ocurrido en Francis Macomber.

—¿Siente también usted toda esta felicidad por lo que va a ocurrir? —preguntó Macomber, explorando aún su nueva abundancia.

—No debe mencionarlo —le dijo Wilson, observando la cara del otro—. La moda es siempre decir que se está asustado. Y mire lo que le digo: de todos modos, algunas veces volverá a tener miedo.

—Pero ¿no siente felicidad por lo que vamos a hacer?

—Sí —dijo Wilson—. Eso ocurre. Pero no hay que hablar demasiado de esto. Déjelo. Si habla demasiado de una cosa pierde la gracia.

—No dicen más que tonterías, los dos —dijo Margot—. Solo porque han cazado unos animales inocentes desde un coche hablan como si fueran héroes.

—Lo siento —dijo Wilson.

Empieza a estar preocupada por lo ocurrido, pensó.

—Si no sabes de qué hablas, ¿por qué te metes? —le preguntó Macomber a su mujer.

—De repente te has vuelto muy valiente, así, sin más —dijo su mujer, huraña. Pero su desprecio era vacilante. Tenía miedo de algo.

Macomber se rió, una carcajada muy natural y campechana.

—Sabes que es así —dijo—. Es verdad.

—¿Y no es un poco tarde? —dijo Margot con amargura. Porque durante muchos años había hecho todo lo que había podido, y nadie tenía la culpa de que su matrimonio hubiera llegado a esa situación.

—No para mí —dijo Macomber.

Margot no dijo nada, pero se reclinó en la esquina del asiento.

—¿Cree que le hemos dado tiempo suficiente? —le preguntó alegremente Macomber a Wilson.

—Podemos ir a echar un vistazo —dijo Wilson—. ¿Le queda munición?

—Al porteador le queda.

Wilson dijo unas palabras en swahili, y el porteador, que estaba desollando una de las cabezas, se enderezó, sacó una caja de balas del bolsillo y se las llevó a Macomber, que llenó el cargador y se metió el resto en el bolsillo.

—También podría utilizar el Springfield —dijo Wilson—. Está acostumbrado a él. Dejaremos el Mannlicher en el coche con la memsahib. Su porteador puede llevar el arma pesada. Yo tengo este maldito cañón. Y ahora deje que le explique una cosa —se había guardado esto para el final porque no quería preocupar a Macomber—. Cuando un búfalo ataca lo hace con la cabeza alta y echada hacia delante. No se le puede disparar al cerebro porque la protuberancia de los cuernos lo protege. Solo se le puede disparar a la nariz. Solo hay otro disparo bueno, y es al pecho, o, si está de lado, al cuello o a los hombros. Una vez han recibido un disparo se ponen hechos una furia. No intente nada elaborado. Elija el disparo más sencillo. Ya han acabado de desollar la cabeza. ¿Nos ponemos en marcha?

Llamó a los porteadores, que llegaron sacudiéndose las manos, y el de más edad se subió atrás.

—Solo me llevaré a Kongoni —dijo Wilson—. El otro puede quedarse a vigilar que no vengan los pajarracos.

Mientras el coche avanzaba lentamente por el claro, hacia la isla de árboles tupidos que formaban una lengua de follaje siguiendo un cauce seco que cortaba el terreno pantanoso abierto, Macomber sintió que de nuevo el corazón le latía con fuerza y volvía a tener la boca seca, pero era excitación, no miedo.

—Por aquí ha entrado —dijo Wilson. A continuación le dijo al porteador en swahili—: Sigue el rastro de sangre.

El coche estaba en paralelo a los matorrales. Macomber, Wilson y el porteador se bajaron. Macomber volvió la mirada y vio a su mujer con el rifle a su lado, mirándolo. La saludó con la mano, pero ella no le devolvió el saludo.

La vegetación era muy espesa, y el terreno estaba seco. El porteador de mediana edad sudaba profusamente, y Wilson se inclinó el sombrero delante de los ojos y su nuca roja apareció justo delante de Macomber. De repente el porteador le dijo algo en swahili a Wilson y echó a correr hacia delante.

—Está muerto ahí delante —dijo Wilson—. Buen trabajo.

Se volvió para coger la mano de Macomber, y mientras se la estrechaban, sonriéndose mutuamente, el porteador se puso a gritar como un loco y lo vieron salir de la espesura corriendo de lado, veloz como un cangrejo, y el toro también salió, el morro levantado, la boca apretada, goteando sangre, el gran cabezón hacia delante, a la carga, los ojillos hundidos inyectados en sangre mientras los miraba. Wilson, que estaba delante, se había arrodillado y disparaba, y Macomber, mientras disparaba, no oyendo sus disparos a causa del estruendo del arma de Wilson, vio fragmentos como de pizarra que saltaban de la enorme protuberancia de los cuernos, y la cabeza sufrió una sacudida, y volvió a disparar a las anchas fosas nasales y vio cómo los cuernos sufrían otra sacudida y salían volando algunos fragmentos. Ahora no veía a Wilson, y, apuntando con cuidado, volvió a disparar, y tenía la enorme mole del búfalo casi encima, y el rifle estaba casi alineado con la cabeza que acometía, el morro levantado, y podía ver aquellos ojillos malignos, y la cabeza empezó a descender y sintió un repentino destello cegador, candente, que estallaba dentro de su cabeza, y ya nunca volvió a sentir nada más.

Wilson se había echado a un lado para disparar a los hombros. Macomber había permanecido impertérrito apuntando a la nariz, disparando cada vez un poco más alto y dándole en la pesada cornamenta, sacándole esquirlas y astillas como si le disparara a un tejado de pizarra. La señora Macomber, en el coche, le había disparado al búfalo con el Mannlicher 6.5 porque pensó que iba a cornear a Macomber, pero le había dado a su marido unos cinco centímetros encima y un poco a un lado de la base del cráneo.

Ahora Francis Macomber estaba tendido en el suelo, a dos metros de donde yacía el búfalo, y su mujer se arrodillaba a su lado, Wilson junto a ella.

—Yo no le daría la vuelta —dijo Wilson.

La mujer lloraba histérica.

—Yo volvería al vehículo —dijo Wilson—. ¿Dónde está el rifle?

Ella sacudió la cabeza, con la cara deformada. El porteador recogió el rifle.

—Déjalo como está —dijo Wilson. Y luego—: Ve a buscar a Abdulá para que dé fe de cómo se ha producido el accidente.

Wilson se arrodilló, sacó un pañuelo del bolsillo y lo extendió sobre la cabeza a cepillo de Francis Macomber. La sangre empapaba la tierra seca y suelta.

Wilson se incorporó y vio el búfalo tendido de lado, las patas extendidas, su vientre de pelo ralo poblado de garrapatas. Menudo toro, registró automáticamente su cerebro. Aquí hay un metro de cornamenta. O más. Mucho más. Llamó al conductor y le dijo que extendiera una manta sobre el búfalo y se quedara junto a él. A continuación se acercó al coche, donde la mujer lloraba en un rincón.

—Bonita cosa has hecho —dijo en una voz sin inflexiones—. Pero si de todos modos él te habría dejado.

—Cállate —dijo ella.

—Por supuesto, ha sido un accidente —dijo—. Lo sé.

—Cállate —dijo ella.

—No te preocupes —dijo él—. Habrá que pasar por algunos momentos desagradables, pero haré que saquen algunas fotos muy útiles para la investigación. También está el testimonio de los porteadores y del conductor. Estás completamente a salvo.

—Cállate —dijo ella.

—Hay muchísimas cosas que hacer —dijo él—. Y tendré que mandar un camión al lago para que telegrafíen pidiendo un avión que nos lleve a los tres a Nairobi. ¿Por qué no lo envenenaste? Es lo que hacen en Inglaterra.

—Cállate. Cállate. Cállate —gritó la mujer.

Wilson la miró con sus ojos azules e inexpresivos.

—Ya he terminado —dijo él—. Me enfadé un poco. Tu marido había empezado a caerme bien.

—Oh, por favor, cállate —dijo ella—. Por favor, cállate.

—Eso está mejor —dijo Wilson—. Pedirlo por favor es mucho mejor. Ahora me callo.

HOMENAJE A SUIZA

El café de la estación era cálido y luminoso. La madera de las mesas relucía de tan restregada y había cestos de galletitas saladas en bolsas de papel glaseado. Las sillas eran labradas, pero los asientos estaban gastados y eran cómodos. Había un reloj de madera labrada en la pared y una barra en la otra punta del local. Fuera nevaba.

Dos de los mozos de la estación bebían vino joven en la mesa que estaba debajo del reloj. Entró otro mozo y dijo que el Simplon—Orient Express llevaba una hora de retraso en Saint—Maurice. Salió. La camarera se acercó a la mesa del señor Wheeler.

—El Express lleva una hora de retraso, señor —dijo—. ¿Quiere que le traiga un poco de café?

—Si cree que no me va a desvelar.

—¿Perdón? —dijo la camarera.

—Tráigame un poco —dijo el señor Wheeler.

—Gracias.

La camarera fue por el café a la cocina y el señor Wheeler miró por la ventana y vio caer la nieve a la luz que llegaba del andén.

—¿Habla algún otro idioma, además de inglés? —le preguntó a la camarera.

—Oh, sí, señor. Hablo alemán y francés, y los dialectos.

—¿Le gustaría beber algo?

—Oh, no, señor. Está prohibido beber en el café con los clientes.

—¿Aceptaría un cigarrillo?

—Oh, no, señor. No fumo, señor.

—Eso está bien —dijo el señor Wheeler. Volvió a mirar por la ventana, se bebió el café y encendió un cigarrillo.

—Fräulein —llamó. La camarera se le acercó.

—¿Qué desea, señor?

—A usted.

—No bromee así conmigo.

—No bromeo.

—Entonces no debe decirlo.

—No tengo tiempo para discutir —dijo el señor Wheeler—. El tren llegará en cuarenta minutos. Si sube arriba conmigo le daré quinientos francos.

—No debería decir esas cosas, señor. Le pediré al mozo que hable con usted.

—No quiero a ningún mozo —dijo el señor Wheeler—. Ni a un policía ni a ninguno de esos chicos que venden cigarrillos. La quiero a usted.

—Si sigue hablando así tendrá que marcharse. No puede quedarse aquí si sigue hablando así.

—¿Por qué no se va, entonces? Si se va no podré seguir hablando con usted.

La camarera se marchó. El señor Wheeler se fijó en si hablaba con los mozos. No lo hizo.

—¡Mademoiselle! —llamó. La camarera se acercó—. Tráigame una botella de Sion, por favor.

—Sí, señor.

El señor Wheeler la observó alejarse, y luego acercarse con el vino y ponerlo en su mesa. Miró el reloj.

—Le daré doscientos cincuenta francos —dijo.

—Por favor, no diga esas cosas.

—Doscientos cincuenta francos es mucho dinero.

—¡Deje de decirlas esas cosas! —dijo la camarera. Le estaba fallando el inglés. El señor Wheeler la miró interesadamente.

—Doscientos francos.

—Es usted odioso.

—¿Por qué no se va, pues? No puedo hablar con usted si no está aquí.

La camarera se alejó de la mesa y regresó a la barra. El señor Wheeler se bebió el vino y sonrió para sí un rato.

—Mademoiselle —llamó. La camarera fingió no oírlo—. Mademoiselle —volvió a llamar. La camarera se acercó.

—¿Desea algo?

—Mucho. Le daré trescientos francos.

—Es usted odioso.

—Trescientos francos suizos.

Se alejó y el señor Wheeler la observó. Un mozo abrió la puerta. Era el que se encargaba del equipaje del señor Wheeler.

—El tren está llegando, señor —dijo en francés. El señor Wheeler se puso en pie.

—Mademoiselle —llamó. La camarera fue hacia la mesa—. ¿Cuánto es el vino?

—Siete francos.

El señor Wheeler contó ocho francos y los dejó encima de la mesa. Se puso el abrigo y siguió al mozo hasta el andén, donde caía la nieve.

—Au revoir, mademoiselle —dijo. La camarera lo observó marcharse. Es feo, se dijo, feo y odioso. Trescientos francos por algo que se hace por nada. Cuántas veces lo he hecho por nada. Y aquí no hay a donde ir. Si tuviera más sentido común sabría que aquí no hay a donde ir. Ni tiempo ni lugar adonde ir. Trescientos francos por hacer eso. Hay que ver cómo son estos americanos.

El señor Wheeler, de pie en el andén de cemento, junto a sus maletas, miraba los raíles en dirección al faro de la locomotora que se abría paso en la nieve y se decía que la diversión le había salido muy barata. Aparte de la cena, de hecho solo había gastado siete francos en una botella de vino y uno más de propina. Setenta y cinco céntimos habría sido mejor. Se habría sentido mejor de haber dejado solo setenta y cinco céntimos de propina. Un franco suizo son cinco francos franceses. El señor Wheeler se dirigía a París. No le gustaba derrochar el dinero y no le interesaban las mujeres. Ya había estado antes en esa estación y sabía que no había piso de arriba. El señor Wheeler no era de los que se arriesgan.

SEGUNDA PARTE

El señor Johnson habla de ello en Vevey

El café de la estación era cálido y luminoso; las mesas relucían de tanto restregarlas y en algunas había manteles de tela de rayas rojas y blancas; y en otras había manteles de tela azules y blancos, y en todos ellos había cestos de galletitas saladas en bolsas de papel glaseado. Las sillas estaban labradas y los asientos de madera estaban gastados y eran cómodos. Había un reloj en la pared, una barra de cinc en la otra punta del local, y fuera nevaba. Dos de los mozos de la estación bebían vino joven en la mesa que había debajo del reloj.

Entró otro mozo y dijo que el Simplon—Orient Express llevaba una hora de retraso en Saint—Maurice. La camarera se acercó a la mesa del señor Johnson.

—El Express lleva una hora de retraso, señor —dijo—. ¿Quiere que le traiga un poco de café?

—Si no es demasiada molestia.

—¿Perdón? —dijo la camarera.

—Tomaré un poco.

—Gracias.

La camarera fue por el café a la cocina y el señor Johnson miró por la ventana y vio caer la nieve a la luz que llegaba del andén.

—¿Habla algún otro idioma, además de inglés? —le preguntó a la camarera.

—Oh, sí, señor. Hablo alemán y francés, y los dialectos.

—¿Le gustaría beber algo?

—Oh, no, señor. Está prohibido beber en el café con los clientes.

—¿Aceptaría un cigarrillo?

—Oh, no, señor —dijo ella riendo—. No fumo, señor.

—Yo tampoco —dijo Johnson—. Es una costumbre sucia.

La camarera se alejó y el señor Johnson encendió un cigarrillo y se bebió el café. El reloj de pared marcaba las diez menos cuarto. El reloj del señor Johnson iba un poco adelantado. El tren debía llegar a las diez y media, y una hora tarde significaba las once y media. Johnson llamó a la camarera.

—¡Signorina!

—¿Qué desea, señor?

—¿Le gustaría jugar conmigo? —preguntó Johnson. La camarera se sonrojó.

—No, señor.

—No me refiero a nada violento. ¿No le gustaría acompañarme a ver la vida nocturna de Vevey? Traiga una amiga, si quiere.

—Tengo que trabajar —dijo la camarera—. Tengo que acabar mi turno.

—Lo sé —dijo Johnson—. Pero ¿no podría conseguir una sustituta? En la guerra civil era algo que se hacía.

—Oh, no señor. Tengo que permanecer aquí en persona.

—¿Dónde aprendió inglés?

—En la Berlitz School, señor.

—Hábleme de sus estudios —dijo Johnson—. ¿Eran los estudiantes de la Berlitz un grupo desmadrado? ¿Había morreos y toqueteos? ¿Había muchos ligones? ¿Alguna vez se topó con Scott Fitzgerald?

—¿Perdón?

—Me refiero a si sus días de estudiante fueron los más felices de su vida. ¿Qué clase de pandilla había en la Berlitz el otoño pasado?

—Está de broma.

—Solo un poco —dijo Johnson—. Es usted una chica estupenda. ¿Y no quiere jugar conmigo?

—Oh, no señor —dijo la camarera—. ¿Quiere que le traiga algo?

—Sí —dijo Johnson—. ¿Podría traerme la carta de vinos?

—Sí, señor.

Con la carta de vinos en la mano, Johnson se acercó a la mesa donde estaban sentados los tres mozos. Levantaron la mirada. Eran viejos.

—Wollen Sie trinken? —preguntó. Uno de ellos asintió y sonrió.

—Oui, monsieur.

—¿Hablan francés?

—Oui, monsieur.

—¿Qué bebemos? Connais—vous des champagnes?

—Non, monsieur.

—Faut les connaître —dijo Johnson—. Fräulein —llamó a la camarera—. Beberemos champán.

—¿Qué champán prefiere, señor?

—El mejor —dijo Johnson—. Laquelle est le best? —preguntó a los mozos.

—Le meilleur? —preguntó el mozo que había hablado primero.

—Desde luego.

El mozo se sacó unas gafas de montura dorada del bolsillo de su chaqueta y estudió la lista. Pasó el dedo por los cuatro nombres mecanografiados y sus precios.

—Sportsman —dijo—. Sportsman es el mejor.

—¿Están de acuerdo, caballeros? —preguntó Johnson a los demás mozos. Uno de ellos asintió. El otro dijo en francés: «No los conozco personalmente, pero he oído hablar a menudo de Sportsman. Es bueno».

—Una botella de Sportsman —dijo Johnson a la camarera. Miró el precio en la carta de vinos: once francos suizos—. Traiga dos botellas. ¿Les importa si me siento con ustedes? —le preguntó al mozo que había sugerido Sportsman.

—Siéntese. Colóquese aquí, por favor. —El mozo le sonrió. Estaba cerrando las gafas y poniéndolas en la funda—. ¿Es su cumpleaños, señor?

—No —dijo Johnson—. No es una celebración. Mi esposa ha decidido divorciarse de mí.

—Qué me dice —exclamó el mozo—. Espero que no sea cierto. —El otro mozo negó con la cabeza. El tercero parecía un poco sordo.

—Sin duda es una experiencia como cualquier otra —dijo Johnson—, como la primera visita al dentista o la primera vez que una chica tiene la menstruación, pero me ha afectado.

—Es comprensible —dijo el mozo de más edad—. Lo entiendo.

—¿Ninguno de ustedes está divorciado, caballeros? —preguntó Johnson. Había dejado de hacer el payaso con el idioma, y llevaba unos minutos hablando buen francés.

—No —dijo el mozo que había pedido el Sportsman—. Aquí la gente no se divorcia mucho. Hay caballeros divorciados, pero no muchos.

—En nuestro país —dijo Johnson— es diferente. Casi todo el mundo está divorciado.

—Es cierto —confirmó el mozo—. Lo he leído en el periódico.

—Yo llevo cierto retraso —prosiguió Johnson—. Es la primera vez que me divorcio. Tengo treinta y cinco años.

—Mais vous êtes encore jeune —dijo el mozo. Se lo explicó a los otros dos—. Monsieur n'a que trente—cinq ans. —Los demás mozos asintieron.

—Es muy joven —dijo uno.

—¿Y de verdad es la primera vez que se divorcia? —preguntó el mozo.

—La primera —dijo Johnson—. Por favor, abra el champán, mademoiselle.

—¿Y es muy caro?

—Diez mil francos.

—¿Suizos?

—No, francos franceses.

—Oh, sí. Dos mil francos suizos. De todos modos no es barato.

—No.

—¿Y por qué se decide uno a divorciarse?

—Porque te lo piden.

—Pero ¿por qué te lo piden?

—Para casarse con otro.

—Pero eso es una idiotez.

—Estoy de acuerdo con usted —dijo Johnson. La camarera llenó las cuatro copas. Cada uno levantó la suya.

—Prosit —dijo Johnson.

—A votre santé —dijo el mozo. Los otros dos mozos dijeron: Salut. El champán sabía a sidra dulce y rosada.

—¿Es costumbre en Suiza responder siempre en un idioma distinto? —preguntó Johnson.

—No —dijo el mozo—. El francés es más cultivado. Además, esto es la Suiza francófona.

—Pero usted habla alemán.

—Sí. En mi pueblo se habla alemán.

—Ya —dijo Johnson—. ¿Y dice que nunca se ha divorciado?

—No. Sería demasiado caro. Además, tampoco me he casado.

—Ah —dijo Johnson—. ¿Y estos otros caballeros?

—Ellos están casados.

—¿Les gusta estar casados? —preguntó Johnson a uno de los mozos.

—¿Qué?

—Que si les gusta estar casados.

—Oui. C'est normale.

—Exactamente —dijo Johnson—. Et vous, monsieur?

—Ça va —dijo el otro mozo.

—Pour moi —dijo Johnson—, ça ne va pas.

—Monsieur va a divorciarse —explicó el primer mozo.

—Oh —dijo el segundo.

—Ajá —dijo el tercero.

—Bueno —dijo Johnson—, parece que el tema se ha agotado. A ustedes no les interesan mis problemas —dijo dirigiéndose al primer mozo.

—Claro que sí —dijo el mozo.

—Bueno, hablemos de otra cosa.

—Como quiera.

—¿De qué podemos hablar?

—¿Usted hace deporte?

—No —dijo Johnson—, pero mi esposa sí.

—¿Qué hace para divertirse?

—Soy escritor.

—¿Con eso se gana mucho dinero?

—No. Pero luego sí, cuando eres conocido.

—Es interesante.

—No —dijo Johnson—, no es interesante. Lo siento mucho, caballeros, pero tengo que dejarles. ¿Me harán el favor de beberse la otra botella?

—Pero el tren no llega hasta dentro de tres cuartos de hora.

—Lo sé —dijo Johnson. Vino la camarera y él pagó el champán y la cena.

—¿Va a salir, señor?

—Sí —dijo Johnson—, solo a dar un paseo. Dejaré las maletas aquí.

Se puso la bufanda, el abrigo y el sombrero. Fuera nevaba copiosamente. Se volvió y por la ventana vio a los tres mozos sentados a la mesa. La camarera les llenaba las copas con lo que quedaba de la botella abierta. Devolvió la botella sin abrir a la barra. Eso hace tres francos y pico por barba, se dijo Johnson. Se volvió y echó a andar por el andén. En el café había pensado que hablar le quitaría hierro al asunto; pero no había sido el caso; solo le había hecho sentirse asqueroso.

TERCERA PARTE

El hijo de un socio en Territet

El café de la estación de Territet estaba demasiado caldeado; era luminoso, y las mesas relucían de tanto restregarlas. En las mesas había cestos de galletitas saladas en bolsas de papel glaseado y posavasos para que la humedad de los vasos no dejara cercos en la madera. Las sillas estaban labradas pero los asientos de madera estaban gastados y eran bastante cómodos. Había un reloj de pared, una barra en la otra punta del local, y fuera nevaba. Había un anciano bebiendo café en una mesa debajo del reloj y leyendo el periódico de la tarde. Entró un mozo y dijo que el Simplon—Orient Express llevaba una hora de retraso en Saint— Maurice. La camarera se acercó a la mesa del señor Harris. El señor Harris acababa justo de cenar.

—El Express llega una hora tarde, señor. ¿Quiere que le traiga un poco de café?

—Si quiere.

—¿Perdón?

—De acuerdo —dijo el señor Harris.

—Gracias —dijo la camarera.

Fue por el café a la cocina y el señor Harris se puso azúcar, aplastó los terrones con la cucharilla, y miró por la ventana en dirección a la nieve que caía a la luz del andén.

—¿Habla algún otro idioma además del inglés? —le preguntó a la camarera.

—Oh, sí. Hablo alemán y francés, y los dialectos.

—¿Cuál le gusta más?

—Son todos muy parecidos, señor. No puedo decir que me guste uno más que otro.

—¿Quiere tomar una copa de algo o un café?

—Oh, no señor, en el café no se nos permite beber con los clientes.

—¿Aceptaría un cigarrillo?

—Oh, no señor —dijo la camarera riendo—. No fumo, señor.

—Ni yo tampoco —dijo Harris—. No estoy de acuerdo con David Belasco.

—¿Perdón?

—Belasco. David Belasco. Siempre se le puede identificar porque lleva el cuello de la camisa del revés. Pero no estoy de acuerdo con él. Aunque la verdad es que ya se ha muerto.

—¿Me disculpa un momento, señor? —preguntó la camarera.

—Desde luego —dijo Harris. Se sentó hacia delante y miró por la ventana. En la otra punta del local el anciano había doblado el periódico. Miró al señor Harris, y a continuación cogió su taza de café y su platillo y se dirigió a la mesa de Harris.

—Le ruego que perdone mi intromisión —le dijo en inglés—, pero se me acaba de ocurrir que quizá sea usted miembro de la National Geographic Society.

—Por favor, siéntese —dijo Harris. El caballero se sentó.

—¿Quiere otro café o una copa de licor?

—Gracias —dijo el caballero.

—¿Quiere tomar un kirsch conmigo?

—Puede. Pero deje que le invite.

—No, insisto. —Harris llamó a la camarera. El anciano sacó una cartera de cuero del bolsillo interior de su chaqueta. Le quitó una ancha goma elástica y extrajo varios documentos, seleccionó uno y se lo entregó a Harris.

—Este es mi carnet de socio —dijo—. En Estados Unidos, ¿conoce a Frederick J. Roussel?

—Me temo que no.

—Creo que es una gran eminencia.

—¿De dónde es? ¿De qué parte de Estados Unidos?

—De Washington, desde luego. ¿No está ahí la sede de la sociedad?

—Creo que sí.

—Lo cree. ¿No está seguro?

—Llevo mucho tiempo fuera —dijo Harris.

—Así que no es socio.

—No. Pero mi padre lo es. Lo es desde hace muchísimos años.

—Entonces debía de conocer a Frederick J. Roussel. Es uno de los miembros de la junta directiva de la sociedad. Observará que fue el señor Roussel quien me nominó para socio.

—Me alegro enormemente.

—Siento que no sea socio. Pero podría hacer que su padre lo nominara.

—Eso creo —dijo Harris—. Lo haré cuando regrese.

—Yo le aconsejaría que lo hiciera —dijo el caballero—. Lee la revista, supongo.

—Desde luego.

—¿Ha visto el número que trae las fotos en color de la fauna de Norteamérica?

—Sí, lo vi en París.

—¿Y el número que contiene las panorámicas de los volcanes de Alaska?

—Ese era una maravilla.

—También me encantaron las fotos de animales salvajes de George Shiras tercero.

—Eran buenas de narices.

—¿Perdón?

—Eran estupendas. Ese tipo, Shiras…

—¿Le llama ese tipo?

—Somos viejos amigos.

—Entiendo. Conoce a George Shiras tercero. Debe de ser un hombre muy interesante.

—Lo es. Es casi el hombre más interesante que conozco.

—¿Conoce también a George Shiras segundo? ¿También es interesante?

—Oh, no es tan interesante.

—Pensaba que sería muy interesante.

—Sí, es raro. No es tan interesante. Muchas veces me he preguntado por qué.

—Mmm —dijo el caballero—. Habría dicho que cualquier miembro de esa familia había de ser interesante.

—¿Se acuerda de la panorámica del desierto del Sáhara? —preguntó Harris.

—¿El desierto del Sáhara? Eso fue hace casi cincuenta años.

—Exacto. Era una de las favoritas de mi padre.

—¿No prefiere los números recientes?

—Probablemente. Pero está enamorado de la panorámica del Sáhara.

—Era excelente. Pero para mí su valor artístico superaba con mucho su interés científico.

—No lo sé —dijo Harris—. El viento levantando toda aquella arena y el árabe y su camello arrodillados de cara a La Meca.

—Por lo que recuerdo, el árabe estaba de pie sujetando las riendas del camello.

—Tiene toda la razón —dijo Harris—. Estaba pensando en el libro del coronel Lawrence.

—Creo que el libro de Lawrence trata de Arabia.

—Exactamente —dijo Harris—. Ha sido el árabe lo que me lo ha recordado.

—Debe de ser un hombre muy interesante.

—Creo que lo es.

—¿Sabe a qué se dedica ahora?

—Está en la Royal Air Force.

—¿Y sabe por qué?

—Le gusta.

—¿Sabe si pertenece a la National Geographic Society?

—Yo también me lo pregunto.

—Sería un socio de primera. Es la clase de persona que quieren como socio. Me encantaría nominarlo si usted cree que les gustaría tenerlo de socio.

—Yo creo que les gustaría.

—He nominado a un científico de Vevey y a un colega de Lausana y los dos han sido elegidos. Creo que estarían encantados de que nominara al coronel Lawrence.

—Es una idea espléndida —dijo Harris—. ¿Viene a menudo a este café?

—Vengo a tomar el café después de cenar.

—¿Da clases en la universidad?

—Ya estoy jubilado.

—Yo estoy esperando el tren —dijo Harris—. Voy a París y luego a El Havre, donde me embarcaré para Estados Unidos.

—Yo no he estado nunca en Estados Unidos. Pero me gustaría mucho ir. Quizá algún día asista a alguna reunión de la sociedad. Me encantaría conocer a su padre.

—Estoy seguro de que a él también le habría gustado conocerle, pero murió el año pasado. Por extraño que parezca, se pegó un tiro.

—Lo siento muchísimo. Estoy seguro de que su pérdida fue un golpe para la ciencia y para su familia.

—La ciencia se lo tomó muy bien. Esta es mi tarjeta —dijo Harris—. Las iniciales de mi padre eran E. J. en lugar de E. D. Sé que le habría gustado conocerle.

—Para mí habría sido un gran placer. —El caballero sacó una tarjeta de la cartera y se la entregó a Harris. Rezaba:

SIGISMUND WYER, doctor en ciencias
socio de la National Geographic Society
Washington, D. C., EE. UU.

—La guardaré donde no pueda perderse —dijo Harris.

TRES DÍAS DE VENDAVAL

La lluvia escampó cuando Nick dobló para enfilar el camino que atravesaba el huerto. Ya habían recogido la fruta, y el viento de otoño soplaba entre los árboles pelados. Nick se detuvo y tomó una manzana Wagner del suelo, a la orilla del camino, reluciente en medio de la hierba marrón debido a la lluvia. Se metió la manzana en el bolsillo de su gruesa chaqueta Mackinaw.

El camino salía del huerto y llegaba hasta lo alto de la colina. Allí estaban la cabaña, el porche austero, el humo que salía de la chimenea. Detrás estaban el garaje, el gallinero y el segundo renuevo del año de los árboles madereros, que formaban una especie de seto contra el bosque de atrás. Los grandes árboles se mecían al viento en la lejanía. Era la primera tormenta de otoño.

Mientras Nick cruzaba el campo abierto que quedaba por encima del huerto, la puerta de la cabaña se abrió y salió Bill. Se quedó en el porche con la mirada perdida.

—Bueno, Wemedge —dijo.

—Hola, Bill —dijo Nick, subiendo los escalones.

Se quedaron el uno junto al otro, mirando el paisaje, el huerto que quedaba al otro lado del camino, los campos más bajos y el bosque desde la punta hasta el lago. El viento soplaba directamente sobre el lago. Veían la espuma que se formaba en la punta de Ten Mile.

—Cómo sopla —dijo Nick.

—Soplará así durante tres días —dijo Bill.

—¿Está tu padre en casa? —dijo Nick.

—No. Ha salido con la escopeta. Entra.

Nick entró en la cabaña. En el hogar había un buen fuego. El viento lo hacía rugir. Bill cerró la puerta.

—¿Quieres un trago? —dijo.

Fue a la cocina y volvió con dos vasos y una jarra de agua. Nick tomó la botella de whisky del estante que había sobre la chimenea.

—¿Así está bien? —dijo.

—Así —dijo Bill.

Se sentaron delante del fuego y bebieron whisky irlandés con agua.

—Tiene un gusto ahumado buenísimo —dijo Nick, y miró el fuego a través del vaso.

—Es la turba —dijo Bill.

—La turba no se puede convertir en licor —dijo Nick.

—No hay diferencia —dijo Bill.

—¿Has visto turba alguna vez? —preguntó Nick.

—No —dijo Bill.

—Yo tampoco —dijo Nick.

Sus zapatos, muy próximos al fuego, comenzaban a echar vapor.

—Será mejor que te quites los zapatos —dijo Bill.

—No llevo calcetines.

—Quítatelos y sécalos. Te traeré unas medias —dijo Bill. Fue al piso de arriba, entró en el desván, y Nick lo oyó caminar sobre su cabeza. El piso de arriba, debajo del tejado, estaba abierto, y era ahí donde Bill y su padre, y también Nick, dormían a veces. Al fondo había un vestidor. Movían los catres para apartarlos de la lluvia y se tapaban con telas impermeables.

Bill bajó con un par de gruesas medias de lana.

—Ya no es tiempo de andar por ahí sin calcetines —dijo.

—No me gusta volver a ponérmelos —dijo Nick. Se puso los calcetines y se dejó caer en la silla, colocando los pies sobre la pantalla que había delante del fuego.

—Vas a abollar la pantalla —dijo Bill. Nick retiró los pies y los puso a un lado de la chimenea.

—¿Tienes algo para leer? —preguntó.

—Solo el diario.

—¿Cómo les fue a los Cards?

—Perdieron dos partidos seguidos con los Giants.

—Debió de ser muy fácil para ellos.

—Para ellos no es nada —dijo Bill—. Mientras McGraw pueda seguir comprando a todos los buenos jugadores de la liga, no hay nada que hacer.

—No puede comprarlos a todos —dijo Nick,

—Compra todos los que se le antoja —dijo Bill—. O hace que estén descontentos para que tengan que vendérselos.

—Como Heinie Zim —aprobó Nick.

—Ese tonto le vendrá muy bien.

Bill se levantó.

—Sabe batear —sugirió Níck. El calor que llegaba del fuego le cocía las piernas.

—También es un buen jugador de campo —dijo Bill—. Pero ha perdido partidos.

—A lo mejor para eso lo quiere McGraw —sugirió Nick.

—A lo mejor.

—Siempre hay más de lo que sabemos —dijo Nick.

—Por supuesto. Pero para vivir tan lejos estamos bastante bien informados.

—Y si no ves los caballos te es más fácil elegirlos.

—Así es.

Bill bajó la botella de whisky. Su manaza la abarcó por completo. Sirvió en el vaso que Nick le tendió.

—¿Cuánta agua?

—La misma.

Se sentó en el suelo junto a la silla de Nick.

—Me gusta cuando llegan las tormentas de otoño, ¿y a ti? —dijo Nick.

—Es muy bueno.

—La mejor época del año —dijo Nick.

—¿No sería horroroso vivir en la ciudad? —dijo Bill.

—Me gustaría ver la Serie Mundial —dijo Nick.

—Bueno, ahora son siempre en Nueva York o Filadelfia —dijo Bill—. O sea, que nos iba a dar igual.

—¿Crees que los Cards ganarán alguna vez el campeonato?

—No mientras vivamos —dijo Bill.

—Caramba, se volverían locos —dijo Nick.

—¿Te acuerdas de cuando les iba tan bien, antes de tener el accidente de tren?

—¡Chico! —dijo Nick al recordarlo.

Bill extendió el brazo para tomar el libro que estaba sobre la mesa debajo de la ventana. Estaba boca abajo, tal como lo había dejado al salir a abrir la puerta. Sostuvo el vaso con una mano y el libro con la otra, recostándose contra la silla de Nick.

—¿Qué lees?

–Richard Feverel.

—No pude con ella.

—No está mal —dijo Bill—. No es un mal libro, Wemedge.

—¿Qué más tienes que no haya leído? —preguntó Nick.

—¿Has leído Los amantes del bosque?

—Sí. Aquel en que todas las noches se meten en la cama con la espada desenvainada entre ellos.

—Ese es un buen libro, Wemedge.

—Es un libro de primera. Lo que nunca entendí es qué hacía allí la espada. Tendría que estar siempre con el filo vertical, porque si quedaba plana podrías rodar encima de ella como si tal cosa.

—Es un símbolo —dijo Bill.

—Claro —dijo Nick—, pero no es práctico.

—¿Has leído Fortaleza?

—Está bien —dijo Nick—. Eso es un libro de verdad. Es ese en el que su viejo le va detrás todo el tiempo. ¿Tienes alguno más de Walpole?

—El bosque oscuro —dijo Bill—. Es sobre Rusia.

—¿Y qué sabe él de Rusia? —preguntó Nick.

—No lo sé. Con estos tipos nunca se sabe. A lo mejor estuvo allí de joven. El tipo tiene un montón de información.

—Me gustaría conocerlo —dijo Nick.

—A mí me gustaría conocer a Chesterton —dijo Bill.

—Ojalá estuviera ahora aquí —dijo Nick—. Mañana lo llevaríamos a pescar al Voix.

—Me pregunto si le gustaría ir a pescar —dijo Bill.

—Claro —dijo Nick—. Debe de ser el tipo más formidable que existe. ¿Te acuerdas de Posada voladora?

—«Si un ángel del cielo te trajera otras cosas para beber, le agradecerías sus amables intenciones; e irías y las vaciarías bajo la sentina.»

—Está bueno —dijo Nick—. Supongo que es mejor persona que Walpole.

—Oh, ya lo creo, eso seguro —dijo Bill—. Pero Walpole es mejor escritor.

—No lo sé —dijo Nick—. Chesterton es un clásico.

—Walpole también es un clásico —insistió Bill.

—Ojalá estuvieran los dos aquí —dijo Nick—. Mañana los llevaríamos a pescar al Voix.

—Vamos a emborracharnos —dijo Bill.

—De acuerdo —asintió Nick.

—A mi viejo no le importará —dijo Bill.

—¿Estás seguro? —dijo Nick.

—Lo sé —dijo Bill.

—Ya estoy un poco borracho —dijo Nick.

—No estás borracho —dijo Bill.

Se levantó del suelo y tomó la botella de whisky. Nick le tendió su vaso. Tenía los ojos fijos en él mientras Bill le servía.

Bill le llenó el vaso hasta la mitad.

—Ponte el agua que quieras —dijo—. Solo queda para otro trago.

—¿No tienes más? —preguntó Nick.

—Hay mucho más, pero mi padre solo quiere que beba del que ya está abierto.

—Claro —dijo Nick.

—Dice que abrir botellas es lo que te convierte en un borracho —explicó Bill.

—Es verdad —dijo Nick. Estaba impresionado. Nunca había pensado en ello antes. Siempre había creído que lo que te convertía en un borracho era beber solo.

—¿Cómo está tu padre? —preguntó respetuosamente.

—Está bien —dijo Bill—. A veces se le va un poco la cabeza.

—Es un buen tipo —dijo Nick. Se puso agua en el vaso con la jarra y la mezcló lentamente con el whisky. Había más whisky que agua.

—Puedes estar seguro de que sí —dijo Bill.

—Mi viejo también es un buen tipo —dijo Nick.

—Seguro que sí —dijo Bill.

—Dice que nunca ha tomado una copa en su vida —afirmó Nick, como si anunciara un hecho científico.

—Bueno, es médico. Mi viejo es pintor. Es diferente.

—Se ha perdido muchas cosas —dijo Nick con tristeza.

—Nunca se sabe —dijo Bill—. Todo tiene sus compensaciones.

—Es él quien dice que se ha perdido muchas cosas —confesó Nick.

—Bueno, mi padre ha tenido malas épocas —dijo Bill.

—Todo tiene sus compensaciones —dijo Nick.

Se quedaron mirando el fuego y meditando esa profunda verdad.

—Voy a buscar leña al porche de atrás —dijo Nick. Al mirar el fuego había observado que se estaba apagando. También deseaba demostrar que aunque bebiera era capaz de mantener su sentido práctico. Aun cuando su padre nunca hubiera tomado una gota, Bill no iba a conseguir emborracharlo antes de estar él mismo borracho.

—Trae un trozo bien grande de haya —dijo Bill, que también quería demostrar que no había perdido su sentido práctico.

Nick entró con el tronco por la cocina, y al pasar derribó una olla de la mesa. Colocó el leño en el suelo y recogió la olla. Contenía damascos secos en remojo. Levantó meticulosamente los damascos del suelo, algunos habían rodado bajo el fogón, y volvió a colocarlos en la olla. Le echó un poco más de agua del cubo que había junto a la mesa. Estaba muy orgulloso de sí mismo. Había actuado con un gran sentido práctico.

Entró cargando el leño y Bill se levantó de la silla y le ayudó a ponerlo en el fuego.

—Un tronco de primera —dijo Nick.

—Lo he estado guardando para el mal tiempo —dijo Bill—. Un tronco como este arderá toda la noche.

—Así quedarán brasas para encender el fuego por la mañana —dijo Nick.

—Tienes razón —dijo Bill. Procuraban hablar con la máxima seriedad.

—Tomemos otra copa —dijo Nick.

—Creo que hay otra botella abierta en el armario —dijo Bill. Se arrodilló en el rincón, delante del armario, y sacó una botella cuadrada.

—Es escocés —dijo.

—Traeré un poco más de agua —dijo Nick. Volvió a la cocina. Llenó la jarra con el cucharón, sumergiéndolo en el agua fresca de manantial del cubo. Cuando volvía a la sala pasó junto a un espejo del comedor y se miró. Se vio una cara extraña. Le sonrió a la cara del espejo y esta le devolvió la sonrisa. Se guiñó el ojo y siguió andando. No era su cara, pero no le importaba.

Bill había servido más whisky.

—Menudo farol me has puesto —dijo Nick.

—Nosotros podemos con todo, Wemedge —dijo Bill.

—Por qué brindamos? —preguntó Nick, levantando el vaso.

—Por la pesca —dijo Bill.

—Muy bien —dijo Nick—. Caballeros, brindemos por la pesca.

—Por toda la pesca —dijo Bill—. En todas partes.

—Por la pesca —dijo Nick—. Por eso brindamos.

—Es mejor que el béisbol —dijo Bill.

—No tiene ni punto de comparación —dijo Nick—. No entiendo cómo se nos ha ocurrido hablar de béisbol.

—Ha sido un error —dijo Bill—. El béisbol es un deporte para patanes.

Se bebieron todo lo que les quedaba en los vasos.

—Y ahora brindemos por Chesterton.

—Y por Walpole —lo interrumpió Nick.

Nick vertió el licor. Bill el agua. Se miraron. Se sentían muy bien.

—Caballeros —dijo Bill—, brindemos por Chesterton y Walpole.

—Eso mismo, caballeros —dijo Nick.

Bebieron. Nick llenó los vasos. Se sentaron en las grandes sillas delante del fuego.

—Eres muy sabio, Wemedge —dijo Bill.

—¿A qué te refieres? —preguntó Nick.

—Por haber roto con Marge —dijo Bill.

—Supongo —dijo Nick.

—Era lo único que cabía. De lo contrario, ahora estarías en casa trabajando para reunir dinero suficiente para casarte.

Nick no dijo nada.

—Un hombre, en cuanto se casa, está jodido del todo —añadió Bill—. Ya no tiene nada más. Nada. Ni una maldita cosa. Está listo. Ya has visto cómo acaban los que se casan.

Nick no dijo nada.

—Lo tienen escrito en la cara —dijo Bill—. Tienen esa expresión de gordo casado. Están listos.

—Claro —dijo Nick.

—Probablemente fue una pena romper —dijo Bill—. Pero siempre puedes encontrar otra que te guste, y entonces todo está bien. Enamórate de la que quieras, pero no dejes que te arruinen la vida.

—Sí —dijo Nick.

—De haberte casado con ella, habrías tenido que casarte con toda la familia. Acuérdate de su madre y de ese tipo con quien se casó.

Nick asintió.

—Imagínatelos todo el día por tu casa y teniendo que ir a comer el domingo a la suya y teniéndolos a comer en la tuya, y todo el rato la madre diciéndole a Marge lo que tiene que hacer y cómo ha de comportarse.

Nick permaneció en silencio.

—Has salido muy bien del asunto —dijo Bill—. Ahora Marge se puede casar con alguien como ella, tener su propia casa y ser feliz. No se puede mezclar el agua y el aceite. Eso sería como si yo me casara con Ida, la que trabaja para Stratton. A ella probablemente también le gustaría.

Nick no dijo nada. La bebida había ido apagando todo lo que estaba fuera de él y lo había dejado solo. Bill ya no estaba. Ya no estaba sentado frente del fuego ni iría a pescar mañana con Bill y su padre ni nada parecido. No estaba borracho. Todo se había esfumado. Todo lo que sabía era que antes tenía a Marjorie y que ahora no la tenía. Ella se había ido y era él quien la había echado. Eso era todo lo que importaba. Quizá nunca volviera a verla. Era lo más probable. Todo había terminado, acabado.

—Tomemos otro trago —dijo Nick.

Bill le sirvió. Nick se echó un poco de agua.

—Si hubieras seguido por ese camino ahora no estaríamos aquí —dijo Bill.

Era cierto. Su plan original había sido volver a casa y conseguir un trabajo. Después planeaba quedarse en Charlevoix todo el invierno para estar cerca de Marge. Ahora no sabía lo que iba a hacer.

—Probablemente ni siquiera iríamos a pescar mañana —dijo Bill—. Actuaste como debías, sí.

—No pude evitarlo —dijo Nick.

—Lo sé. Así son las cosas —dijo Bill.

—De repente todo se acabó —dijo Nick—. No sé cómo ocurrió. No pude evitarlo. Fue como el vendaval de tres días: que llega de repente y se lleva todas las hojas de los árboles.

—Bueno, se ha acabado. Así es la cosa —dijo Bill.

—Fue culpa mía —dijo Nick.

—No importa de quién fuera la culpa —dijo Bill.

—No, supongo que no —dijo Nick.

La única verdad era que Marjorie se había ido y probablemente nunca volvería a verla. Habían hablado de ir a Italia juntos y de lo bien que lo pasarían allí. De los lugares a los que irían juntos. Ahora todo se había acabado. Algo había quedado fuera de él.

—Lo más importante es que todo se haya terminado —dijo Bill—. Te lo digo, Wemedge, mientras duró estuve preocupado. Estuviste bien. Tengo entendido que la madre está muy enojada. Le había dicho a mucha gente que estaban comprometidos.

—No estábamos comprometidos —dijo Nick.

—Corría la voz de que lo estaban.

—No pude evitarlo —dijo Nick—. No lo estábamos.

—,No iban a casarse? —preguntó Bill.

—Sí. Pero no estábamos comprometidos —dijo Nick.

—,Cuál es la diferencia? —preguntó Bill inquisitivamente.

—No lo sé. Pero hay una diferencia.

—Yo no la veo —dijo Bill.

—Muy bien —dijo Nick—. Vamos a emborracharnos.

—Muy bien —dijo Bill—. Vamos a emborracharnos de verdad.

—Nos emborrachamos y luego vamos a nadar —dijo Nick.

Apuró su vaso.

—Lo siento muchísimo por ella, pero ¿qué podía hacer? ¡Ya sabes cómo era su madre!

—Era terrible —dijo Bill.

—De repente todo se acabó —dijo Nick—. No debería hablar de ello.

—No estás hablando —dijo Bill—. He sido yo quien empezó y ahora termino. No volveremos a hablar nunca más de ello. Tú no quieres pensar en eso. Podrías enredarte con ella otra vez.

A Nick eso no se le había ocurrido. Le había parecido tan definitivo. Esa idea lo hizo sentirse mejor.

—Claro—dijo—. Siempre hay ese peligro.

Ahora se sentía feliz. No había nada irrevocable. Podía ir al pueblo el sábado por la noche. Hoy era jueves.

—Siempre hay una oportunidad —dijo.

—Pero tienes que tener cuidado —dijo Bill.

—Tendré cuidado —dijo Nick.

Se sentía feliz. Nada había terminado. Nada estaba perdido. El sábado bajaría al pueblo. Se sentía más ligero, como se sentía antes de que Bill comenzara a hablar de eso. Siempre había una salida.

—Tomemos las escopetas y bajemos a la punta a ver si encontramos a tu padre —dijo Nick.

—Bueno.

Bill bajó dos escopetas del armero de la pared. Abrió una caja de cartuchos. Nick se puso su chaqueta Mackinaw y sus zapatos. Los zapatos, al secarse, habían quedado duros. Todavía estaba bastante borracho, pero tenía la cabeza clara.

—¿Cómo te sientes? —preguntó Nick.

—Muy bien. Llevo una buena curda —Bill se estaba abrochando el suéter.

—No sirve de nada emborracharse.

—No. Deberíamos salir afuera.

Se dirigieron a la puerta. Soplaba un vendaval.

—Con este viento los pájaros no andarán volando —dijo Nick. Pusieron rumbo al huerto.

—Esta mañana he visto una becada —dijo Bill.

—A lo mejor la encontramos —dijo Nick.

—Con este viento no se puede tirar —dijo Bill. Ahora que estaban afuera, la cuestión de Marge no parecía tan trágica. Ni siquiera era muy importante. El viento lo disipaba todo.

—Viene del gran lago —dijo Nick.

Oyeron el estampido de una escopeta en dirección contraria al viento.

—Ese es papá —dijo Bill—. Está en el pantano.

—Cortemos camino —dijo Nick.

—Cortaremos por el prado de abajo, a ver si encontramos algo —dijo Bill.

—Está bien —dijo Nick.

Nada de eso era importante ahora. El viento lo disipó de su cabeza. Siempre podía bajar al pueblo el sábado de noche. Era una suerte tener esa oportunidad.

EL RÍO DE LOS DOS CORAZONES

I

El tren se perdió de vista tras una de las colinas. Nick se sentó en la mochila con la lona y ropa de cama que el encargado del vagón de equipajes había lanzado por la portezuela. No encontró ni una casa. Nada. Nada más que los rieles y la comarca arrasada por el fuego. No habían quedado rastros de las trece cantinas que ocupaban la única calle de Seney. Solo se veían los cimientos del ex hotel, con la piedra desmenuzada en parte por el incendio. Incluso la superficie estaba devastada.

Paseó sus ojos por la ladera, buscando las dispersas casas del pueblo que ya no existía, y al comprobarlo bajó por los rieles hasta el puente que cruzaba el río. Permaneció absorto en la contemplación del agua límpida coloreada por los guijarros del fondo. Observó los remolinos formados junto a los pilotes de madera y las truchas que se mantenían firmes en la corriente agitando las aletas. Cambiaban de posición con bruscos movimientos angulares, para volver en seguida a su inmovilidad anterior. Se quedó mirándolas largo rato.

Las numerosas truchas que soportaban la presión de la corriente aparecían algo deformadas a través de la superficie convexa y cristalina recorrida por las suaves ondulaciones que provocaba la resistencia de los pilotes del puente. Al principio no las distinguió porque estaban en el fondo, pero luego pudo divisarlas sobre los guijarros, en la variable niebla de piedras y arena que los vaivenes de la corriente arrojaban en chorros.

¡Por fin lograba ver truchas después de mucho tiempo! Hacía bastante calor. Un martín pescador voló muy cerca del agua. Mientras su imagen se proyectaba sobre la superficie, una trucha enorme saltó describiendo un amplio ángulo y al acercarse a la superficie perdió la sombra que había revelado su movimiento. Los rayos del sol la hicieron bajar otra vez; su imagen pareció sobrenadar por encima del agua sin ofrecer ninguna resistencia hasta que llegó a su refugio, bajo el puente, y se detuvo firmemente, aguantando los embates de la corriente.

Frente al panorama de las truchas que se debatían, los bancos de arena y los grandes cantos rodados que ocupaban el río hasta la profundidad abismal del pie del peñasco. Nick experimentó de nuevo la vieja sensación de bienestar.

Regresó donde había dejado la mochila, en un montón de ceniza, junto a los rieles. Estaba contento. Apretó el bulto con las correas y se lo echó al hombro, pasando los brazos por las cintas delanteras. Agachó la cabeza todo lo que pudo para aliviar el esfuerzo de los hombros, pero no logró disminuir el peso. Era demasiado. Tomó por el camino que corría paralelo a las vías del ferrocarril, llevando la caja de cañas de pescar en una mano. Se inclinó hacia delante para que el peso de la mochila descansara en la parte superior de su espalda y se alejó del pueblo incendiado. Hacía mucho calor. Dobló por una colina rodeada de dos alturas también devastadas y llegó al camino que conducía al campo, notando más intensamente el calor que le provocaba la presión de la pesada mochila. El camino ascendía rectamente. Resultaba muy difícil ir cuesta arriba. Le dolían los músculos. Era un día caluroso, pero Nick estaba muy contento. Y era que por aquel camino se alejaba de la necesidad de pensar, de la de escribir y de otras. Todo quedó atrás.

Las cosas habían cambiado mucho desde que el encargado del vagón de equipajes arrojó el fardo de Nick por la portezuela. Seney era muy distinto, pero quizá se hubiera salvado algo del incendio. Así lo esperaba.

Siguió caminando bajo un sol que le hacía sudar extraordinariamente hasta que cruzó el grupo de colinas que separaban el ferrocarril de las llanuras de pinos.

El camino continuaba ascendiendo, aunque con algunos baches. Al llegar a la cima de la colina dejaba de ser paralelo con la ladera devastada. Nick se apoyó en un poste para quitarse la mochila. Frente a él, hasta donde llegaba su vista, se extendía la llanura de pinos. La comarca incendiada concluía a la izquierda, en el grupo de cerros. Más allá se encontraban islotes de pinos oscuros y, en lontananza, el río. Nick recorrió su extensión con la mirada, recibiendo los destellos que el sol provocaba al reflejarse en el agua.

Solo había pinos y más pinos hasta los terrenos altos del lago Superior, con sus colinas azules apenas visibles. Si fijaba la vista en ellas, desaparecían, pero permanecían allí si las miraba solo a medias.

Se sentó junto al poste carbonizado y fumó un cigarrillo. La mochila descansaba sobre la cepa, y le colgaban las correas. Su espalda había hecho un hoyo en el bulto. Mientras fumaba y estiraba un poco las piernas, atisbo la comarca. No tenía necesidad de sacar el mapa, pues se orientaba suficientemente por la posición del río.

Observó que un saltamontes se había posado en su media de lana. El insecto era negro. Muchos de ellos habían surgido de la polvareda mientras él recorría el camino, y todos eran negros. No había encontrado ninguno de esos grandes saltamontes con alas de color amarillo y negro, o rojo y negro, que zumbaban con sus vainas oscuras al volar. Aquellos eran salta—montes comunes, pero todos de color negro fuliginoso. A Nick le llamaron la atención, aunque no pensó realmente en ellos. Al observar el insecto que mordía la lana de la media con su boca de cuatro antenas, pensó que eran negros por el hecho de vivir en la región incendiada. También calculó que el incendio debió producirse el año anterior y que los saltamontes ya eran negros. ¿Por cuánto tiempo seguirían así?

Alargando la mano con mucho cuidado agarró al insecto por las alas. Lo volvió para mirarle el abdomen articulado, mientras sus patas se agitaban en el aire. Sí, también era negro, irisado en el tórax y con la cabeza cubierta de polvo.

—Vamos, bicho. —Por primera vez Nick habló en voz alta—. A irse de aquí.

Soltó el insecto en el aire y contempló su vuelo. El saltamontes se detuvo en un tronco carbonizado, al otro lado del camino.

Nick se levantó y pasó los brazos por las correas, apoyándose con la espalda en la mochila que descansaba sobre el tronco. Después de mirar el río lejano a través del campo, bajó la ladera y se alejó del camino. Era fácil ir cuesta abajo. La comarca devastada terminaba a doscientas yardas de allí. Después crecían helechos miricáceos hasta la altura de los tobillos. Era una extensa y ondulada región con grupos de pinos, frecuentes subidas y bajadas y suelo arenoso, en donde comenzaba de nuevo la vida esplendorosa del bosque.

Nick se orientaba por el sol. Sabía cuándo tenía que tomar rumbo al río. Mientras tanto continuó caminando por la llanura, interrumpida a veces por pequeñas cuestas o una grande y tupida isla de pinos a la derecha o la izquierda. Arrancó varios vástagos del matoso helecho y los puso bajo las correas de la mochila para que despidieran su agradable aroma al ser apretados.

Estaba cansado y sentía mucho el calor en aquella región escabrosa y sin sombra. Podía ir al río en cualquier momento, con solo doblar a la izquierda. La distancia no llegaba a ser de una milla, pero siguió marchando hacia el Norte, ya que quería ganar todo el terreno posible en la caminata de esa jornada.

Al atravesar el territorio elevado divisó una de las grandes islas de pinos. Se le ocurrió bajar y luego, al acercarse a lo alto del puente, dio media vuelta y fue hacia los árboles.

No había maleza en el islote de pinos. Los troncos eran rectos o estaban inclinados en una sola dirección, con las ramas muy altas. Algunas se entrelazaban formando una compacta sombra en el suelo. Un espacio abierto rodeaba el bosque. Al mirar, Nick notó que el piso era blando y estaba lleno de pinochas hasta más allá de la extensión de las ramas. Como los árboles habían crecido tanto y las ramas estaban tan altas, el sol quedó dueño del espacio que en otra época había cubierto de sombra. Los helechos empezaban justamente al borde de la selva.

Después de quitarse la mochila, Nick se acostó a la sombra, contemplando los altos pinos. Se estiró bien, apoyando nuca y espalda en la tierra que parecía tan blanda. Observó el cielo por entre las ramas y cerró los ojos. Luego los abrió para mirar de nuevo. Arriba, el viento agitaba las ramas. Volvió a cerrarlos y se durmió.

Cuando se despertó estaba yerto y entumecido. Faltaba poco para que el sol se ocultase.

Al levantar la mochila le pareció más pesada que antes, y las correas le hacían daño en los hombros. Se agachó para recoger la caja de cuero de las cañas de pescar y, por último, se dirigió al río por el terreno pantanoso cubierto de helechos. Sabía que se encontraba a menos de una milla de él.

El río estaba más allá del prado que se extendía desde la ladera llena de tocones. Se alegró mucho de verlo y siguió caminando río arriba. El rocío que había sucedido rápidamente al día caluroso, le empapó los pantalones. La corriente se deslizaba veloz, en medio de un profundo silencio. Cuando llegó al final de la pradera, antes de ascender a un paraje elevado para acampar, Nick contempló el río una vez más. Las truchas saltaban con inquietud, buscando los insectos que provenían de los pantanos de la otra orilla de la que se marchaban al ponerse el sol. Los peces salían del agua para apoderarse de su presa. Hicieron eso durante todo el recorrido de Nick a lo largo de la costa. Pensó que los insectos debían estar en la superficie, pues las truchas cazaban y comían sin cesar por todas partes, formando pequeños círculos en el agua, igual que si empezara a llover.

El terreno se elevaba, cubierto de árboles y de arena, hasta dominar la pradera, el río y el pantano.

Después de soltar la mochila y la caja de las cañas, Nick empezó a buscar un espacio llano. Tenía mucha hambre y quería montar el campamento antes de comer. Finalmente encontró un sitio idóneo entre dos pinos. Sacó el hacha de la mochila y cortó dos raíces que sobresalían. Así niveló un trecho bastante amplio como para dormir. Alisó con la mano el suelo arenoso y arrancó de raíz todos los arbustos. El agradable aroma del helecho impregnó sus manos. Alisó el terreno hasta dejarlo bien nivelado, ya que no quería estar incómodo al acostarse.

Después tendió sus tres mantas, una doblada a modo de colchón, y las otras encima.

Con la ayuda del hacha cortó un trozo de madera de pino y de él sacó las estacas para la tienda. Era preciso que fuesen largas y fuertes. La mochila, al pie de un árbol, sin la tienda dentro, parecía mucho más pequeña. Nick ató la cuerda en uno de los pinos y la estiró hasta atar el extremo opuesto en otro tronco. La tienda parecía una manta de lona colgada de la tendera. Hundió en el suelo la estaca que había preparado bajo el pico trasero de la lona y luego concluyó la tienda clavando los bordes. Clavó las estacas con toda su fuerza, golpeándolas con el revés del hacha hasta enterrar las presillas de la soga. La lona quedó tirante como la piel de un tambor.

En la entrada colocó una tela de algodón para cerrar el paso a los mosquitos. Después se deslizó bajo el mosquitero llevando varias cosas de la mochila a la cabecera de la cama. La luz pasaba a través de la lona oscura de olor agradable. Se advertía en el interior algo misterioso y doméstico. Como nada le había disgustado en todo el día, Nick se sintió feliz. Aquello era diferente, ya que tuvo que trabajar y quedó muy cansado. Había levantado su campamento y se instaló en él. Nada le molestaría. Era un sitio propio para acampar. Estaba en su hogar —construido por sus propias manos— y tenía hambre.

Salió arrastrándose, buscó la bolsa de papel llena de clavos y sacó uno largo del fondo. Lo clavó en el pino, golpeándolo suavemente con el revés del hacha y colgó la mochila con todas sus provisiones. Allí estarían más seguras que en el suelo.

Un apetito que nunca había sentido le incitaba sin cesar. Abrió y vació en la sartén una lata de cerdo y habas, y otra de macarrones.

—Tengo derecho a estos manjares, ya que los llevo —dijo, y como su voz le parecía extraña en la oscuridad del bosque, no volvió a hablar.

Inició la fogata con varios trozos de pino que había sacado de un tocón, puso la parrilla de alambre sobre el fuego, clavando las cuatro patas con su bota, y por último la sartén. Cada vez tenía más hambre. Revolvió las habas y los macarrones hasta mezclarlos, mientras se calentaban. Pronto empezaron a hervir con pequeñas burbujas que subían con dificultad a la superficie. El aroma era delicioso. Sacó también una botella de salsa de tomate y cortó cuatro rebanadas de pan. Las burbujas se producían con más frecuencia. Nick se sentó junto al fuego y levantó la sartén, volcando en el plato de hojalata más o menos la mitad del contenido, que se desparramó con lentitud. Estaba muy caliente. Puso un poco de salsa de tomate, sabiendo que las habas y los macarrones estaban todavía demasiado calientes. Miró el fuego; después, la tienda, y pensó que no valía la pena echarlo a perder todo quemándose la lengua con las prisas. Había pasado muchos años sin saborear las bananas fritas por no haberse podido acostumbrar a esperar a que se enfriaran. Tenía la lengua muy sensible.

Estaba hambriento. Vio la niebla que se levantaba del otro lado del río, en el pantano casi oscuro. Volvió a mirar la tienda. Bueno. Por fin tomó una cucharada llena.

—¡Dios mío! —exclamó—. ¡Gracias! —dijo con alegría.

Lo acabó todo sin acordarse siquiera del pan. Repitió y al terminar fregó el plato con el pan hasta dejarlo brillante. La última vez que había comido fue en el restaurante de la estación de Saint Ignace. Una taza de café y un sándwich de jamón fueron todo el menú en aquella ocasión. La experiencia le había salido muy bien. En el trayecto sintió mucho apetito, pero supo contenerse. Podía haber acampado antes. Había muchos lugares propicios a lo largo del río. Pero este le gustaba más.

Avivó el fuego con dos grandes astillas de pino. Como se había olvidado de coger agua para el café, sacó de la mochila un balde plegadizo de lona y fue hasta el río, bajando por la colina y atravesando el prado. La otra orilla estaba cubierta por una niebla blanca. Al arrodillarse, sintió la humedad y el frío de la hierba. El balde se hinchó cuando lo introdujo en el agua para lavarlo. La corriente parecía de hielo. Por último, lo llenó y regresó al campamento, notando que el frío disminuía al alejarse del río.

Clavó otro clavo grande y colgó el balde con agua. Después de llenar la cafetera hasta la mitad la puso a calentar, agregando unos cuantos trozos de leña en el fuego. Una vez había discutido con Hopkins acerca del mejor modo de preparar el café, pero no recordaba cuál había sido su punto de vista en aquella ocasión. Resolvió hacerlo hervir, método que empleaba Hopkins. Otras veces habían discutido mil cosas juntos.

Mientras esperaba que hirviera el café abrió una latita de damascos. Le gustaba esta tarea. Vació el contenido en una taza de hojalata y bebió el jugo, al principio con cuidado, para no derramarlo, y luego meditativamente mientras chupaba la fruta. Estaban mejor que al natural.

La tapa se levantó al hervir el líquido, y café y poso se derramaron por el borde de la cafetera hasta que Nick la sacó de la parrilla. Era un triunfo para Hopkins. Puso azúcar en la taza vacía y echó un poco de café para enfriarlo. Estaba tan caliente que tuvo que coger el asa del recipiente con su sombrero. Dejaría que se hiciese la infusión en la taza, como lo hacía Hopkins. A la memoria de Hopkins, que era un bebedor de café muy serio. Era el hombre más serio que Nick había conocido en su vida. No triste, sino serio. Hacía mucho tiempo. Hopkins hablaba sin mover los labios. Era jugador de polo y había ganado millones de dólares en Texas. Cuando se disponía a ir a Chicago en un coche prestado, recibió la noticia del descubrimiento de petróleo en sus tierras. Podía haber telegrafiado pidiendo dinero, pero hubiera tardado mucho. A su mujer la llamaban la Venus rubia. A él no le importaba porque no era, en realidad, su verdadera mujer. A veces decía confidencialmente que ninguno de ellos podría reírse de su mujer. Tenía razón. Hopkins se fue al recibir el telegrama, que tardó ocho días en llegar. Estaban en Black River. Entregó a Nick su pistola automática «Colt», de calibre 22, y la cámara fotográfica a Bill, para que los conservaran como recuerdos eternos. Convinieron en ir a pescar juntos el verano siguiente. Hop compraría un yate y efectuarían un crucero a lo largo de la costa septentrional del lago Superior. Estaba muy excitado, pero conservó su seriedad. Se despidieron con tristeza y el viaje quedó en nada, pues nunca volvieron a ver a Hopkins. Eso había ocurrido hacía mucho tiempo en el Black River.

Nick terminó de tomar el café al estilo de Hopkins. Estaba amargo. Se echó a reír al pensar en el final del cuento. Su mente empezaba a trabajar. Estaba terriblemente cansado. Tiró el café y el poso en el fuego. Después encendió un cigarrillo y entró en la tienda. Se sentó en la cama, quitándose los zapatos y el pantalón, e hizo con ellos un bulto que le ser—viría de almohada. Luego se acostó.

Desde el lecho veía el resplandor del fuego cuando soplaba el viento nocturno. Era una noche tranquila. En el pantano reinaba una calma perfecta. Nick se estiró cómodamente, pero un mosquito empezó a zumbar junto a su oreja. Se sentó, encendiendo un fósforo. El insecto estaba en la lona, sobre su cabeza. Nick le acercó el fósforo y oyó el silbido expiatorio del mosquito hasta que la cerilla se apagó. Volvió a acostarse, sintiendo la proximidad del sueño. Iba a ser un sueño muy profundo. Se acurrucó bajo la manta y se durmió.

II

Cuando se despertó ya había salido el sol y la tienda empezaba a calentarse. Nick se arrastró bajo el mosquitero desplegado de la entrada y al tocar la hierba advirtió que estaba mojada. Llevaba el pantalón y los zapatos en las manos. Vio el sol que se asomaba sobre la colina, la pradera, el río y los abedules del pantano de la otra orilla.

Más o menos a doscientas yardas río abajo, había tres troncos atravesados en la veloz corriente. El agua era mansa en aquel lugar. Un visón cruzó por el puente de troncos y se introdujo en el pantano. El madrugón y el río excitaron a Nick. Como tenía mucha prisa para desayunar, encendió una pequeña fogata y puso la cafetera.

Mientras el agua se calentaba en la vasija tomó una botella y bajó a la pradera húmeda por el rocío con objeto de conseguir saltamontes para cebo antes de que el sol secara la hierba. Encontró muchos en los tallos, y a veces adheridos al pasto, fríos y mojados por el rocío. No podrían moverse hasta que los rayos solares los desentumecieran. Nick eligió los de tamaño mediano, poniéndolos en la botella. Al levantar un tronco dejó al descubierto centenares de saltamontes, puesto que aquél era su nido. Entonces recogió alrededor de cincuenta. Entretanto, los otros empezaron a saltar, reanimados por el calor del sol. Al principio efectuaban un corto vuelo y se quedaban tiesos, como muertos. Después recobraban toda su agilidad.

Sabía que si tomaba primero el desayuno aquello iba a costarle mucho trabajo. Si no hay rocío, se necesita un día entero para llenar una botella de saltamontes, y en su mayoría mueren aplastados cuando se los caza con el sombrero. Se lavó las manos en el río y regresó a la tienda. En la botella caliente por el sol los saltamontes se agitaban en masa tratando de salir. Usó como corcho un pedazo de pino que impedía la fuga de los bichos, pero dejaba pasar el aire suficiente.

Volvió a poner el tronco en su lugar, sabiendo que allí conseguiría saltamontes todas las mañanas.

Al llegar dejó la botella junto a un pino. Después mezcló una taza de harina de trigo con otra de agua, echó un puñado de café en la cafetera y puso un poco de grasa en la sartén caliente y agregó la pasta, que parecía lava al desparramarse sobre la grasa chisporroteante. La torta de trigo comenzó a endurecerse en los bordes, hasta que se tostó y la superficie se hizo esponjosa al hervir. Introdujo una astilla larga bajo la masa y sacudió el recipiente. «Voy a darle la vuelta», pensó. Deslizó la madera hasta abarcar toda la parte inferior y la volcó hacia el otro lado de la sartén. La grasa chisporreteó más aún.

Cuando estuvo cocida, Nick echó otro poco de grasa y preparó dos tortas más con el resto de la pasta, una grande y otra pequeña, comiéndolas con puré de manzanas. Puso puré en la que quedaba, la dobló y la guardó en el bolsillo de la camisa después de envolverla en papel impermeable. Colocó el tarro de manzanas en la mochila y cortó pan para dos sándwiches.

Partiéndola en dos y pelando la cebolla grande que había encontrado en la mochila, dividió en rebanadas una de las mitades e hizo varios sándwiches. Después de envolverlos en papel impermeable y guardarlos en el otro bolsillo de su camisa color caqui, colocó la sartén encima de la parrilla, tomó el café con azúcar, amarillento a causa de la leche condensada, y empezó a limpiar su bonito campamento.

Sacó de la caja de cuero la caña de pescar con moscas artificiales, la ensambló y guardó la caja en la tienda. Colocó el carrete y pasó el sedal por las correderas, sosteniéndolo con las dos manos para que no cayera por su propio peso, ya que se trataba de la línea doble que Nick había comprado por ocho dólares mucho tiempo atrás. La habían construido así con objeto de que atravesase el aire como una plomada. Abrió la caja de aluminio que contenía los sedales húmedos entre las almohadillas de franela que se le habían mojado en la cuba de refrigeración del tren, en Saint Ignace. Los sedales de tripa se habían ablandado. Desenrolló uno y lo ató, haciendo un nudo en la punta de la pesada línea. En el extremo del sedal enganchó un pequeño anzuelo con resorte.

Se sentó con la caña entre las rodillas. Probó el nudo y el resorte, tirando bien del sedal hasta quedar satisfecho. Tuvo cuidado de que el anzuelo no se le clavara en el dedo. Luego bajó rumbo al río.

La botella llena de saltamontes le colgaba del cuello atada por una correa. La red estaba cogida al cinturón por medio de un anzuelo. En los hombros llevaba una larga bolsa de harina cerrada con nudos en forma de orejas que le golpeaba las piernas al caminar.

Era muy feliz, ya que se sentía todo un profesional con su equipo a cuestas. La botella oscilaba en su pecho al chocar con los bolsillos abultados por la comida y los cebos artificiales.

Al entrar en el río notó una sensación de frío. El pantalón se pegaba a sus piernas y los zapatos tocaron los guijarros del fondo. El agua le provocaba una creciente sensación de frío.

En aquel sitio le llegaba hasta los tobillos. Vadeó la veloz corriente que formaba remolinos junto a sus piernas, mientras los zapatos se escurrían en la grava, e inclinó la botella para sacar uno de los saltamontes.

El primer insecto dio un salto en el cuello de la botella y cayó al agua. Fue absorbido por el remolino que había provocado la pierna derecha de Nick y reapareció en la superficie un poco más allá, nadando con rapidez, a pequeños saltos. De repente, desapareció en un tumultuoso círculo. Una trucha lo había cazado.

Otro saltamontes asomó la cabeza, moviendo las antenas. Trataba de sacar las patas delanteras para dar el salto. Nick lo cogió por la cabeza y lo enganchó en el delgado anzuelo, atravesándole el tórax y los últimos anillos del abdomen. El insecto apretó el anzuelo con las patas delanteras, escupiéndole jugo de tabaco. El pescador lo arrojó al agua.

Mientras sostenía la caña con la mano derecha, con la izquierda apartó el carrete y dejó que el sedal se desenrollara libremente. Contempló al saltamontes entre las pequeñas olas de la corriente hasta que los perdió de vista.

Sintió un tirón en la línea y la recogió. Era el primer pez que picaba. La caña se sacudía con violencia. Al agarrar el sedal con la mano izquierda se dio cuenta de que era una trucha pequeña. Levantó la caña en el aire, arqueándola.

Vio la trucha que agitaba cuerpo y cabeza contra la movediza tangente que formaba el sedal en el agua.

Nick volvió a tirar de la línea y la trucha hizo sus últimos y cansinos esfuerzos hasta que llegó a la superficie. Su espinazo estaba jaspeado por el color de la arenilla del fondo y los costados brillaban por los reflejos solares. Con la caña bajo el brazo derecho, Nick se agachó y hundió la mano en la corriente, apoderándose de la trucha y sacando el anzuelo de su boca. Después volvió a echarla al agua.

El pez fluctuó un instante con poca firmeza y cayó al fondo, junto a la piedra. Nick introdujo el brazo hasta el codo en el agua y cogió a la trucha, que finalmente se deslizó bajo la presión de sus dedos y desapareció proyectando su imagen en el lecho del río.

«No se hizo nada —pensó—. Estaba un poco cansada, no más.»

Antes de tocarla se había mojado la mano para no alterar la delicada mucosidad que las recubre. Si uno toca la trucha con la mano seca, un hongo blanco ataca en seguida la parte indefensa. Años atrás, cuando pescaba en sitios frecuentados por muchos pescadores, Nick vio muchas truchas muertas llenas de un musgo blanco, amontonadas junto a una roca o flotando en algún charco. Nunca le había gustado pescar con otros hombres en el río. Si no pertenecían al mismo grupo, estropeaban la jornada.

Siguió vadeando el río con la corriente hasta las rodillas. Recorrió las cincuenta yardas que le separaban del montón de troncos que atravesaban de una orilla a otra. No volvió a poner cebo en el anzuelo. Estaba seguro de que en los vados abundaban las truchas pequeñas, pero no tenía ningún interés en esa clase de pesca. Las grandes no andaban por los bajíos en esa época.

Repentinamente, el agua fría le llegó hasta los muslos. Estaba frente a los troncos en forma de puente. A la izquierda, vio la parte inferior de la pradera y, a la derecha, el pantano.

Se agachó sobre la corriente y sacó un saltamontes de la botella, enganchándolo en el anzuelo. Después le escupió para darse buena suerte. Recogió varias yardas de sedal y arrojó al insecto en la veloz agua oscura. Éste flotó rumbo a los leños, hasta que el peso de la línea hizo descender el cebo. Nick sostenía la caña con la mano derecha, mientras el sedal se desenrollaba entre sus dedos.

Esta vez hubo un tirón más violento. Se agachó mientras la caña daba peligrosas sacudidas. Se dobló cuando el tirante sedal empezó a salir del agua, todo en un peligroso estirón. Cuando la corredera amenazó romperse por el esfuerzo, Nick soltó la línea.

El carrete giró con chillido de frenada brusca, mientras el sedal se desenrollaba a toda velocidad sin que pudiera detenerlo, y la nota aguda aumentaba.

Trató de apretarlo con la mano izquierda, pero le costaba mucho trabajo meter el pulgar en la rueda. Se agachó aún más sobre la corriente que subía como hielo hasta sus muslos, mientras le parecía que su corazón cesaba de latir.

Cuando consiguió hacer presión sobre el carrete, la línea se endureció de golpe y una trucha enorme saltó del agua más allá de los troncos. Al verla, Nick bajó la caña, pero al mismo tiempo advirtió la tirantez demasiado violenta. Como era lógico, el sedal se rompió. No le quedó la menor duda al sentir que la cuerda se aflojaba.

Con la boca seca y el ánimo abatido, Nick empezó a enrollarla. Nunca había visto una trucha tan grande. Era algo imposible de sujetar, tan grande y voluminosa como un salmón.

Su mano temblaba y enrollaba el sedal con lentitud. La emoción vencía su resistencia. Se sintió vagamente indispuesto, con ganas de sentarse.

El sedal se había roto por donde iba cogido el anzuelo. Al examinarlo pensó que la trucha estaría en algún sitio del fondo, sobre un guijarro, con el anzuelo en la boca. Calculó que los dientes del animal podían haber cortado el hilo de tripa del anzuelo y éste se le clavaría cada vez más. Estaba seguro de que era una trucha brava como todo pez de ese tamaño. ¡Qué pedazo de animal! Sólida como una roca. Al moverse, él también se sintió igual que una roca. ¡Por Dios! ¡Qué grande era! Nunca había visto una trucha semejante.

Subió a la orilla y se detuvo. Se le escurría el agua por el pantalón y los zapatos. Fue a sentarse en los troncos, ya que no quería precipitar ninguna de sus sensaciones.

Retorció los dedos de los pies en el agua, con los zapatos puestos, y sacó un cigarrillo del bolsillo superior de la camisa. Después de encenderlo, tiró el fósforo debajo de los troncos. Instantáneamente saltó una trucha menuda, haciéndolo desaparecer en la rápida corriente. Nick se echó a reír.

Siguió fumando sentado en los troncos mientras se secaba al sol. El río de grandes rocas y agua mansa doblaba entre los árboles. A lo largo de la orilla había cedros y abedules blancos. Los troncos, calentados por el fuerte sol, parecían blandos y sin corteza. Poco a poco se alejó de su espíritu la desilusión producida en forma repentina con el estremecimiento que le hiciera doler los hombros. Ya se había arreglado todo. La caña estaba allí. Colocó otro anzuelo en la guía y tiró de la tripa hasta hacer un fuerte nudo.

Puso cebo, levantó la caña y fue al otro extremo del puente natural para penetrar por un lugar poco profundo. Al lado vio un pozo y lo evitó caminando por el banco de arena, cerca de la costa pantanosa, hasta que llegó al vado del lecho.

A la izquierda, en el límite común de la pradera y los bosques, había un olmo enorme, desarraigado por alguna tormenta, que daba solidez a la orilla. Las raíces estaban cubiertas de tierra. El río se cortaba al borde del árbol. Desde su sitio, Nick veía profundos canales como surcos formados por la corriente en el fondo, sobre los guijarros y los cantos rodados. Al pasar junto al olmo, el lecho era gredoso y entre los surcos de la corriente se distinguían verdes matorrales.

Blandió la caña, inclinándola hasta que el saltamontes se introdujo en uno de los canales y una trucha mordió el anzuelo.

Sostuvo la caña bien cerca del árbol desenraizado, y chapoteando en el agua luchó con la truena que saltaba sin cesar. La caña era sacudida de un lado a otro, fuera del peligro de los matorrales del centro del río. Por fin logró atraer a la trucha. El pez hacía esfuerzos desesperados y el resorte se doblaba a cada tirón, agitándose bajo la superficie, pero lo mantenía con firmeza. Aguas abajo, las sacudidas disminuyeron. Condujo al animal hacia la red y levantó la caña.

La trucha quedó cogida en la red con sus plateados flancos en las mallas. Nick le sacó el anzuelo y la dejó caer en la larga bolsa que llevaba al hombro. Puso la boca de la bolsa bajo la corriente y la llenó de agua. Después la levantó, con el fondo a la altura de la superficie, y el líquido empezó a escurrirse por los costados. Dentro, al fondo, estaba la trucha viva.

Anduvo un trecho río abajo. La pesada bolsa se hundía en el agua tirando de sus hombros.

Hacía calor y los calientes rayos del sol le daban en plena nuca.

Ya tenía una buena trucha. No le importaba la cantidad, sino la calidad de la pesca. El río se ensanchaba. A lo largo de ambas orillas había muchos árboles. Los de la margen izquierda proyectaban cortas sombras sobre la corriente. Sabía que las truchas se agrupaban allí. Por la tarde, cuando el sol cruzaba hacia las colinas, las truchas estarían en las frescas sombras del otro lado del río.

Las mayores preferían descansar cerca de la costa. Recordó que siempre las pescaba así en el Black. Al ponerse el sol, iban todas hacia el centro de la corriente. Minutos antes de que aquello sucediera, cuando el último resplandor se reflejaba en el agua, era fácil encontrar grandes truchas en cualquier parte del río. En aquel momento era imposible pescar, ya que la superficie cegaba como un espejo bajo el sol. Aguas arriba se podía pescar, por supuesto, pero en ríos como el Black o como éste había que remontar contra la corriente, y el agua era capaz de cubrirle a uno en cualquier sitio profundo. No resultaba nada divertido pescar río arriba con semejante corriente.

Nick pasó por allí con cuidado de evitar los pozos. Una haya crecía tan cerca del río que las ramas tocaban el agua. Siempre había truchas en lugares como aquel.

Pero no tenía ningún interés en pescar allí, porque estaba seguro de que iba a engancharse en las ramas.

Sin embargo, el pozo parecía profundo. Arrojó el saltamontes de modo que la corriente lo llevase bajo la superficie, evitando la rama que colgaba. La línea se sacudió y Nick dio el tirón. La trucha se agitaba entre hojas y ramas, medio fuera del agua. El sedal se había enganchado. Tiró fuerte hasta que la trucha salió. Recogió la cuerda y se alejó de aquel sitio llevando el anzuelo en la mano.

Más allá, cerca de la orilla izquierda, vio un enorme tronco hueco. La corriente entraba mansamente por las aberturas, arremolinándose por los lados. Era un lugar más profundo. La parte superior estaba seca, cubierta parcialmente por la sombra.

Al sacar el corcho de la botella advirtió que un saltamontes se había adherido al mismo. Entonces lo enganchó en el anzuelo y lo tiró al agua, extendiendo la caña todo lo que pudo para que el cebo llegara hasta el tronco. La bajó un poco e hizo que el insecto flotara en el hueco. Al sentir una fuerte sacudida dobló la caña en dirección contraria. De no ser por los violentos tirones, se hubiese dicho que el anzuelo se había enganchado en el tronco.

Después de arduos esfuerzos logró sacar la pesada trucha.

Como el sedal se aflojara de golpe, Nick pensó que el pez se habría escapado. En aquel momento lo vio muy cerca, sacudiendo la cabeza con desesperación, luchando con el fuerte anzuelo en la veloz corriente.

Sujetando la línea con la mano izquierda, levantó la caña hasta poner tirante el sedal. Se proponía llevar a la trucha hacia la red, pero el pez se perdió de vista. Nick luchó también con la corriente, dejándolo removerse contra el resorte. Después de pasar la caña a la mano izquierda condujo la trucha río arriba, aguantando su peso, y finalmente la colocó en la red, mientras el agua se escurría entre las mallas. Por último le sacó el anzuelo y la guardó en la bolsa.

Contempló un instante las dos truchas vivas en el fondo. Vadeó la zona profunda y llegó al tronco hueco. Se quitó la bolsa por encima de la cabeza y las truchas se agitaron hasta que volvió a hundir la bolsa en el agua. Luego dejó la caña en el tronco y fue al extremo cubierto por la sombra. Sacó los sándwiches que se había metido en el bolsillo y los sumergió en el agua fría. La corriente se llevó trozos de miga. Después de comerlos sintió sed y llenó el sombrero de agua para beber, aunque la mayor parte se le derramó.

Hacía fresco en aquel sitio. Sacó otro cigarrillo y encendió un fósforo, haciendo un pequeño surco al raspar la madera gris. Mientras fumaba observó el río, que más allá se estrechaba y se convertía en una ciénaga sólida por los cedros de troncos casi pegados y ramas entrelazadas. Era imposible andar por aquel pantano. Las ramas estaban muy bajas y para moverse había que acostarse o poco menos. «Debe de ser por eso que los animales que viven en los pantanos están hechos así», pensó.

Deseaba tener algo para leer, pero no se había llevado nada. Tenía más ganas de leer que de seguir rumbo a la ciénaga. Vio un gran cedro inclinado casi hasta la superficie del río. Más allá se extendía la zona pantanosa.

Todavía no quería ir. Le disgustaba aquella forma de vadear el río con el agua hasta las axilas y la pesca de truchas grandes en donde resultaba imposible sacarlas. Las orillas del cenagal estaban desnudas. Los cedros se unían por encima y solo en algunos trechos dejaban pasar el sol. La pesca debía ser trágica allí, a media luz, en el agua veloz y el profundo lecho. Pescar en el pantano era una aventura terrible que momentáneamente pensaba evitar.

Abrió la navaja y la clavó en el tronco. Sacó una de las truchas agarrándola de la cola y la golpeó con violencia en la madera. Le costó sujetarla, porque al agitarse amenazaba escurrírsele de la mano. Al final, quedó rígida. Nick la puso a la sombra y rompió el cuello del otro pescado en la misma forma. Eran unas truchas muy buenas.

Las limpió, cortándolas desde el ano hasta la punta de la mandíbula. Agallas, entrañas y lengua salieron juntas. Las dos eran machos. Arrojó los despojos hacia la orilla para que sirviesen de alimento a los visones.

Después terminó de limpiarlas en el río. Al ponerlas en el agua le pareció que revivían, pues todavía conservaban el color. Se lavó las manos y las puso a secar en el tronco. Guardó los peces en la bolsa, haciendo un paquete y lo envolvió todo en la red. La navaja estaba clavada en el tronco. Se la puso de nuevo en el bolsillo, después de limpiarla frotándola en la madera.

Se detuvo un instante con la caña en una mano y la red colgando en la otra. Por último se introdujo en el agua y chapoteó hacia la costa. Subió a la orilla y regresó al campamento por el bosque. Al volverse vio el río a través de los árboles. Faltaban muchos días para que se decidiera a ir a pescar en el pantano.

EL VINO DE WYOMING

Era una tarde calurosa en Wyoming. Las montañas estaban muy lejos y podían verse sus cumbres nevadas, pero no daban sombra. En el valle, los campos de trigo amarilleaban, el camino estaba polvoriento por el paso de los automóviles y todas las pequeñas cabañas de madera que se hallaban en los alrededores del pueblo se resecaban al sol. Yo estaba sentado a la sombra de un árbol en el porche posterior de la casa de Fontan y madame Fontan traía cerveza fresca del sótano. Un automóvil dejó la carretera principal y tomó por el camino deteniéndose ante la casa. Dos hombres bajaron de él y se acercaron, después de pasar por el portón. Madame Fontan se puso de pie.

—¿Dónde está, Sam? —preguntó uno de los hombres, desde detrás de la puerta de tela metálica.

—No está aquí. Debe estar en las minas.

—¿Tiene usted cerveza?

—No; no tengo. Esta es la última botella. Se ha terminado.

—¿Qué está tomando él?

—Esa es la última botella. Se ha terminado.

—Vamos. Dénos un poco de cerveza. Usted me conoce.

—No hay. Esa es la última botella. Se ha terminado.

—Vamos a algún sitio donde podamos conseguir verdadera cerveza —dijo uno de ellos y se dirigieron hacia el automóvil. Caminaban inseguramente. El automóvil dió un bote al arrancar, giró luego en el camino y se alejó.

—Ponga la cerveza sobre la mesa —dijo madame Fontan—. ¿Qué pasa? Así está bien. ¿Qué pasa? ¿No querrá tomarla en el suelo?

—No sabía quiénes eran —dije.

—Están ebrios —dijo—. Y eso complica las cosas. Luego van a alguna parte y dicen que la consiguieron aquí. O tal vez ni siquiera lo recuerdan después.

Hablaba francés, pero solo era un francés ocasional y caprichoso. Había en su lenguaje muchas palabras inglesas y hasta algunos modismos.

—¿Dónde está Fontan?

—Il fait de la vendange. ¡Oh! Dios mío, él está loco pour le vin.

—Pero a usted le gusta la cerveza. —Oui, j'aime la bière, mais Fontan, él está loco pour le vin.

Era una mujer anciana y gordezuela, con un hermoso cutis rosado y cabellos blancos; muy limpia y su casa también estaba muy limpia. Había nacido en Lens.

—¿Dónde come usted?

—En el hotel.

—Mangez ici. Il ne faut pas manger à l'hôtel ou au restaurant. Mangez ici.

—No quiero causarle ninguna molestia. Y además comemos muy bien en el hotel.

—Yo nunca como en el hotel. Aunque tal vez se coma bien allí. Solo una vez en mi vida he comido en un restaurante en los Estados Unidos. ¿Sabe usted lo que me dieron? Cerdo crudo.

—¿De veras?

—No le miento. ¡Era un cerdo que no estaba cocido! Et mon fils il est marié avec une américaine, et tout le temps il a mangé les arvejas en lata!

—¿Cuánto tiempo hace que está casado?

—¡Oh, mi Dios! No lo sé. Su mujer pesa ciento diez kilos. Ella no trabaja. No cocina. Le da solo arvejas en lata.

—¿Qué hace entonces?

—Lee todo el tiempo. Ríen que des libros. Tout le temps elle está en la cama y lee libros. Ya no puede tener otro hijo. Está demasiado gruesa.

—¿Y qué le pasa?

—Lee libros todo el tiempo. El es un buen muchacho y trabaja mucho. Trabajaba en las minas pero ahora trabaja en un rancho. Nunca había trabajado antes en un rancho y el dueño le dijo a Fontan que nunca vió a nadie trabajar mejor en el rancho que el muchacho. Luego él vuelve a su casa y ella no le da nada de comer.

—¿Por qué no trata de divorciarse?

—No tiene dinero para el divorcio. Además está loco por ella.

—¿Es hermosa?

—Él, por lo menos, lo cree. Cuando la trajo a casa creí que iba a morir. Es un muchacho tan bueno y trabaja tanto todo el tiempo y nunca anda por ahí dando vueltas ni metiéndose en líos. De pronto se fue a trabajar en los yacimientos petrolíferos y se trajo a casa esa india que pesaba entonces ochenta y cuatro kilos.

—¿Es india?

—¿Sí es india? ¡Dios mío!, sí lo es. Todo el tiempo está diciendo "hijo de perra, maldito". Y no trabaja.

—¿Dónde está ahora?

—Au show. Películas. Todo lo que hace es leer e ir al cine.

—¿Tiene usted más cerveza?

—¡Dios mío!, sí. Seguramente. Venga a cenar con nosotros esta noche.

—Bueno. ¿Qué quiere que traiga?

—No traiga nada. Nada absolutamente. Tal vez Fontan tendrá vino.

Esa noche cené en casa de los Fontan. Estábamos en el comedor. Había un mantel limpio. Probamos el vino nuevo. Era muy ligero, claro y bueno, y todavía tenía gusto a uva. En la mesa estaban Fontan, madame y el pequeño André.

—¿Qué hizo usted hoy? —preguntó Fontan.

Era un hombre anciano con un cuerpo pequeño y cansado; un caído bigote grisáceo y ojos brillantes. Había nacido en Centre, cerca de Saint Etienne.

—Trabajé en mi libro.

—¿Es bueno su libro? —preguntó madame.

—Quiere decir que usted escribe un libro como un escritor —dijo Fontan—. Un roman.

—¿Pa, puedo ir al cine? —preguntó André.

—Claro —dijo Fontan. André se volvió a mí.

—¿Qué edad cree que tengo? ¿Cree usted que parece que tenga catorce años?

Era un niño pequeño y flaco, pero por su rostro parecía tener dieciséis años.

—Sí. Parece que tuvieras catorce.

—Cuando voy al cine me agacho así, y trato de parecer menor. —Su voz era muy aguda y chillona—. Si les doy veinticinco centavos se los guardan sin darme el cambio, pero si les doy solo quince me dejan pasar igual.

—Entonces te daré solo quince centavos —dijo Fontan.

—No. Dame los veinticinco. Los cambiaré en el camino.

—Il faut revenir tout de suite après le película —dijo madame Fontan.

—Vendré directamente aquí.

André se dirigió a la puerta. La noche era fresca. Dejó la puerta abierta y por ella entró la brisa.

—Mangez —exclamó madame Fontan—. Usted no ha comido nada.

Había ingerido dos alas de pollo, patatas fritas, tres cucharadas de maíz dulce, algunos pepinos en vinagre y ensalada.

—Tal vez quiera un poco de tarta.

—Debí haber conseguido una tarta para él dijo madame—. Mangez du fromage. Mangez du queso de doble crema. Vous n'avez rien mange. Debí haber conseguido tarta. Los norteamericanos siempre la comen.

—Mais j'ai rudement bien mangé.

—Mangez! Vous n'avez rien mangé! Cómalo todo. Nosotros no guardamos nunca nada. Cómalo todo.

—Coma un poco más de ensalada —dijo Fontan.

—Iré a buscar un poco más de cerveza —dijo madame Fontan—. Si usted trabaja todo el día en una fábrica de libros debe tener mucha hambre.

—Elle ne comprend pas que vous êtes ècrivain —dijo Fontan.

Era un anciano delicado que empleaba el slang y conocía las canciones populares del período en que había cumplido el servicio militar, a fines de 1890.

—Escribe los libros él mismo —explicó a madame.

—¿Escribe usted mismo los libros? —preguntó la señora.

—A veces.

—¡Oh! —exclamó—. ¡Oh! Los escribe usted.— ¡Oh! ¡Muy bien! Entonces también tendrá hambre haciendo eso. Mangez! Je vais chercher de la biêre.

La oímos bajar las escaleras hacia el sótano. Fontan me sonrió. Tenía mucha tolerancia con la gente que no tenía su experiencia y su conocimiento.

Cuando André llegó a su casa de regreso del cine, estábamos sentados todavía en la cocina y hablábamos de caza.

—El día del Trabajo fuimos todos al arroyo Clear —dijo madame—. ¡Oh! ¡Dios mío! Debía haber estado usted allí. Fuimos todos en un camión. Tout le monde est allé dans le camión. Nous sommes partis le dimanche. C'est le camión de Charley.

—On a mangé, on a bu du vin, de la bière, et il y avait aussi un français qui a apportê de l' absinthe —dijo Fontan—. Un français de la Californie.

—Dios mío! Nous avons chante!. Vino un agricultor para ver qué pasaba y le dimos algo de beber y se quedó con nosotros un rato. Vinieron también algunos italianos, que querían quedarse con nosotros, también. Cantamos una canción sobre los italianos y ellos no la comprendieron; no sabían que no los queríamos para nada con nosotros, porque nada teníamos que hacer con ellos. Y después de un rato se fueron.

—¿Cuánto pescaron?

—Très peu. Fuimos a pescar un poco, pero luego volvimos a cantar de nuevo. Nous avons chanté, vous savez?

—Por la noche —dijo madame— toutes les femmes dormirent dans le camión. Les hommes á cóte du feu. Por la noche oí llegar a Fontan para buscar un poco de vino y le dije: "Fontan, Dios mío, deja algo para mañana. Mañana no tendrán nada para beber y lo lamentarán".

—Mais nous avons tout bu —dijo Fontan—. Et le lendemain il ne reste ríen.

—¿Qué hicieron ustedes?

—Nous avons pêché sérieusement.

—Buenas truchas, también. ¡Dios mío!, sí. Casi todas iguales; pesaban más de medio kilo cada una.

—¡Qué grandes!

—Casi medio kilo. Justamente el mejor tamaño para comerlas. Todas del mismo tamaño. Casi medio kilo.

—¿Le gustan a usted los Estados Unidos? —preguntó Fontan.

—Es mi país. De modo que me gusta, porque es mi país. Mais on ne mange pas très bien. D'antan, oui. Mai maintenant, no.

—No —dijo madame—. On ne mange pas bien. —Meneó la cabeza—. Et aussi, il y a trop de Polacks. Quand j'étais petite, ma mère m'a dit "vous mangez comme les Polacks". Je n'ai jamais compris ce que c'est qu'un Polack. Mais maintenant en Amèrique je comprends. Il y a trop de Polacks. Et, ¡Dios mío!, ils son sales, les Polacks.

—Hace buen tiempo para cazar y pescar —dije.

—Oui. Ça, c'est le meilleur. La chasse et la pêche —declaró Fontan—. Qu'est—ce que vous aves comme fusil? .

—Un rifle calibre veinte.

—Il est bon, le veinte.— Fontan asintió con la cabeza.

—Je veux aller à la chasse moi—même —dijo André con su aguda voz de niño.

—Tu ne peux pas —declaró Fontan. Se volvió hacia mí.

—Ils sont des sauvages, les muchachos, vous savez. Ils sont des sauvages. Ils veulent disparar les uns les autres.

—Je veux aller tout seul —dijo André, muy excitado.

—Tú no puedes ir —exclamó madame—. Eres demasiado joven.

—Je veux aller tout seul —dijo André—. Je veux cazar les rats d'eau.

—¿Qué son las rats d'eau? —pregunté.

—¿No las conoce usted? Seguro que las conoce. Es lo que llaman aquí ratas almizcleras.

André trajo un rifle calibre veintidós que sacó del aparador y tenía en sus manos. La luz le daba de lleno.

—Ils sont des sauvages —explicó Fontan—. Ils veulent dispararse les uns les autres.

—Je veux aller tout seul —aulló André. Miró desesperadamente el cañón del arma—. Je veux cazar les rats d'eau. Je connais beaucoup de rats d'eau.

—Dame la escopeta —dijo Fontan. Y me explicó nuevamente—. Son salvajes. Quieren tirarse tiros entre ellos.

André tenía la escopeta firmemente entre sus manos.

—On peut mirarla. On ne fait pas mal. On peut mirarla.

—Está loco por la caza —explicó madame—. Mais il est trop jeune.

André puso de nuevo la escopeta calibre veintidós en el aparador.

—Cuando sea grande iré a cazar las ratas almizcleras y las liebres también —dijo en inglés—. Una vez salí con papá y él hirió a una liebre un poquito y yo tiré y la maté.

—C'est vrai —asintió Fontan—. Il a tué une liebre. —Pero él la acertó primero —exclamó André—. Quiero ir solo y matarla yo mismo. El año que viene lo podré hacer.

Se fue a un rincón y se sentó a leer un libro. Yo lo había recogido cuando fuimos a sentarnos en la cocina, después de la comida. Era un libro de una biblioteca circulante: Frank en un Submarino.

—Il aime les libros —dijo madame—. Pero es que andar por ahí de noche con los otros muchachos, y robar rosas.

—Los libros son buenos —dijo Fontan—. Monsieur il fait les libros.

—Sí. Está bien —exclamó madame—. Pero demasiados libros son malos. Ici, c'est une maladie, les libros. C'est comme las iglesias. Ici il y a trop des iglesias. En France il y a seulement les catholiques et les protestants. Ce et très peu des protestants. Mais ici rien que des iglesias. Quand j'ètais venue ici je disais, ¡Oh! ¡Dios mío!, ¿qué son todas esas iglesias?

—C'est vrai —dijo Fontan—. Il y a trop des iglesias.

—El otro día —comenzó madame—, había aquí una niñita francesa con su madre, la prima de Fontan, y me dijo: "En Amèrique il ne faut pas être catholique. No es bueno ser católico. A los norteamericanos no les gusta que usted sea católico. Es como la Ley Seca". Yo le dije: "¿Qué vas a ser tú? ¿Eh? Es mejor ser católico, si ya se es católico". Pero ella dijo: "No; no es bueno ser católico en los Estados Unidos". Pero yo creo que es mejor ser católico, si usted lo era. Ce n'est pas bon de changer sa religión. ¡Dios mío!, ¡no!

—¿Va usted a misa aquí?

—No, no lo hago en los Estados Unidos, solo a veces, de vez en cuando. Mais je reste catholique. No es bueno cambiar de religión.

—On dit que Schmidt est catholique —dijo Fontan.

—On dit, mais on ne sait jamais —replicó madame—. Yo no creo que Schmidt sea católico. No hay muchos católicos en los Estados Unidos.

—Nosotros somos católicos —dije.

—Claro. Pero usted vive en France —declaró madame—. Je ne crois pas que Schmidt est catholique. ¿Vivió alguna vez en France?

—Les polacks son catholiques —declaró Fontan.

—Eso es verdad —exclamó madame—. Van a la iglesia y luchan con cuchillos para volver a sus hogares y se matan unos a otros el domingo. Pero no son verdaderos católicos. Son católicos polacos.

—Los católicos son todos iguales —dijo Fontan—. Un católico es igual a otro.

—No creo que Schmidt sea católico —exclamó madame Fontan—. Sería muy raro que lo fuera. Moi, je ne crois pas.

—Il est catholique —dije.

—Schmidt est catholique —murmuró madame Fontanê. Nunca lo hubiera creído. Dios mío, il est catholique.

—Marie, va chercher de la bière —dijo Fontan—. Monsieur a soif… mai aussi.

—Está bien —dijo madame, desde la otra habitación. Bajó las escaleras y oímos crujir los escalones. André seguía leyendo en el rincón. Fontan y yo estábamos sentados frente a la mesa y él sirvió la cerveza de la última botella en nuestros dos vasos. dejando un poco en el fondo.

—C'est un bon pays pour la chasse —declaró—. Jaime beaucoup cazar les canards.

—Mais il y a très bonne chasse aussi, en France.

—C'est vrai. Nous avons beaucoup de gibier là—bas.

Madame Fontan subía las escaleras con botellas de cerveza entre los brazos.

—Il est catholique —dijo—. ¡Dios mío, Schmidt est catholique!

¿Cree usted que será presidente? — preguntó Fontan.

—No —dije.

La tarde siguiente me dirigí a la casa de los Fontan, por las calles sombreadas del pueblo, luego seguí el camino polvoriento, entré por el camino de atrás y dejé el automóvil al lado del cerco. Era un día de mucho calor. Madame Fontan vino a la puerta trasera. Parecía una Santa Claus, limpia, con su rostro rosado, sus cabellos blancos y contoneándose al caminar.

—¡Dios mío!, ¡hola! —exclamó—. ¡Hace calor, Dios mío!

Entró a la casa para buscar cerveza. Me senté en el porche trasero y miré a través de la puerta de tela metálica y de las hojas de los árboles, las ondas del calor y allá lejos, las montañas. Eran montañas parduscas y sobre ellas tres picos y un glaciar nevado, que podía distinguirse a través de los árboles. La nieve parecía muy blanca, pura e irreal. Llegó madame Fontan y dejó tres botellas sobre la mesa.

—¿Qué mira usted fuera? —preguntó.

—La nieve.

—C' est jolie la neige.

—Tome usted también un vaso.

—Bueno.

Se sentó a mi lado en una silla.

—Si Schmidt es presidente —dijo—, ¿cree usted que podremos vender el vino y la cerveza?

—Naturalmente —dije—. Confíe usted en Schmidt.

—Ya pagamos setecientos cincuenta y cinco dólares de multas cuando arrestaron a Fontan. Dos veces nos arrestó la policía y una vez los del Gobierno. Todo el dinero que ganamos mientras Fontan trabajaba en las minas y yo lavaba ropa. Nos sacaron todo, y metieron a Fontan en la cárcel. Il n'a jamais fait de mal à personne.

—Es un buen hombre —dije—. Eso es un crimen.

—Nosotros no cobramos mucho. El vino, un dólar el litro. La cerveza, diez centavos la botella. Nunca vendemos la cerveza antes de que esté buena. En muchas partes venden la cerveza en seguida que la hacen y luego da a todo el mundo dolor de cabeza. ¿Por qué, entonces, encarcelaron a Fontan y le sacaron setecientos cincuenta y cinco dólares?

—Es una iniquidad —dije—. ¿Dónde está ahora Fontan?

—Está con el vino. Tiene que vigilarlo ahora, para que salga bien —sonrió. Ya no pensaba más en el dinero—. Vous savez, il est loco pour le vin. Anoche trajo un poco a casa, lo que usted tomó, y un poco del nuevo. El último. Todavía no está listo, pero él bebió un poco y esta mañana puso un poquito en su café. Dans son café, vous savez! Il est loco pour le vin. Il est comme ça. Son pays est comme ça. Donde yo vivía, en el Norte, no se bebía vino. Todo el mundo tomaba cerveza. Había una cervecería cerca de donde vivíamos. Cuando era una niñita no me gustaba el olor del lúpulo que llevaban las carretas. Ni en los campos. Je n'aime pas les houblons. ¡No; Dios mío, ni un poquito! El propietario de la cervecería nos dijo a mí y a mi hermana que fuéramos a la cervecería y bebiéramos cerveza y luego nos gustó el olor del lúpulo. Es verdad. Luego nos gustaba mucho. Él nos daba la cerveza y entonces nos gustaba. Pero, Fontan, él está loco pour le vin. Una vez mató una liebre y quiso que la cocinara con una salsa de vino, manteca, hongos, cebollas y muchas cosas más. ¡Dios mío! Hice bien la salsa y él la comió y dijo: "La sauce est meilleure que le liebre". Dans son pays c'est comme ça. Il y a beaucoup de gibier et de vin. Moi, j'aime les pommes de terre, le saucisson, et la bière. C'est bon, la bière. C'est très bon pour la santé.

—Es buena —dije—. Y el vino también.

—Usted es como Fontan. Pero aquí se hace algo que nunca había visto. No creo que usted lo haya visto tampoco. Pero hay algunos norteamericanos que vienen aquí, que le ponen whisky a la cerveza.

—¡No!

—Sí, oui. ¡Dios mío! Es verdad. Et aussi une femme qui a vomi sur la table!

—Comment?

—C'est vrai. Elle a vomi sur la table. Et après elle a vomi dans ses zapatos. Y después volvieron y dijeron que querían venir otra vez y hacer otra fiesta el domingo siguiente. Yo dije: "¡No; Dios mío, no!" Cuando vinieron, cerré la puerta.

—Son malos cuando están ebrios.

—En invierno, cuando los muchachos van a bailar vienen en sus automóviles, esperan afuera y dicen a Fontan: "¡Eh! ¡Sam!, véndenos una botella de vino" o compran cerveza y sacan sus frascos del bolsillo y echan el whisky en la cerveza y lo beben. ¡Dios mío! Esa fue la primera vez que lo había visto en mi vida. Echan whisky en la cerveza. ¡Dios mío! ¡No alcanzo a comprender eso!

—Quieren ponerse enfermos para darse cuenta de que han estado ebrios.

—Una vez un tipo vino aquí y me dijo que quería que le hiciera una gran comida y que beberían una o dos botellas de vino y sus muchachas también. Luego todos irían a bailar. Bueno, dije. De modo que hice una gran comida, y cuando vinieron bebieron bastante. Luego pusieron whisky en el vino. Yo le dije a Fontan: "On va ètre malade!". "Oui", dit il. Luego las muchachas se enfermaron, lindas chicas, también, buenas chicas. Y se indispusieron en la misma mesa. Fontan trató de sacarlas del brazo y mostrarles dónde podían hacerlo, pero los tipos no quisieron, y dijeron que estaban muy bien en la mesa.

Fontan había entrado. Ella continuó.

—Cuando vinieron de nuevo les cerré la puerta. "No", dije. "Ni por ciento cincuenta dólares. ¡Dios mío!, ¡no!"

—Hay una palabra en francés para la gente que hace eso —dijo Fontan. Estaba abrumado por el calor. Parecía más viejo y cansado.

—¿Cuál?

—Cochon —dijo, delicadamente, dudando de emplear una palabra tan fuerte—. Eran como cochons. C'est un mot très fort —agregó disculpándose—, pero vomir sur la table… —meneó la cabeza tristemente.

—Cochons —dije—. Eso es lo que eran… cochons. Salauds.

Lo grueso de las palabras resultaba desagradable a Fontan. Quería hablar de otra cosa.

—Il y a des gens très gentils, très sensibles, qui viennent aussi —dijo—. Hay oficiales del fuerte. Hombres muy buenos. Buenos tipos. Todo el que ha estado alguna vez en Francia viene a tomar vino. Y beben mucho.

—Había un hombre —dijo madame—, que su esposa nunca le dejaba venir. Él le decía que estaba cansado y se iba a la cama, y cuando ella salía al cine, él venía directamente aquí en pijama con solo un abrigo encima. "María, cerveza —decía—, por amor de Dios". Se sentaba con su pijama y tomaba la cerveza y luego regresaba al fuerte y volvía a la cama antes de que su mujer llegara del cine.

—C'est un original —dijo Fontan— mais vraiment gentil. Es un buen tipo.

—¡Oh sí! Un buen tipo, tienes razón. Siempre estaba en la cama cuando su mujer volvía del cine.

—Tengo que irme mañana —dije—. Voy a Crow. Se inaugurará la temporada de caza de la chocha.

—¿Sí? ¿Vendrá usted aquí antes de irse? Vendrá; ¿no es cierto?

—Seguramente.

—Para entonces estará hecho el vino —dijo Fontan—. Beberemos una botella juntos.

—Tres botellas —dijo madame.

—Volveré.

—Contamos con usted.

—Buenas noches —dije.

Llegamos de la partida de caza, por la tarde, temprano. Aquella mañana nos habíamos levantado a las cinco. El día anterior cazamos mucho, pero esa mañana no vimos ni siquiera una chocha. Íbamos en un automóvil abierto, teníamos mucho calor y nos detuvimos a comer, lejos del sol, a la sombra de un árbol situado a un lado del camino. El sol estaba alto y el trozo de sombra era muy pequeño. Comimos sandwiches; estábamos cansados y sedientos y nos sentirnos contentos cuando, finalmente, nos encontramos en la carretera principal, de vuelta al pueblo. Tropezamos con una manada de aranatas y detuvimos el coche para disparar contra ellos con la pistola. Matamos dos, pero luego interrumpimos la tarea, porque las balas que no daban en el blanco chocaban contra las rocas y seguían a través del campo y más allá de él había una casa entre algunos árboles al lado de un arroyuelo. No queríamos vernos en un compromiso por aquellas balas perdidas que se dirigían a la casa. De modo que seguimos nuestro camino y, finalmente, nos encontrarnos en la parte de la carretera que descendía la colina para llegar a las primeras casas del pueblo. Más allá de la llanura podíamos ver las montañas. Aquel día estaban azules y la nieve brillaba como vidrio. El verano terminaba, pero la nieve nueva no había comenzado a caer en las altas montañas. Deseábamos algo fresco y un poco de sombra. Estábamos tostados y teníamos los labios resquebrajados por el sol y el polvo alcalino. Entramos al camino trasero que pasaba por la casa de Fontan, detuvimos el coche fuera de la casa, y entramos. Dentro del comedor hacía fresco. Madame Fontan estaba sola.

—Solo hay dos botellas de cerveza —dijo—. Se ha terminado todo y la nueva no está lista todavía.

Le di algunas chochas.

—Son muy buenas —dijo—. Está muy bien. Gracias.

Salió para colocar las aves en lugar fresco. Cuando terminarnos de beber la cerveza me puse de pie.

—Tenemos que irnos —dije.

—¿Viene usted esta noche, no es cierto? Fontan tendrá vino.

—Vendremos antes de irnos.

—¿Se van ustedes?

—Sí. Tenemos que salir por la mañana.

—Qué lástima que se vayan. Venga usted esta noche; Fontan tendrá el vino y haremos una fiesta antes de que usted se vaya.

—Bien, vendré antes de irme.

Pero aquella tarde teníamos que enviar telegramas, el coche se había descompuesto —una de las cubiertas había quedado cortada por una piedra y necesitaba una reparación— y, sin el coche, fui a pie al pueblo e hice lo que había que hacer antes de abandonar el lugar. Cuando llegó la hora de la comida estaba demasiado cansado para salir. No queríamos oír ninguna lengua extranjera y lo que más deseábamos era irnos a la cama temprano.

Mientras me hallaba en el lecho antes de dormir, con todas las cosas preparadas alrededor de nosotros, listas para ser empaquetadas, y las ventanas abiertas, por donde entraba el aire fresco de las montañas, pensé que era una vergüenza no haber ido a casa de los Fontan; pero poco después estaba dormido. Al día siguiente estuvimos ocupados toda la mañana empaquetando nuestras cosas. Almorzamos, y a las dos estábamos listos para partir.

—Debemos ir a decir adiós a los Fontan —dije.

—Sí; debemos ir.

—Me temo que nos esperaron anoche.

—Creo que debiéramos haber ido.

—Me hubiera gustado hacerlo.

Nos despedimos del hombre que estaba en el escritorio del hotel de Larry y de los otros amigos que habíamos hecho en el pueblo y luego nos dirigimos en automóvil a casa de los Fontan. Monsieur y madame estaban en casa. Se sintieron complacidos al vernos. Fontan parecía viejo y cansado.

—Creíamos que iban a venir anoche —dijo madame—; Fontan tenía tres botellas de vino. Como no vinieron, se las bebió solo.

—Solo podemos quedarnos un minuto —dije—. Hemos venido para decirles adiós. Queríamos venir anoche, pero estábamos demasiado cansados después del viaje.

—Ve a buscar vino —dijo Fontan.

—No hay. Te lo has bebido todo.

Fontan parecía muy contrariado.

—Iré a buscar algo —dijo—. Volveré dentro de unos minutos. Anoche bebí. Lo había traído para ustedes.

—Sabía que iban a estar cansados —dijo madame Fontan—. Estaban demasiado cansados para venir. Ve a buscar vino, Fontan.

—Lo llevaré en el coche —dije.

—Bueno. Por allí iremos más rápido.

Bajamos por la carretera en el automóvil y dimos vuelta entrando a un camino secundario, una milla más allá.

—Le gustará a usted ese vino —dijo Fontan—. Me ha salido bien. Podrán tomarlo ustedes esta noche con la cena.

Nos detuvimos delante de una casa. Fontan golpeó la puerta, pero nadie contestó. Dimos vuelta al edificio. La puerta trasera también estaba cerrada. Alrededor de ella había algunas latas vacías. Miramos por la ventana. No había nadie dentro. La cocina estaba sucia y enlodada, pero las puertas y ventanas estaban cerradas a cal y canto.

—Esa hija de perra! ¿Dónde habrá ido? —se preguntó Fontan. Estaba desesperado.

—Sé dónde podría conseguir una llave —dijo—. Ustedes quédense aquí.

Le vi dirigirse a la casa contigua, golpear la puerta, hablar con la mujer que salió y, finalmente, volver. Tenía una llave en la mano. La probamos en la puerta de delante y en la trasera, pero no funcionaba.

—¡Esa hija de perra! —exclamó Fontan—. Se ha ido a alguna parte.

Mirando por la ventana pudimos ver dónde se hallaba almacenado el vino. Acercándose se sentía desde fuera el olor del interior de la casa. Olía como una casa india, con olor dulce y enfermizo. De pronto Fontan tomó una pala y se puso a cavar junto a la puerta trasera.

—Podría entrar —dijo—. ¡Hija de perra!, voy a entrar.

Había un hombre en el patio de la casa vecina, haciendo algo a una de las ruedas delanteras de un viejo Ford.

—Mejor que no lo haga usted —dije—. Ese hombre podrá verlo. Lo está mirando.

Fontan se enderezó.

—Probaremos de nuevo la llave.

Tratamos de hacerla girar en la cerradura, pero no daba más que media vuelta en cada dirección.

—No podemos entrar —dije—. Es mejor que volvamos.

—Voy a cavar en la parte de atrás —dijo Fontan.

—Yo no lo haría.

—Lo haré.

—No —dije—. Aquel hombre podrá verlo y luego lo delatarán.

Volvimos al coche y nos dirigimos a la casa de Fontan, deteniéndonos para dejar la llave en la casa contigua. Fontan no dijo nada, pero juraba a media voz en inglés. Estaba aplastado. Entramos en la casa.

—¡Esa hija de perra! —exclamó—. No pudimos sacar el vino. ¡El vino que yo mismo he hecho!

Toda la felicidad se borró del rostro de madame Fontan. Su marido se sentó en un rincón con la cabeza entre las manos.

—Debemos irnos —dije—. No importa lo del vino. Beban a nuestra salud cuando nos hayamos ido.

—¿Dónde habrá ido esa loca? —preguntó madame Fontan.

—No lo sé —gritó su marido—. No sé dónde puede haber ido. Ahora ustedes tienen que irse sin el vino.

—No importa —dije.

—Eso no está bien —terció madame; y meneó la cabeza.

—Tenemos que irnos. Adiós y buena suerte. Gracias por los buenos momentos que nos han hecho pasar.

Fontan meneó la cabeza. Se sentía desgraciado. Madame Fontan parecía triste.

—No se entristezcan por el vino —dije.

—Él quería que usted bebiera su vino —dijo madame—. ¿Puede usted volver el año que viene?

—No; pero tal vez el siguiente.

—¿Ves? —dijo Fontan a su mujer.

—Adiós —dije —, y no piensen en el vino. Beban un poco a nuestra salud, cuando nos hayamos ido.

Fontan meneó la cabeza pero no sonrió.

—¡Esa hija de perra! —dijo para sí.

—Anoche tenía tres botellas —recordó madame para consolarlo. El meneó la cabeza.

—Adiós —dijo.

Madame Fontan tenía lágrimas en los ojos.

—Adiós —dijo. Sufría por Fontan.

—Adiós —dijimos. Todos estábamos tristes. Permanecieron en la puerta y nosotros subimos al automóvil. Puse en marcha el motor y saludamos con la mano. Los dos estaban de pie en el porche con aspecto de tristeza. Fontan parecía muy viejo y madame Fontan, triste. Ella nos saludó con la mano y el viejo se metió en la casa. Nosotros entramos en la curva del camino.

—Lo sintieron mucho; sobre todo Fontan.

—Debimos haber venido anoche.

—Sí. Creo que sí.

Pasamos por el pueblo y continuamos por la lisa carretera, a cuyos lados florecían los campos de trigo. Las montañas se elevaban a la derecha, lejanas. Parecía España; pero era Wyoming.

—Espero que tengan buena suerte.

—No la tendrán —dije— y Schmidt no será tampoco presidente.

El camino de cemento terminó. Ahora estaba hecho de grava y dejamos la llanura para comenzar a subir a la colina. El camino hizo una curva y subió. El suelo de las colinas era rojo; la salvia crecía en grisáceos grupos y a medida que el camino subía podíamos ver el paisaje entre las colinas y más allá, por encima de la llanura del valle, las altas montañas. Ahora, se hallaban más lejanas y más que nunca creía estar en España. El camino hizo otra curva y subió de nuevo. Frente a nosotros, vimos algunos guacos en el camino. Al acercarnos echaron a volar agitando rápidamente las alas y fueron a posarse en la ladera de una colina que se hallaba más abajo.

—Eran grandes y hermosos. Son mayores que las perdices europeas.

—Es un hermoso país para la chasse, según dice Fontan.

—¿Y cuando la caza desaparezca?

—Ellos también habrán muerto.

—El niño, no.

—¿Cómo podremos saber si él no estará muerto también entonces? —pregunté.

—Debimos haber ido anoche.

—Si —dije—. Debíamos haber ido.

DIEZ INDIOS

Después de un 4 de julio, Nick, que volvía a casa ya tarde en la gran carreta de Joe Garner tras haber estado en el pueblo, vio a nueve indios borrachos junto a la carretera. Se acordaba de que eran nueve porque Joe Garner, que era el que conducía a la luz del crepúsculo, paró los caballos, saltó a la carretera y sacó a un indio a rastras de la rodada. El indio estaba dormido boca abajo en la arena. Joe lo arrastró hasta los matorrales y regresó a la carreta.

—Con este son nueve —dijo Joe—, solo entre aquí y el límite del pueblo.

—Esos indios —dijo la señora Garner.

Nick iba en el asiento de atrás con los dos hijos de los Garner. Se asomaba para ver el indio que Joe había arrastrado fuera de la carretera.

—¿No era ese Billy Tabeshaw? —preguntó Carl.

—No.

—Pues sus pantalones parecían igualitos a los de Billy.

—Todos los indios llevan la misma clase de pantalones.

—Yo no lo he visto —dijo Frank—. Papá bajó a la carretera y volvió a subir antes de que yo pudiera ver nada. Creía que estaba matando una serpiente.

—Esta noche muchos indios andarán distraídos, imagino —dijo Joe Garner.

—Esos indios —dijo la señora Garner.

Siguieron adelante. El camino se separaba de la carretera y subía las colinas. A los caballos les costaba tirar y los chicos bajaron y fueron andando. El camino era arenoso. Nick miró hacia atrás desde lo alto de la colina, junto a la escuela. Vio las luces de Petoskey, y, en la otra orilla de la bahía de Little Traverse, las luces de Harbour Springs. Volvieron a subirse al carro.

—Deberían poner un poco de grava en ese tramo —dijo Joe Garner. La carreta siguió internándose en el bosque por el camino. Joe y la señora Garner iban juntos en el asiento delantero. Nick estaba sentado entre los dos chicos. La carretera desembocaba en un claro.

—Justo ahí fue donde papá atropelló un zorrillo.

—Fue más adelante.

—Tanto da dónde fuera —dijo Joe sin volverse—. Para atropellar un zorrillo un lugar es tan bueno como cualquier otro.

—Anoche vi dos zorrillos —dijo Nick.

—¿Dónde?

—Junto al lago. Buscaban pescado muerto en la orilla.

—Probablemente eran mapaches —dijo Carl.

—Eran zorrillos. Creo que sé distinguir un zorrillo.

—Deberías saber distinguirlos —dijo Carl—. Tienes una novia india.

—Deja de hablar así, Carl —dijo la señora Garner.

—Bueno, huelen casi igual.

Joe Garner se rió.

—Deja de reírte, Joe —dijo la señora Garner—. No toleraré que Carl hable así.

—¿Tienes una novia india, Nickie? —preguntó Joe.

—No.

—Sí que la tiene, papá —dijo Frank—. Prudence Mitchell es su novia.

—No lo es.

—Va a verla cada día.

—No es cierto —Nick, sentado en la oscuridad entre los dos muchachos, se sintió vacío y feliz por dentro al oír que se metían con él por culpa de Prudence Mitchell—. No es mi novia —dijo.

—Escúchenlo —dijo Carl—. Los veo juntos cada día.

—Carl no puede encontrar novia —dijo su madre—, ni siquiera una india.

Carl se quedó callado.

—A Carl no se le dan bien las chicas —dijo Frank.

—Tú cállate.

—Haces bien, Carl —dijo Joe Garner—. Las chicas siempre te llevan por el mal camino. Mira a tu padre.

—Claro, ahora dices eso —dijo la señora Garner, acercándose a Joe cuando el carro dio una sacudida—. Bueno, en tu época tenías muchas chicas.

—Seguro que papá nunca tendría por novia a una india.

—No te creas —dijo Joe—. Vigila que Prudie no se te escape, Nick.

Su esposa le susurró algo y Joe rió.

—¿De qué te ríes? —preguntó Frank.

—No se lo digas, Garner —le advirtió su esposa. Joe volvió a reír.

—Nickie puede quedarse con Prudence —dijo Joe Garner—. Yo ya tengo a una buena chica.

—Así se habla —dijo la señora Garner.

Los caballos tiraban con fuerza en la arena. En la oscuridad, Joe les dio un golpecito con el látigo.

—Venga, tiren. Mañana tendrán que tirar más fuerte.

Bajaron la colina al trote, con la carreta dando tumbos. En la granja todo el mundo se apeó. La señora Garner abrió la puerta con llave, entró y salió con una lámpara en la mano. Carl y Nick descargaron las cosas de la parte trasera del carro. Frank se sentó delante para llevarlo al establo y preparar a los caballos para la noche. Nick subió los escalones y abrió la puerta de la cocina. La señora Garner estaba encendiendo el fuego. Vertía queroseno en la leña. Se volvió.

—Adiós, señora Garner —dijo Nick—. Gracias por traerme.

—A la orden, Nickie.

—La he pasado estupendamente.

—Nos gusta tu compañía. ¿Quieres quedarte a cenar?

—Es mejor que me vaya. Mi padre debe de estar esperándome.

—Buen, vete pues. Dile a Carl que venga, ¿quieres?

—Muy bien.

—Adiós, Nickie.

—Adiós, señora Garner.

Nick salió al corral y se dirigió al establo. Joe y Frank estaban ordeñando.

—Buenas noches —dijo Nick—. La he pasado muy bien.

—Buenas noches, Nick —le contestó Joe Garner—. ¿Te quedas a cenar?

—No, no puedo. ¿Le dirá a Carl que su madre quiere que vaya?

—Muy bien. Buenas noches, Nickie.

Nick anduvo descalzo por el camino que cruzaba el prado por debajo del granero. Era un camino liso y sentía el rocío fresco en los pies. Saltó una cerca que había al final del prado, bajó por un barranco, los pies mojados en el barro del pantano, y luego subió por entre el hayedo seco hasta que vio las luces de la cabaña. Saltó la cerca y se acercó al balcón delantero. A través de la ventana vio a su padre sentado junto a la mesa, leyendo a la luz de la lámpara grande. Nick abrió la puerta y entró.

—Hombre, Nickie —dijo su padre—, ¿has tenido un buen día?

—La he pasado muy bien. Ha sido un 4 de julio estupendo.

—¿Tienes hambre?

—Ya lo creo.

—¿Qué ha pasado con tus zapatos?

—Me los dejé en el carro, en casa de los Garner.

—Vamos a la cocina.

El padre de Nick iba delante con la lámpara. Se detuvo y levantó la tapa del refrigerador. Nick entró en la cocina. Su padre le puso un trozo de pollo frío en el plato y una jarra de leche en la mesa. Dejó la lámpara junto a la comida.

—También hay un poco de tarta —dijo—. ¿Te parece bien?

—Está más que bien.

Su padre se sentó en una silla junto a la mesa, cubierta con un hule. Formaba una sombra grande sobre la pared de la cocina.

—¿Quién ganó el partido?

—Petoskey. Cinco a tres.

Su padre se quedó mirando cómo comía y le llenó el vaso de leche. Nick bebió y se limpió los labios con la servilleta. Su padre alargó el brazo hacía la estantería para coger la tarta. Le cortó un buen trozo a Nick. Era tarta de arándanos.

—¿Qué has hecho hoy, papá?

—Esta mañana he ido a pescar.

—¿Qué has cogido?

—Solo percas.

Su padre miró a Nick comerse la tarta.

—¿Qué has hecho esta tarde? —preguntó Nick.

—Fui a dar una vuelta por el campamento indio.

—¿Viste a alguien?

—Los indios estaban todos en el pueblo, emborrachándose.

—¿Y no viste a nadie?

—Vi a tu amiga, Prudíe.

—¿Dónde estaba?

—Estaba en el bosque con Frank Washburn. Me los encontré. Se estaban divirtiendo mucho.

Su padre no lo estaba mirando.

—¿Qué hacían?

—No me quedé a averiguarlo.

—Dime qué hacían.

—No lo sé —dijo su padre—. Los oí retozar por ahí.

—¿Cómo sabes que eran ellos?

—Los vi.

—¿No acabas de decir que no los viste?

—Oh, sí, los vi.

—¿Quién estaba con ella? —preguntó Nick.

—Frank Washburn.

—Estaban… estaban…

—¿Estaban qué?

—¿Estaban contentos?

—Eso creo.

Su padre se levantó de la mesa y salió por la puerta mosquitera de la cocina. Cuando volvió, Nick estaba mirando su plato. Había estado llorando.

—¿Quieres un poco más? —su padre cogió el cuchillo para cortar más tarta.

—No —dijo Nick.

—Es mejor que te comas otro trozo.

—No, no quiero más.

Su padre quitó la mesa.

—¿En qué parte del bosque estaban? —preguntó Nick.

—Detrás del campamento —Nick miró su plato. Su padre dijo—: Es mejor que te vayas a la cama, Nick.

—Está bien.

Nick entró en su habitación, se desvistió y se metió en la cama. Oyó que su padre deambulaba por la sala. Nick se acostó con la cara en la almohada.

"Me han roto el corazón", pensó. "Si me siento así mi corazón debe de estar roto."

Al cabo de un rato oyó que su padre apagaba la lámpara de un soplido y regresaba a su dormitorio. Oyó soplar el viento entre los árboles y sintió frío colarse por la mosquitera. Se quedó un largo rato con la cara en la almohada, y al cabo se le olvidó pensar en Prudence y al final se durmió. Cuando se despertó en plena noche oyó el viento en los abetos y las olas del lago llegando a la orilla, y se volvió a dormir. Por la mañana el viento era un vendaval y las olas eran altas en la costa, y estuvo mucho rato despierto antes de acordarse de que le habían roto el corazón.

CONTENIDO